The Jean Nicod Lectures Selection—2
Naturalizing the Mind
Fred Dretske

フレッド・ドレツキ

心を自然化する

鈴木貴之――訳

ジャン・ニコ講義セレクション――2

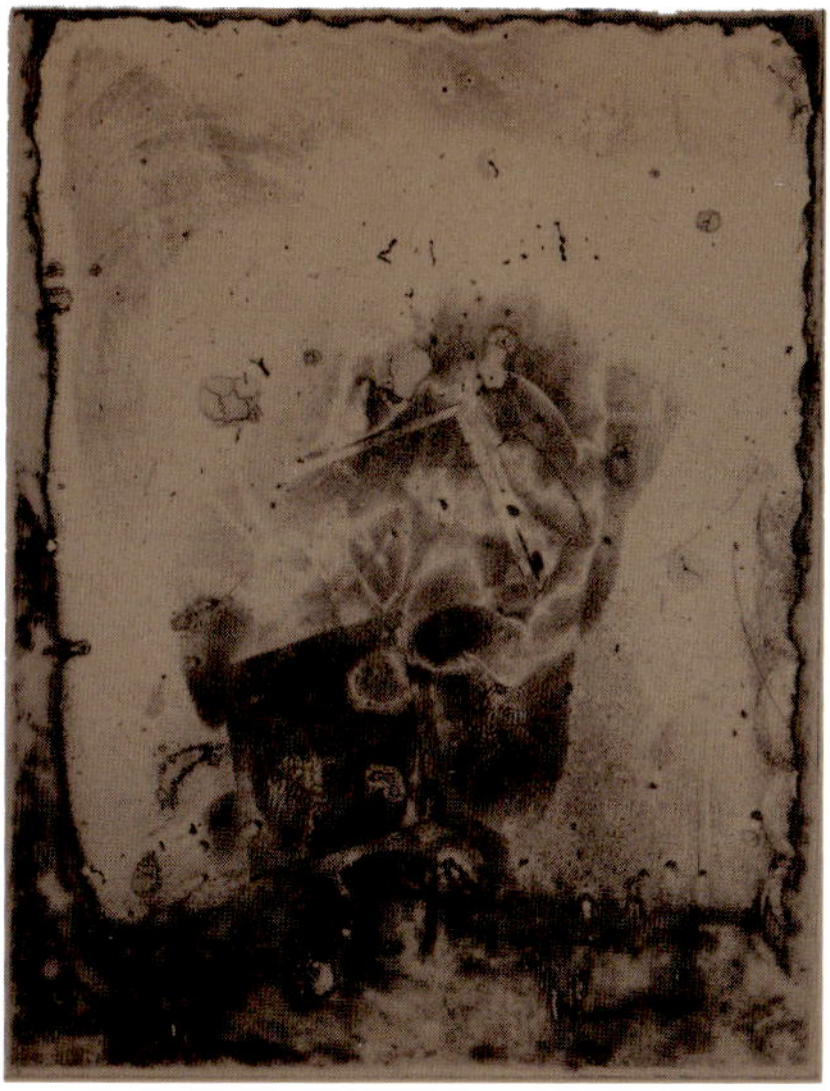

keiso shobo

NATURALIZING THE MIND
by Fred Dretske

This translation published by arrangement with The MIT Press
through The English Agency (Japan) Ltd.

謝辞

私はまず、CNRS（フランス国立科学研究センター）に感謝したい。CNRSは、一九九四年の春にパリで開かれた、第二回ジャン・ニコ認知哲学年次会議に私を招待し、講義を行わせてくれた。本書に収録されているのは、この講義である。この会議に促されることがなければ、つまり、フランス人聴衆のまえでまごつくことになるのではないかと恐れることがなければ、一連の考えが、このようにタイミングよくまとめられることはおそらくなかっただろう。そもそもまとめられること自体、なかったかもしれない。

講義に参加してくれた哲学者たちや科学者たちのおかげで、パリで過ごした数週間は、社交的にも哲学的にも忘れがたいものとなった（私が思うに、彼らの多くはCREA（応用認識論研究センター）の構成員だろう）。そのなかには教員も学生もいた。彼らはたんに親切なホストであっただけでなく、各講義ののちには、挑戦的な批判者でもあった。パリのど真ん中で、フランスの哲学者と心の哲学の専門的な問題について英語で議論するのは、情けない経験だった。フランス語を使用していたならば、彼らはどれだけの貢献をしてくれたことだろう。私は、とりわけピエール・ジャコブに感謝したい。彼は、私の滞在が快適なものとなるように、さまざまなことを、実際のところ、じつに多くのことをしてくれた。

私は、スタンフォード人文科学センターにも感謝したい。センターのおかげで、私はほぼ丸一年間、この講義の準備に専念することができた。私は、一九九三〜一九九四年度に、このセンターの研究員だった。所長のワンダ・コーン、副所長のチャールズ・ジャンカーマン、そして研究員やスタッフの助力には深く感謝している。誰かが私の研究室のドアをノックすることは、ただの一度もなかった。彼らは、研究機関をどのように運営したらよいかを、ちゃんとわかっているのだ。

私がこの講義に実質的に着手したのは、一九九一年にスペインのバレンシアで行った講義の準備をしているときであった（もっとも、そのときにはそのことを自覚していなかったのだが）。バレンシアでの講義は、これらの話題への最初の取り組みだった。実際のところ、その講義はあまりにも未完成なものだったので、私はその結果を出版したいとは思わなかった。私は、ヨセプ・コルビをはじめとするスペインの哲学者たちのもてなしと有益な議論に感謝したい。

学生たちや友人たちは、この講義録の一部に、そしてそのうち何人かは、そのすべてに目を通し、有益なコメントと批判をくれた。私は、ここスタンフォードのスヴェン・バーネッカーとティム・シュレーダー、現在はシカゴにいるムラト・アイディード、バークリーのエリック・シュヴィッツゲーベルの助力に感謝したい。彼らの貢献は、彼らの目にはそれほど大きなものに見えないかもしれないが、実際には大きなものである。デイヴィッド・ローゼンタールは、講義録の大半に目を通し、とくに第4章にかんして有益なコメントをくれた。ウィスコンシン以来の旧友であるバレント・エンクは、どのように解決したらよいのか分からない諸問題を私が無視することを許そうとせず、何ヶ月も嘆き悲しませてくれた。彼のおかげで、実際に第5章に取りかかる二年もまえに、私はその内容について考え始めることになった。ジョージ・レイは、私の知るかぎりでも数回草稿に目を通してくれたが、それだけでなく、驚くほど数多くの有益な提案や批判をくれた。本を書く者はだれでも、このような幸運に巡り会ってしかるべきだろう。私は彼に深く感謝している。最終的な修正において、私はできるかぎり彼の批判に応答しようと試みたが、いくつかの点にかんしては、われわれのあいだの溝は埋めがたいものとなった。この本を、私がパリで行った講義とそれなりに似たものにとどめておくために、私は、ジョージの最も鋭く挑戦的な問いの多くを無視しなければならなかった。私はこのことを残念に思っている。きっと、われわれはこれらの問題に立ち戻ることになるだろう。

最後に、私はグーヴェン・ガゼルダレーに感謝したい。彼が数年前にスタンフォードにやってきてすぐに、私も彼の問題について考えさせられるようになった。彼はむしろ、それらの問題から解放されることを望んでいたのかもしれないが、いまとなってはそれはどうでもよいことだ。いまでは、われわれはともにそれらの問題を気にかけているのだ。忍耐強く、そして深い洞察を持って、それらの問題がどれだけ困難なものであるかを気付かせてくれたことにたいして、私は彼に感謝したい。

序

この講義の目的は、心にかんする自然主義的な理論、すなわち、私が表象主義テーゼと呼ぶものを推進することにある。このテーゼは、つぎの二つの主張に適当な修正を加えたものである。[1] (1)すべての心的事実は表象的事実である。(2)すべての表象的事実は情報的機能にかんする事実である。私がこのテーゼに興味を持っているのは、私が知るかぎりでは、意識という話題にたいするアプローチとしては、このテーゼだけが、現象的経験という人を困惑させる問題にかんして、語るべきことを多く有しているからである。たしかに、このテーゼはすべての神秘を取り除くわけではない。しかし、哲学を競馬にたとえるならば、この馬に賭けることが正当化されるのに十分な程度には、このテーゼはさまざまな神秘を取り除いてくれる。すくなくとも、私の賭け金はそこにある。一連の講義は、そこに賭けることこそが賢いお金の使い方なのだと、人々を説得する試みである。

たとえば、意識的経験は、われわれがある経験を有するときそれはつねに存在するが、有するところには決して存在しないという、独特の透明な性質を有している。表象的自然主義（表象主義テーゼによって定義される立場をこのように呼ぶことにしよう）は、なぜ意識的経験はこのような性質を有しているのかをわれわれが理解する助けとなる。また、表象的自然主義は、自然主義的な言葉遣いのなかで、われわれが何を経験するか（実在）と、それをどのように経験するか（見かけ）とを区別することによって、われわれの感覚的、情動的生活の質的で一人称的な側面に、満足のいく説明を与える。この説明を与えるさいに、表象的自然主義はある枠組みを確立するが、その枠組では、主観性を客観的に探究することができるのである。さらに、表象的自然主義は、内観を脱神秘化する。心がそれ自身について知るためには、心の働きを観察する内的な「目」は、もはや必要ないのである。最後に、表象的自然主義は、意識の機能あるいは目的にかんする問いにたいして、生物学的にもっともらしい解答を与えてくれる。これらの利点やその他の利点は、心を脳の表象的な側面と考えることからもたらされるのである。

表象主義テーゼの背景にある作業仮説とは、心がその働きを果たすための生物学的機構にかんして、われわれがどれだけ詳細で正確な知識を手にしても、心にかんする理解は深まらない、というものである。脳にかんする情報は有益だが、それだけでは十分でない。あなたがカメラとは何かを知らなければ、絞り値、焦点距離、シャッタースピード、ＩＳＯ値といったことについて話をされても、何の役にも立たないだろう。あなたが知る必要があるのは、それよりも基本的なこと、すなわち、写真にかんすることや、カメラは何をするかにかんすることである。そういったことを知らなければ、カメラがその働きを果たすための機構について、どれだけ多くのことを知っても、われわれは、カメラとは何かを知ることはないのである。表象の操作や使用は心の主要な働きなので、表象の本性やその自然主義的な基盤について理解を深めることは、必然的に、心にかんする理解を深めることでもあるのだ。

表象主義テーゼは、命題的態度、すなわち信念、思考、判断、あるいはそれらに類似したものにかんしては、十分もっともらしいものである。命題的態度、とくに信念と欲求にかんしては、私は『行動を説明する』（Dretske 1988）で自分なりの説明を与えた。しかし、感覚的な事柄、すなわち、われわれの心的生活の現象的または質的な側面にかんしては、このテーゼはそれほどもっともらしいものではない。それどころか、まったくもっともらしくないという人もいるだろう。それにもかかわらず、一連の講義では、私は知覚経験について論じることに集中したい。主題はクオリア、すなわち、われわれの意識的生活の一側面であり、われわれであるとはいかなることかを定義する助けとなるものである。知覚経験に焦点を当てるのは、率直に言って、それが進歩を遂げるのが最も困難な領域だからである。したがって、それは、何らかの進歩があるとすれば、その進歩が最も重要なものとなる領域でもあるのだ。

本書の主題に関係するが、私が論じないことも多くある。この講義はすでに長すぎるくらいだからである。たとえば、固有受容感覚、すなわち、われわれ自身の身体状態や身体過程についての気付きは、われわれにとってもっとも顕著な諸経験（痛み、空腹、のどの渇きなど）の源泉だが、私はこれについては論じない。これについて私がわずかに語っていることは、第4章第1節に見出される。私の考えでは、これは、第1章で展開した説明装置に基本的な変更をもたらすことなしに、省略できる話題である。しかし、私には何を言うべきかがわからない経験もある。たとえば、漠然とした憂鬱な感じである。これが、表象主義テーゼの定式化に、「適当な修正を加えたもの」という文言を加えた目的である。

この本の最初の四章は、私が一九九四年の五月にパリで行ったニコ講義である。この講義では、私は表象主義テーゼの肯定的な側面を集中的に論じた。すなわち、自己知、クオリア、逆転スペクトル、意識、視点、コウモリあるいはトラザメであるとはいかなることかを知る可能性といったことについて、(もし正しいとすれば) このテーゼが何を教えてくれるかということである。しかし、心的現象にたいする表象的アプローチには、やっかいな側面もある。この講義では、私はそれらを意図的に無視した。表象主義テーゼの(2)を見ればわかるように、表象的な考え方に自然主義的なひねりが加えられ、さらに、私が行ったように、それが感覚経験に適用された場合には、とりわけやっかいな側面がある。多くの哲学者は、これは表象的な考えを適用することが最も困難な領域であると確信している。もしかしたら、ほとんどの哲学者がそう考えているかもしれない。思考、信念、判断は外的なことがらの内的表象であると考えられるとしても、感覚、経験、感じはそのようには考えられない、というのである。心的生活の概念的な側面とは異なり、われわれの経験は、現象的な質、すなわち、その経験はいかなることかという質を持ち、この質が (自然主義的な扱いはいうまでもなく) 表象的な扱いをはねつけるのである。さらに、この懐疑論を支持する強力な直観があり、ときには議論までもがある。それゆえ、私は、これらの疑念に取り組むことなくこの講義を公刊するわけにはいかなかった。私はこの作業を第5章で行った。この最終章は、第1章から第4章までを読んだのちに、表象的自然主義の長所はまことに結構だが、しかし……ええと……とにかくそれは真ではありえないのだ、と考える人々にたいする私の回答である。私の考えでは、表象的自然主義は真でありうるのだ。

心を自然化する

目次

目　次

謝　辞
序
第1章　感覚経験の表象的性格……1
1　表象の本性　2
2　自然的表象と規約的表象　7
3　表象システムと表象状態　10
4　表象される性質と表象される対象　26
5　志向性　32
6　心と脳——経験のありか　41
第2章　内　観……47
1　置換知覚　50
2　他人の心を知る　54

3　自分自身の心を知る　61
4　経験なしの知識　70

第3章　クオリア……77
1　フレンチ・プードルとフレンチ・ワイン　78
2　表象される性質としてのクオリア　88
3　視　点　94
4　電場を経験するとはいかなることか　97
5　電場を経験するものであるとはいかなることか　112

第4章　意　識……115
1　意識的存在者と意識的状態　116
2　状態意識にかんする高階理論　124
3　意識の機能　138

第5章　外在主義と付随性……147
1　見えと付随性　149
2　置き換え論法とクオリア欠如　170
3　説明上の関連性　181
4　進化的起源　194
注……203
訳者解説……231
文　献
索　引

第1章　感覚経験の表象的性格

感覚経験は意識の中心を占めるものである。マルセル（Marcel 1988, p. 128）は、感覚経験がなければ、われわれはそもそも意識という概念を持つことができないだろうと考えている。これが正しいにせよ、そうでないにせよ、現象的経験、すなわち、ものの見え、音、味、感じは、われわれの心的生活において主要な位置を占めている。現象的経験を完全に取り去ったら、われわれはどうなってしまうだろう。ゾンビになってしまうだろうか。

表象主義テーゼに従って、われわれが、心的事実はすべて表象的事実であると考えるとすれば、経験の質、すなわち、感覚的なレベルにおいてあるものがわれわれにどのように見えるかは、そのものが持っていると表象される諸性質からなる、ということになる。ある対象についての私の経験は、その対象が私に現れる仕方の総体であり、ある対象が私に現れる仕方とは、私の諸感覚がそれを表象する仕方である。

表象にかんする事実がすべて表象的事実なのではないし、すべての表象が心的表象なのでもない。したがって、私ははじめに、さまざまな種類の表象のあいだに、これからの議論に関係するいくつかの区別を設けたい。経験は、ある特別な種類の表象、すなわち非概念的な形式の表象である。したがって、これがどのような種類の特別な表象であるかについて述べることが、最も重要な作業となる。この章の最後で、私は、知覚経験にたいする表象的アプローチが持つ説明上の利点を概観する。第5節では、このアプローチが志向性を自然化する仕方を記述し、第6節では、経験は頭のなかにあるにもかかわらず、なぜそこに見出されないのかという疑問に、満足のいく説明を与える。説明上の利点はほかにもあるが、それらは次章以降に取っておくことにしよう。

1　表象の本性

基本的な考えは以下のとおりである。あるシステムSが性質Fを表象するのは、Sがある特定の対象領域のFを表示する（Fについての情報を与える）機能を持つとき、そしてそのときのみである。[1] Sは（その機能を果たすときには）、Fのそれぞれ異なる確定した値 $f_1, f_2, \ldots f_n$ に対応して、それぞれ異なる状態 $s_1, s_2, \ldots s_n$ を占めることによって、その機能を果たす。ある速度計（S）は、ある自動車の速度（F）を表象する。その仕事、すなわちその機能は、その自動車がどれだけ速く動いているか（F）を表示すること、すなわち、（運転手に）そのことについての情報を提供することである。速度計がその役割を果たすとき、異なる状態（「24」、「37」などといった針の位置）は、自動車の異なる速度（時速24マイル、37マイルなど）に対応している。この装置が速度計としての機能を持つことを前提とすれば、それぞれの状態は、自動車の速度についての異なる情報を担っていることになる。針が「37」を指すことは、その自動車が時速37マイルで走っているという情報を担い、「24」は時速24マイルで走っているという情報を担う等々、といった具合である。速度計は速度を表示する機能を持つという事実と、針が「37」を指すことは時速37マイルを意味するという事実は、この装置や、この装置のある状態についての表象的事実である。これは、この装置がするように設計されたこと、すなわちこの装置がするはずのことである。他のすべての誤りうるシステムと同様に、この装置がするはずのことをしないこともありうる。正しい仕方で取り付けられた装置において針が「37」を指すことが、車の速度についての情報を担っていなかったり、「24」を指すことと同じ情報を担っていたりするならば、その表示は自らの役割を果たしていないことになる。たいていの場合、その結果は誤表象である。

他方、速度計が速度についての情報を伝えるケーブルによって車軸と接続されているという事実は、この装置にかんする表象的事実ではない。それは表象的システムにかんする事実だが、表象的事実ではない。そのケーブルがなければ、この装置は役割を果たすことができないだろう。しかし、そのようなケーブルがあるという事実は、この装置が何らかの役割を持つことを含意しないし、ましてや、情報を提供するという役割を持つことは含意しない。同じ理由から、ある特定の温度計に水銀が詰められており、この金属の体積が気温を表示する役割を果たすという事実は、表象装置にかんする事実ではあるが、表象的事実ではない。Sにかんする表象的事実とは、Sは何をするよう設計されているかにかんする事実、すなわち、それがどのような情報を担うはずであるかにかんする事実である。表象にかんするさまざまな事実のなかには、それがどのような情報をもたらすはずであるかについて何も教えてくれないし、そもそもそれが情報を提供するはずであるかどうかさえ教えてくれないものがある。たとえば、表象の色、形、物的組成、働き方にかんする事実などである。

私は、心についての表象的な説明を展開しようとしている。この説明においては、表象的事実と表象にかんする（たんなる）事実の違い[2]とは、心と脳の違いである。神経科学者たちは、脳にかんしてきわめて多くの事実を知っているかもしれない。これらの事実は、心的表象にかんする事実、すなわち、経験や思考にかんする事実であることが判明するかもしれない。しかし、だからといって、それらの事実についての知識が心についての知識になるわけではない。表象主義テーゼによれば、心についての知識、すなわち心的事実についての知識とは、表象的事実についての知識であり、心的表象にかんする（たんなる）事実についての知識ではない。あるシステムが水銀を含むことやオレンジ色の針を持つことを知っても、そのシステムの表象としてのありかたにかんする理解が増すことはない。また、あるシステムが速度についての情報を提供することを知らされても、そのシステムが何を表象するか（そもそも何かを表象するか）を知ることはない。重要なのは、それが速度についての情報を提供するかどうかではなく、そうする機能を持っているかどうかなのである。

ここで、表象は、目的論的な考えと情報理論的な考えを結びつけるものとして理解されている。表象概念が認知科学において有益な役割を果たし、とくに思考と経験の本性を明らかにするために利用できるためには、この概念は、誤表象を可能にする程度に豊かなものでなければならない。表象概念は、物事を誤って受け取る力、すなわち、何かがしかじかでないときにしかじかであると語る力を含むものでなければならない。これこそが、いま述べている理論における目的論の役割、すなわち、何かが情報を担う機能を持つという考えの役割である。目的論は、表象という考えのなかにある規範的要素を捉えている。ある対象は、ある機能を遂行しそこねたときにもその機能を保持しうる（心臓、腎臓、損傷を受けた装置などを考えてみよ）。したがって、物事がうまくいっていないときでさえ、すなわち、ある装置が自らの仕事である情報提供をできていないときでさえ、その装置は表示機能を保持しうる。たとえば、その装置は、何かが時速34マイルで走っていると表象し続ける（すなわち誤表象する）ことができる。機能のない情報は存在するが、機能のない表象は存在しないのである。

情報を担う出来事すべてが情報を担う機能を持つわけではない。マッセン（Matthen 1988）の例を用いれば、立ちのぼる煙と地平線のあいだの角度は、風速についての情報を担っているが、それはもちろん煙の機能ではない。煙は風速を誤表象できない。われわれが立ち上る煙に誤って導かれることはあるかもしれない。われわれが、煙が実際に表示しないものを表示すると考える（すなわち、われわれ自身が風速を誤表象する）ことはあるかもしれないが、煙が、風力計のような仕方で風速を誤表象することはない。ついでにいえば、カラーテレビは空の色を誤表象することがあるのにたいして、白黒テレビは誤表象することがない。その理由はいま述べたことにある。カラーテレビが色を誤表象する力は、色を描く機能にある。二つのテレビ画面上の像は同一でありうるが、一方は誤表象し、他方はしない。これは、色を誤表象することと、表象しないことの違いである。

心的表象にたいする科学的アプローチの多くでは、表象にかんするこれと似た考え方がとられている。言葉遣いはかならずしも同じではないが、背景にある直観と、理論上の目的は類似している。たとえば、アン・トライスマン（Treismann 1992, p. 227）は、表象とは意味（情報？）を担う「役割」（機能？）を割り当てられた信号または出来事であると述べている。デイヴィッド・マー（Marr 1982）の有名な視覚理論は、視覚の初期過程に、遠位の光景の空間的、色彩的性質を描く機能またはタスク（Shapiro 1993）を割り当てている。ギャリステル（Gallistel 1990）は、環境と脳過程とのあいだに機能的同型性があり、それが動物の環境にたいする行動を「適応的にする」とき、脳は環境のさまざまな側面を表象する、と述べている。一般的に、感覚器官と感覚メカニズムは、それらが何の「ために」あるかによって記述される。中耳の半円形の管は角加速度を探知するためにあり、内耳の卵形嚢や球形嚢は線形加速度を探知するためにあり、網膜は脳に伝達される光についての情報をコード化するためにあると言われる。知覚メカニズムや知覚過程をこのようなやり方で記述するとき、われわれは、それらを表象的に考えている。諸感覚は、（正しく機能するときに）世界についての情報を提供するだけではなく、それがそれらの役割であるゆえに、世界の表象を生み出す。したがって、諸感覚と、諸感覚が機能を果たすことによって生み出される諸状態は、どれだけうまく自らの役割を果たすかによって評価できるのである。

しかし、このような表象的な考えを心的事象に適用するまえに、われわれは、さらに正確な言葉遣いにおいて、心的表象は厳密に言ってどのような種類の表象であると考えられているのかを知る必要がある。本章の説明によれば、世界についての情報を提供することは、世界を表象することである。これが実際に諸感覚の役割であるとすれば、この機能は何に由来するのだろうか。感覚器官の役割は、どのような情報を提供することなのだろうか。表象的な語り方においては、諸対象についてのわれわれの経験は、それらについてのわれわれの思考と、どのように異なっているのだろうか。また、ある表象にかんするどのような事情によって、その表象を有するシステムは、表象されるものを意識するようになるのだろうか。これらはいずれも良い質問である。解答の手始めに、私は、議論の軸となる一連の区別について説明しよう。一連の区別とは、(1)自然的表象と規約的表象、(2)表象的状態と表象的システム、(3)表象される性質と表象される対象という区別である。これらの区別を武器とすることによって、われわれは、心的表象に予備的な分類を与え、意識的経験は自然的表象の一種であることを明らかにする議論を始めることができるのである。

2　自然的表象と規約的表象

あるシステム（または状態）の機能とは、そのシステムがするように設計されていること、すなわち、設計によればそれがするはずのことである。設計にはいくつかの異なる源泉があり、それぞれは異なる種類の機能を生み出し、それゆえ、異なる形式の表象を生み出す。（われわれの目的にとって）重要な一つの違いは、自然的に獲得された機能と規約的に割り当てられた機能のあいだの違い、すなわち、自然的表象と規約的表象のあいだの違いである。

測定装置、センサー、探知機、目盛などは、情報を提供する機能を持つ。これは、それらがわれわれ、すなわち製作者や使用者から得た機能である。われわれは、それらを設計し、なすべき役割を与える。われわれは、ある特定の液体を目盛に隣接した透明な管のなかに配置し、それによって、この液体は、温度についての情報をわれわれに提供する。われわれは、その結果生じる人工物を、温度計と呼ぶ。旗竿や（金属製の）ペーパークリップなど、その体積が温度に比例するものもまた、温度についての情報を担う。それらの体積もまた、信頼できる仕方で温度と相関しているのである。しかし、それはそれらの機能ではない。それは、それらがするように設計されていることではない。名前が示唆するように、それらは全く異なった役割を持っているのである。旗竿、ペーパークリップ、温度計は同じ情報を担うにもかかわらず、旗竿やペーパークリップは、温度計が表象することを表象しない。旗竿やペーパークリップは、何も表象しないのである。われわれは、それらにそのような種類の役割を与えていないからである。

あるものの情報的機能が、設計者、製作者、使用者の意図や目的から、このような仕方で派生しているとき、私は、その結果生じる表象を規約的と呼ぼう。規約的でない表象は、自然的である。私は、自然的に獲得された機能が存在し、それゆえ自然的表象が存在すると仮定する。(3) 私は、このことを示す議論を展開せずに、ただそう仮定しているだけである。この見方が広く受け入れられているわけではないということは、私も承知している（たとえばDennett 1987、とくにそのpp. 287-321や、Searle 1992, p. 52は、この見方を否定している）。私は第5章でこの点に立ち戻るが、当面は、ライト（Wright 1983, 1987）、キッチャー（Kitcher 1993）、ゴッドフリー＝スミス（Godfrey-Smith 1994）、ミリカン（Millikan 1984）、ネアンダー（Neander 1991a, 1991b）、パピノー（Papineau 1993）、ベネット（Bennett 1976）や、その他多くの人々の導きに従い、身体の器官やメカニズムは、ある特定の

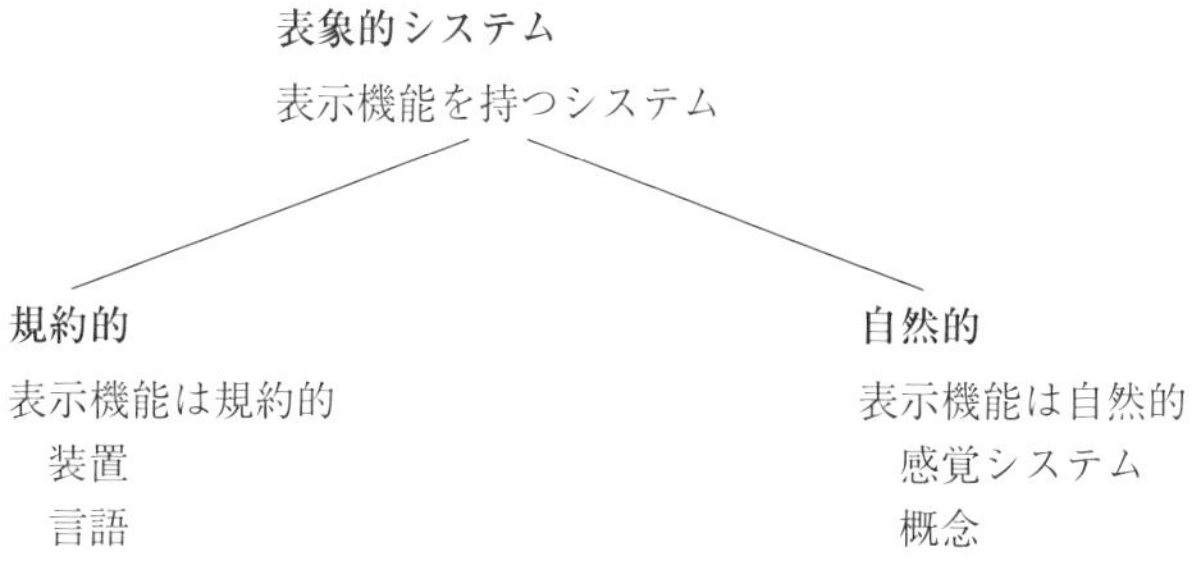

図 1

役割を果たすように誰かによって設計されることがなくとも、ある意味では、その役割を果たすように設計され、そしてそれゆえ、それをする機能を持ちうるのだと想定することにしよう。フィリップ・キッチャー（Kitcher 1993, p. 380）は、このことをつぎのように述べている。「ダーウィンの重要な発見の一つは、われわれは設計者抜きで設計について考えることができる、ということである」。私は、諸感覚は進化の歴史から得た情報提供機能、すなわち、生物学的機能を持つと仮定しよう。[4] このように仮定すれば、（固有受容系を含む）知覚システムは、情報を提供する機能を持つ（場合におうじて外的または内的な）諸状態の表象を生み出す、ということになる。知覚システムが情報的機能を果たすことによって生み出す表象は、内容、すなわち、それらが語ることまたは意味することを持つが、この内容は、われわれの目的や意図からは独立したものである。このような理由から、諸感覚は、より正確に言えば、諸感覚がその機能を果たすことによって生み出される内的な諸状態（経験、感じ）は、本来的志向性を有する。それらの状態は、表象すること、語ること、意味することを有するが、それはわれわれから得たものではないのである。このような理由から、生物学的システムの知覚的表象は、ラップトップコンピュータ、速度計、テレビの表象状態と異なり、その表象を有するシステムが表象される対象を意識することを引き起こすのである。[5]

このようにして、われわれは図１のような予備的な分類を手に入れた。今後は、表象主義テーゼについて語るときには、すべての心的状態は自然的表象であるというテーゼのことを意味することにしよう。これによって、このテーゼは、哲学的自然主義の一形態となるのである。

3　表象システムと表象状態

以上の分類は大雑把なものである。ここでは、（心的でない自然的表象はもちろんのこと[6]）すべての心的表象がひとくくりに分類されている。思考や信念が経験と一緒に分類されているのである。ここまでの議論のかぎりでは、これは正しい。それらは、どちらも自然的表象の一形式だからである。しかし、われわれの目的を達成するためには、見ることや聞くことを、知ることや信じることと区別することが重要である。私は、ポールがピアノを演奏するのを見ることも、彼がピアノを演奏していると信じることもできるが、視覚経験は、ピアノ演奏を信念とは非常に異なった仕方で表象する。両者は異なる種類の心的表象なのである。われわれは、ピアノが演奏されていると信じることなしに、ピアノが演奏されているのを見たり聞いたりすることができるし、ピアノが演奏されているのを見たり聞いたりすることなしに、ピアノが演奏されていると信じることもできる。ピアノが演奏されているのを見ることの一部は、視覚経験からなり、それを聴くことの一部は、聴覚経験からなる。これらの経験が生じないかぎり、人はピアノを見たり聞いたりしたことにはならないのである。[7] ピアノ演奏の経験は、（少なくとも信念または判断がピアノ概念を必要とする仕方では）ピアノ概念を必要としない。ピアノ演奏の経験は、ピアノとは何かや、ピアノはどのような音がするかにかんする理解を必要としない。ネズミでさえ、ピアノが演奏されるのを見たり聞いたりできるのである。

信じることは事情が異なる。信じることは、ピアノ概念、すなわちピアノとは何かにかんする何らかの理解を必要とする。ピアノが演奏されるのを聞いているネズミは、ピアノが演奏されていると信じているわけではない。私の考えでは、ネズミの聴力は、ピアノが演奏されているのを聞くのに十分な程度に優れているが、ネズミの理解は、ピアノが演奏されていることを信じるには貧弱すぎるのである。

すべての表象は事実（とされるもの）の表象だが、すべての表象が概念的表象なのではない。事実についての概念的な気付き、たとえばトーストが焦げているという信念、判断、あるいは知識は、行動と密接に結びついている。言語を持つものにとって、概念的な気付きは、通常、気付いている物事、たとえばトーストが焦げていることについて語る能力を伴う。感覚的な気付きの場合は、そうではない。われわれは、トーストとは何かや焦げるとはどういうことかを、ほとんどあるいはまったく理解せずに、焦げているトーストを見たり嗅いだり（したがって知覚的に気付いたり）することができる。「あの妙な臭いは何だ」という言葉は、トーストの臭いを嗅いでいるが、トーストとは何かや焦げるとはどういう意味かを知らない人の発言かもしれないのである。（ピアノが演奏されるのを聞いていた）キッチンにいるネズミは、臭いを嗅ぐことができ、したがって、焦げているトーストに感覚的に気付くことができるが、（料理をしている人のように）トーストが焦げていることに気付く（すなわちそう信じる）ことはない。ネズミは、この出来事に概念的に気付くことが、ほとんどあるいはまったくできない。ネズミは、トーストが焦げているのを嗅ぐが、トーストが焦げていることを嗅ぐ、すなわち、トーストを焦げているものとして嗅ぐことはできないのである。料理をしている人とネズミは、嗅いでいるものについてどう考えるかという点で異なっている。両者は、臭いをどのようなものとみなすかという点で異なっているのである。両者は、焦げているトーストがそれぞれにどのように臭うかという点でも異なっているかもしれない。しかし、どちらもそれを嗅ぐ。どちらもそれを経験する。両者ともに、この出来事についてのある種の感覚的表象を持っているのである。[8]

われわれが、具体的な対象（たとえば焦げているトースト）や出来事（ピアノ演奏）を意識しているものとして自らを記述するときには、（Fとしての）kの経験と、（それはFであるという）kについての思考の違い、すなわちkの感覚的表象と概念的表象の違いは、概して十分に明確である。しかし、われわれが、抽象的な対象、すなわち違い、数、答え、問題、大きさ、色などに気付いているものとして自らを記述するときには、曖昧さが生じる。それゆえ、しばらくのあいだこの曖昧さについて論じることにしよう。さもなければ、この曖昧さによって、以降の議論が混乱してしまうからである。

われわれが、見るもの、聞くもの、感じるもの、すなわち、われわれが気付いているあるいは意識しているものを記述するために、抽象的な名詞や句を用いるとき、通常記述されているものは、（特定されていない）ある事実についての概念的な気付きである。抽象名詞句は、何らかの叙述的な節の代わりを果たす（Dretske 1993）。したがって、ある人がAとBの違いを見ている（意識している）という記述からは、その人はそれらが異なることを見ている（意識している）ということが含意される。ある人が自身の（青い）シャツの色に気付いているという記述からは、彼または彼女はそのシャツが青いことに気付いていることが含意され、それゆえ、その色を何らかの概念的な仕方で（青として、空の色として、等々）表象していることが含意される。ある人が、自らのシャツが何色かをいかなる概念的レベルでも知らないとすれば、その人がシャツの色を見ている（シャツの色に気付いている）と記述するのは奇妙だろう。同様に、ある問題に気付くためには、問題であるもの（たとえば詰まった配水管）を見ている（経験する）だけでは不十分であり、それが詰まっていること（事実）を見てとらなければならない。見ているもの、すなわち詰まった配水管を、問題として概念化しなければならないのである。このような仕方でそれを概念化しないかぎり、（われわれが言うような意味で）その問題に気付いてはいないのである。

性質を表象する仕方について考えるさいには、したがって、表象理論のもとで、われわれが意識している性質について考えるさいには、両者の違いが重要である。諸対象についての信念ではなく、諸対象の経験が主題なので、シャツの色についての経験を、シャツの色についての気付きあるいは意識として記述しないように気をつけなければならない。というのも、この語り方は、シャツの色について概念的に表象していることを含意するが[9]、概念的表象は存在しないかもしれないからである。子供や動物は、そのシャツが青いことを知ることや青いと考えることなしに、いいかえれば、そのシャツを他の青い対象と一緒に分類する（あるいはそう分類する傾向性を持つ）ことなしに、シャツの色に視覚的に気付く（いわばシャツについての彼らの視覚経験が青さによって満たされる）かもしれない。これが想像し難ければ、知覚主体が動物であると考えてみればよい。ネコは色の違いを無視するが、だからといって色盲なわけではない。(10) われわれは、あるものが青い（あるいは青く見える）ということに概念的に気付くことなしに、青（シャツの色）を経験することが、そしてこの意味では、青に気付くことができるのである。

これらのことをはっきりさせるために、私は、事実についての感覚的表象と概念的表象を区別し、kの青さについての経験と、k（あるいは何か）が青い（あるいは青くみえる）という信念または判断とを区別することにしよう。感覚的様態における気付きを記述するために、「現象的」という語がしばしば用いられる。私もときおりこの語を用いることにしよう。現象的な気付きは、実際には概念的な気付きを伴うかもしれないとしても、それを必要としない気付きの様態である。われわれは、何かが青いことや、ピアノが演奏されていることや、何かが焦げていることに気付くことなしに、シャツの色や、演奏されているピアノや、焦げているトーストを、現象的に意識できるのである。

色、形、肌理についての経験と、色、形、肌理についての信念は、日常的に区別されている。私が思うに、この区別はよく知られたものである。では、表象的な語り方においては、両者のあいだの区別は何に由来するのだろうか。表象的な語り方においては、焦げているトーストの嗅覚経験と、トーストが焦げているという信念あるいは判断のあいだの違いは何だろうか。

焦げているトーストの経験（感覚）と、トーストが焦げているという信念（思考）は、どちらも表象であり、すべての表象は個別の（トークン）状態あるいは出来事である。それにもかかわらず、トークン状態の表示機能には、二つの異なった源泉がある。(1)ある状態は、その表示機能を、したがって表象としての身分を、自らが属しているシステムから得ているかもしれない。このような表示機能を体系的表示機能（＝機能$_s$）と呼び、それが生じさせる表象を、体系的表象（表象$_s$）と呼ぶことにしよう。あるシステム（たとえば温度計）が、温度にかんする情報をもたらすと考えられており、βが、たとえば温度が32°であるという情報を担うはずの状態（たとえばしかじかの高さにある水銀）であるとすれば、βは温度32°を表示する体系的機能（機能$_s$）を持つ。それゆえ、状態βは温度を32°として表象$_s$する。(2)他方、あるトークン状態は、その表示機能を、自らが一状態として属しているシステムからではなく、自らがトークンである状態のタイプから得ているかもしれない。βが体系的に表象するもの（システムの設計によればβが表示するはずのもの）が何であるとしても、βは特別の、あるいは別の表示機能を獲得している（あるいは与えられている）かもしれない。われわれが、その目盛のこの点に「38」という数字を印刷すれば、水銀がこの点に達したときにはいつでも、それは温度が38°であることを意味することになる。われわれが、この点（およびそれより上の領域）に「危険」という語を印刷すれば、水銀がこの点まで上昇することは危険を表すことになる。これらの機能（状態タイプが何らかの体系的機能を持つとしても、それとは独立に割り当てられたり獲得したりする機能）を、獲得された表示機能（＝機能$_a$）と呼ぼう。あるトークン状態の表示機能$_a$（それゆえ表象$_a$）は、その体系的機能（それが表象$_s$するもの）とは異なるかもしれない。これから見るように、あるトークン状態は、体系的な仕方と獲得された仕方の両者で表象するかもしれず、それが表象$_a$することは、表象$_s$することと同じである必要はないのである。

具体例を考えてみれば、この違いが明確になるだろう。車軸の回転を記録することによって乗り物の速度を表象する、単純な速度計があると考えてみよう。この装置は、さまざまなサイズのタイヤが取り付けられた自動車で使用できるように設計されている。（同じ速度では）大きなタイヤを付けたほうが小さなタイヤを付けたときよりも車軸の回転が遅くなるので、製造者は、この装置の表面に目盛をふるという作業を使用者にゆだねている。私がこの装置を標準サイズのタイヤが付いた自動車で使用するときには、私は、ある仕方で円盤に目盛をふる。あなたがそれよりも大きなタイヤを用いるとすれば、違った仕方で目盛をふることになる。私は針位置βに数字「50」を記す。あなたはそこに数字「60」を記す。針位置βに対応する割合でわれわれの車の車軸が回転しているとき、私の車は時速50マイルで走っており、あなたの車は時速60マイルで走っている。それゆえ、この針位置に異なる数字を割り当てることによって、われわれは違った仕方で目盛をふることになる。このシステムの針位置βという状態は、二台の車において、同じ体系的機能を持っている。すなわち、N rpm という車軸の回転率を表示するという機能である。それにもかかわらず、異なる仕方で目盛をふることによって、この状態は、二台の車において、別の獲得された機能を持つ。私の車では、状態βは時速50マイルを表象$_{a}$するが、あなたの車では、時速60マイルを表象$_{a}$する。すべての車において、状態βは同一の表示機能$_{s}$を持つが、それが（速度について）表象$_{a}$することは、車ごとに異なるのである。

この「知覚」装置が取り付けられたシステムは、同じ「経験」（すなわち車軸の回転数N）を持つが、それぞれ（速度についての）異なる信念を持つと記述することができる。（これはやや偏向した記述だが）このように述べれば、この区別がどのように適用されるかがわかるだろう。βは、すべての車において同じもの、すなわち車軸の回転数Nを表象$_{s}$する（すなわち、同じものの経験である）。それが、私の車とあなたの車の両者において、この状態が意味していることであり、表象$_s$していることである。このシステムがどのような情報（車軸の回転についての情報）を提供する機能を持つか、（工場において）何をするように設計されたかを前提とすれば、このシステムのある特定の状態は、N rpm の車軸の回転を表示するという体系的機能を持つ。この状態は、二つのシステムにおいて同じものを表象$_s$する。それにもかかわらず、この状態は、私の車においては、あなたの車においてとは別のことを表象$_a$する。この状態は、私の車においては時速50マイルを表象$_a$するが、あなたの車では時速60マイルを表象$_a$する。ひとたび目盛がふられれば、私の速度計は、いわば、N rpm を時速50キロの速度として「見る」。別の仕方で目盛がふられたあなたの速度計も、同じもの、すなわち車軸の回転Nを「見る」が、それを時速60マイルとして見るのである。われわれの速度計は同じ「経験」を持つが、経験は異なる「信念」を生じさせるのである。

ウォーカー（Walker 1983, p. 246）は、二匹のパブロフの犬について述べている。一匹は、中央ハ音が何らかの楽器で演奏されたときに、唾液を出すよう条件付けられている。もう一匹は、クラリネットが何らかの音を演奏したときに、唾液を出すよう条件付けられている。ここで、二匹の犬が、クラリネットで中央ハ音が演奏されるのを聞いたとしよう。両者は同じ音を聞く。この音についての両者の経験は同じだろう。両者の反応も同じである。どちらも唾液を出すのである。しかし、両者の反応は、異なる獲得された表象に媒介されている。異なる学習の結果として、二匹の犬は、それを違う仕方で聞くのである。一匹は（犬ではなくわれわれの表現によれば）それを中央ハ音として聞き、もう一匹はクラリネットの音として聞く。両者の経験がその音を表象$_s$する仕方は同じだが、表象$_a$する仕方は異なるのである。

これらの例を通じて私が示唆しようとしているように、経験は、表象的性質が体系的である状態にほかならないと考えられる。それにたいして、思考（概念的状態一般）は、表象的性質が獲得された状態である。したがって、経験の表象内容は、その経験を一状態として持つ感覚システムの生物学的機能によって定まる。[11] 経験が世界をどのように表象sするかは、その経験を一状態として持つシステムの機能によって定まるのである。したがって、感覚的状態の質、すなわち、最も基本的な（現象的な）レベルにおいてものがどのように見え、聞こえ、感じられるかは、系統発生的に決定される。われわれは感覚システムを遺伝によって受け継いでおり、感覚システムは（少なくともかなり早い時期以降は）変化しないので、われわれは、経験の表象s的性格を（いずれにせよ容易には）変えることはできない。[12] 学習によって、私はkを見たときに何を信じるかを変えることができるが、kがどのように（現象的に）見えるか、すなわちkが私のうちに生じさせる視覚経験の種類を大きく変えることはできない。この理由から、経験はフォーダー（Fodor 1983）の言う意味でモジュール的なのである。これにたいして、信念が世界を表象する仕方は、個体発生的に決定される。われわれは、学習によって自らの目盛のふり方を変えることができる。たとえ見ているものを同じ仕方で変えることができないとしても、われわれは、あるものを何としてみるか、すなわち、それを見たときに何であると捉えるかを変えることができる。このような理由から、kの赤としての表象s（赤さの感覚）とkの赤としての表象a（kは赤いという信念）は、どちらもkの赤としての表象だが、両者は異なるのである。

表象sと表象aの区別には、感覚と認知（経験と信念）の違いを明らかにする力があるが、このことを十分に明らかにするには、さきほどの例はやや単純すぎるかもしれない。それゆえ、少し脚色をほどこせば、この区別には、実際の感覚システムの構造（私が念頭に置いているのはおもに恒常性メカニズムである）を捉える力があることが、もっとはっきりするかもしれない。

別の製造業者が、さらに洗練された速度計を製造するとしよう。この速度計は、付いているタイヤのサイズにかかわらず、すべての車で使用できるように設計されている。針の位置は二つの情報源によって決定される。すなわち、車軸が回転する割合だけでなく、路面からの車軸の高さによっても決定されるのである。路面からの車軸の高さは、タイヤサイズの手っ取り早い目安になるので、これら二つの情報源を組み合わせれば、タイヤサイズに関係なく、車の速度にかんする信頼のおける測定装置ができる。したがって、二種類の情報源によって動かされるこの装置の針位置は、速度を表示する体系的機能を持つことになり、それゆえ工場で目盛がふられることになる。構造から示唆されるように、この洗練された装置は、車軸がどれだけの速さで回転しているかについての情報ではなく、車がどれだけ速く走っているかについての情報を提供するように設計されている。この想像上の装置における情報処理過程は、速度の表象を生み出すために、車軸の回転についての情報を利用しているが、実際のところ、最終的な表象（針位置）は、車軸がどれだけの速さで回転しているかを表示していない。情報処理の初期過程は車軸の回転についての情報を利用しているが、（それを高さについての情報と統合することによって）最終的に速度の表示を生み出すために、この情報は犠牲になる。それによって、車軸の回転についての情報は失われるのである。これは、個々の状態（針位置）が、車軸の回転ではなく速度を表象ₛする装置である。この装置は、さきに述べた大雑把な装置とは異なり、（車軸の回転ではなく）速度を「経験する」。この「経験」を生み出すさいに、情報産出過程は車軸の回転についての情報に頼っているが、それにもかかわらず、この装置は速度を「経験する」のである。

しかし、この装置が「経験する」もの（すなわちその諸状態が表示する体系的機能を持つもの）が速度だとすれば、この装置は何を「信じる」のだろうか。それは、この装置の諸状態が何を表象$_a$するか、すなわち、何を表示する役割を獲得したか（あるいは割り当てられたか）[13]による。もちろん、この装置を速度計として用いるつもりならば、通常は、その諸状態に、それらの体系的機能を反映するような仕方で機能を割り当てることになるだろう。時速50マイルという速度を表示する機能$_s$を持つ状態βは、この針位置に数字「50」を印刷することで、この機能$_a$を与えられるだろう[14]。しかし、われわれは、どのような機能$_a$も好きに割り当てることができる。車が厳密に言ってどれだけ速く走っているかには特に興味がなければ、円盤をいくつかの領域に分割して、それぞれを「低速」、「中速」、「高速」と名付けることもできるだろう。このとき、（時速50マイルの速度を表示する機能$_s$を持つ）βは、（時速48マイルの速度を表示する機能$_s$を持つ）状態γと同じ機能$_a$、すなわち、中速を表示する機能$_a$を持つことになる。実際のところ、われわれがこの装置を速度計ではなく、オートマティック・トランスミッションを制御するメカニズムとして用いるならば、これらの状態は、このような機能を獲得するかもしれない。この場合、時速48マイルでも50マイルでも三速で走行して欲しいので、われわれは、これら二つの状態に同じ機能$_a$を与えるのである。この装置の諸状態がこれらの機能$_a$を獲得すれば、この装置は時速50マイルと48マイル（これら二つの状態が表象$_s$する速度）を「経験する」が、両者を同じ仕方で（三速の速度として）表象$_a$することになる。たしかに、この装置は時速50マイルと時速48マイルの違いを経験するが、いわば、両者を中速（あるいは三速の速度）として「見る」のである。概念的には、これらのシステムは、時速48マイルと時速50マイルのあいだの感覚的な違いを「捨象する」のである。

生得的な感覚システムは、連続的と言えるような質（表面反射率、速度、方向、周波数など）にかんする情報を担う機能を持つ。これにたいして、認知システムは、これらの情報を個々のシステムの必要や目的にとってより有用な単位に「まとめあげる」。さきの例は、これがどのようにして行われるかを示唆してくれる。経験のレベルにおいては、私は、私の感覚に影響を与える諸対象の光、音、圧力、温度、化学的性質におけるあらゆる違いにたいして、感受性を持っている（すなわちそれらを識別することができる）。それにもかかわらず、これらの感覚的な違いをカテゴリー化し、自分が経験する違いについての判断を下す（表象aを作り出す）には、私は限られた概念的道具立てしか持っていない。私は（さきに登場した速度計が時速50マイルと時速48マイルの違いを記録するのと同じ仕方で）違いを経験するが、概念的なレベルでは、これらの違いを同じ種の異なる事例として扱うのである。感覚的なレベルでは、私は、数百の異なる色を識別することができる。概念的なレベルでは、私は、経験する色にせいぜい数十のカテゴリーを用いることしかできない。学習によって私が得ることができるのは、さまざまな必要を満たし、目的を達成するために必要な目盛だけである。これはもちろん、必要なときにさらに詳細な識別ができるように「目盛をふり直す」ことはできない、ということではない。そのような再調整に必要な情報は、すでに私の経験のなかにあるからである。

これまでの議論によれば、分類は次頁の図2のようになる。議論を明確にするために、いくつかの

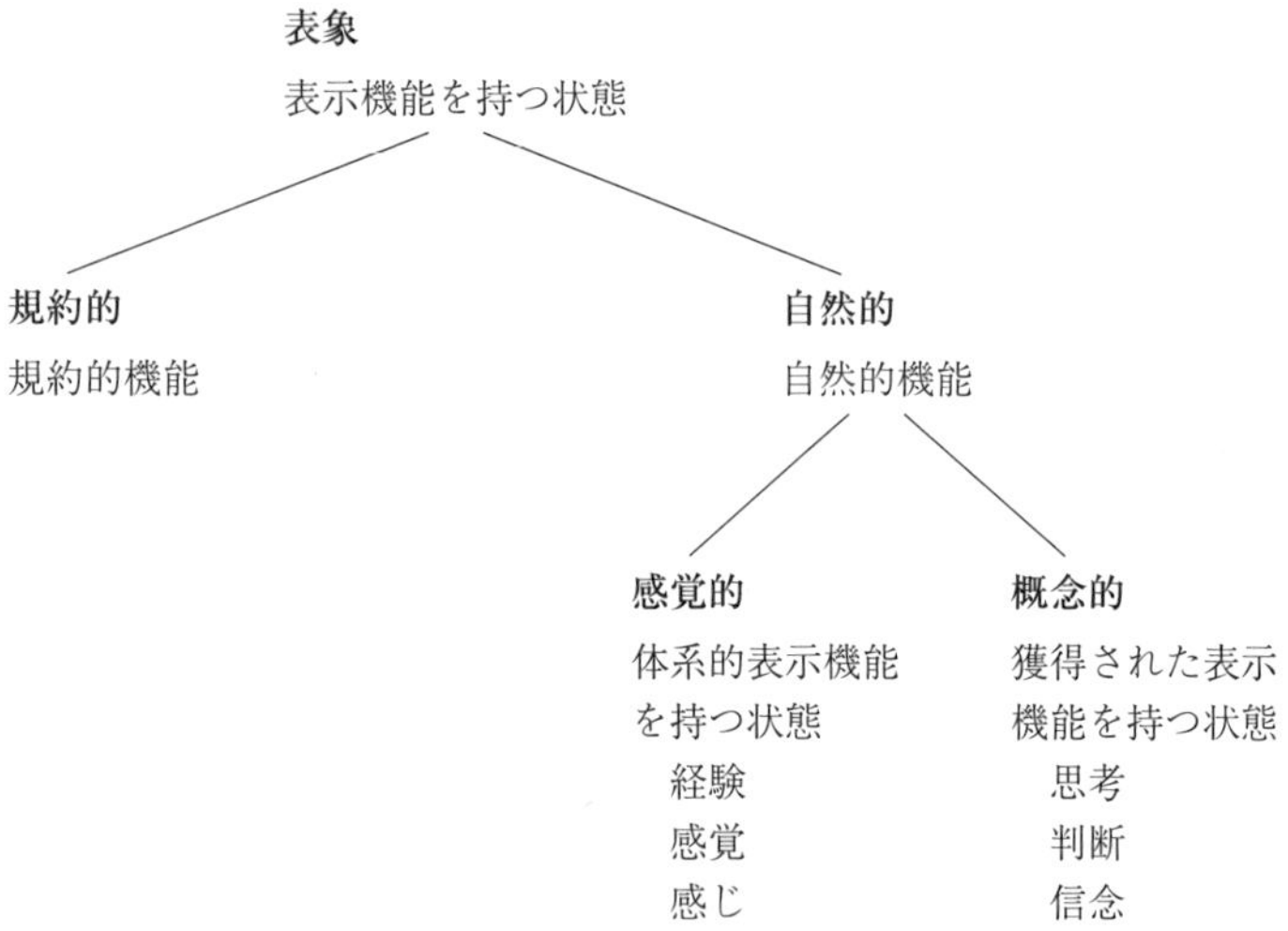

図2

ことを述べておいてもよいだろう。

(a)すでに述べたように、経験は表象$_s$だが、すべての表象$_s$が心的なのではないし、ましてや経験なのではない（すべての自然的表象$_s$についてさえ、同じことが言える）。経験とは、表象$_a$の構築に役立つ自然的表象$_s$、すなわち、ある生物の必要や欲求にいっそう効果的な仕方で役立つように、（学習によって）目盛をふることができる表象$_s$である。経験とは、認知システムに、行動の制御と調節に使用される情報を提供することを機能とする状態なのである。[15] エヴァンズ（Evans 1982, chapter 7, §4）は、運動システムとの系統発生的に古くからある結びつきに基づく内容を持つ内的状態について述べるさいに、これと同じような考えを表明している。内容を担う状態が意識的経験とされるためには、「概念行使および推論システム」と呼ばれるものの入力として働かなければならない、と彼は要求する。[16] このような理由から、（第二の）速度計の事例では、情報をもたらす過程の初期段階（たとえば車軸の回転にかんする情報を担う段階）は、経験の類比物としてふさわしいものではない。これらの初期過程は、機能$_s$、すなわち、車軸の回転についての情報（このシステムが速度の表象を作り出すために必要な情報）をもたらすという機能$_s$を持ち、それゆえ車軸の回転を表象$_s$するが、この情報に目盛をふることはできない。この装置は、この情報を用いているが、言ってみれば、目盛をふる（認知的）過程では、それを利用できないのである。したがって、この情報に「概念的な」形式を与えることはできない。行動（この場合には針位置）を決定することにかかわる制御構造に到達するまえに、この情報は消滅する（速度についての情報に吸収される）。これは、心的ではない自然的表象$_s$である。その機能は、心的表象$_s$に情報を提供することなのである。[17]

(b)感覚システムは系統発生的な機能を持ち、それゆえ、フォーダー（Fodor 1983）のいう意味で、ある程度モジュール的である。すなわち、生得的に組み込まれ、情報的に遮蔽されている等々の特徴を持つのである。だからといって、そのようなシステムが生み出す状態（経験）の表象としての身分は、変化しないわけではない。圧力計（その機能$_s$は圧力にかんする情報をもたらすことである）の表面に「海抜〇〇フィート」という目盛をふり直せば、われわれは、それを高度計として使用できる。圧力を表象$_s$する針位置は、いまでは（同時に）高度を表象$_a$するのである。言ってみれば、この計器は圧力を高度として経験するのである。われわれが、自らが経験する対象や条件を同定したり再認したりすることを学ぶさいにも、同様の変換が生じる。われわれは、音を聞く（経験する）ことから始まり、語を聞く（再認する）ことに至る。もちろん、われわれは依然として音を聞いているが、学習ののち、言語学習に含まれる種類の目盛のふり直しが生じたのちには、経験は表象としてさらなる次元を獲得するのである。[18]

感覚順応は、そのような目盛のふり直しの一例であるかもしれない。われわれは、タイヤのサイズを変えたときに速度計の目盛をふり直すことができる（状態βは、普通のタイヤが付いているときの時速50マイルと異なり、時速60マイルを表示する機能を獲得する）ように、経験がもたらす情報に変化があるとき、感覚システムの目盛をふり直すことができる。すべてのものが30°左に「見える」眼鏡をかけたのちには、触覚が視覚を「教育し」、ものは、手を伸ばしたときに実際につかむことができる場所にあるように「見え」るようになる。順応に伴う経験の変化は、すくなくとも、このような仕方で記述することができる。われわれが年をとるにしたがって、黄斑（網膜上の点）は次第に黄色くなり、網膜から脳に送られる、光の波長についての信号は変化する（この例はClark 1993, p. 170に基づく）。表象$_s$状態が担う情報はこのように絶えず変化するが、それにもかかわらず、それに対応する表象$_a$の変化は存在しない。われわれは依然として、青と黄、赤と緑を、青と黄、赤と緑として見るのである。

(c)表象システムが情報的機能を果たす手段となる諸状態には、ある構造があり、それによって、明示的に獲得することなしに機能を獲得することが可能になる。時計の針のある位置にひとたび「12」を割り当てれば、残りの表示状態（時計の針の位置）すべてが、「非明示的な」表示機能を得る。（たとえば色や音にかんするわれわれの経験におけるように）あるシステムの表示状態のあいだにこの種の構造がある場合には、それぞれの表象$_s$状態が、何らかの特定可能な進化過程を経て、表示機能を明示的に獲得したと考えるべき理由はない。一つの状態が明示的に表示機能を獲得することによって、すべての表示状態が非明示的な表示機能を得たかもしれないのである。

(d)聞くことは、音の高さや強さだけでなく、音色や（両耳では）音の方向にかんする性質についての情報ももたらす。視覚の場合には、色、位置、形、動きにかんして、別個の経路とシステムが存在するように思われる（Fischback 1992, p. 56；Zeki 1992, p. 71）。

したがって、ある感覚様相を、（私が行ってきたように）Fを表示する機能を持つものとして記述するよりは、複数の表示機能を持つものとして記述するほうが適切だろう。また、ある感覚様相（嗅覚あるいは視覚）と「結びついた」経験が、他の様相からの情報を利用していないと考えるべき理由もない（たとえばStein and Meredith 1993；Dretske 1981, pp. 145-147を参照）。

(e)最後に、経験の主観的質、すなわち現象的現れとは、経験がもののあり方を表象$_{s}$する仕方であると言うことができる。ふたたび速度計の類比を用いれば、第一の速度計は車軸回転クオリアを持つ。第二の速度計は速度クオリアを持つ。しかし、ひとたび目盛がふられれば、事物がどのように見えるかを、どちらも同じ仕方で「記述する」（すなわち表象$_{a}$する）。時速しかじかの車として「記述する」のである。車の速度について言えば、両者にとって、事物は同じように見えるのである。

以上の手短な発言によって、私は、体系的表象と獲得された表象の区別をどのように用いようとしているのかを示そうとしてきた。経験と思考について、このように考えることの正当化は、あとで行うことにしよう。クオリアについての問い、すなわち、経験を持つとはいかなることかにかんする問いや、ものの見え方にかんする問いは複雑であり、感覚と認知の垣根を頻繁にまたぎ越すものである。私もこのことは十分に承知している。われわれは、あるときには、対象が持つと表象$_{s}$される性質（現象的現れ）について語り、別のときには、対象が持つと表象$_{a}$される性質（現象的見えに促されてわれわれが信じるもの、あるいは、経験に基づくわれわれのあるものの捉え方）について語る。これらの複雑な問題には、第3章と第5章で立ち戻ることにしよう。[19]

4　表象される性質と表象される対象

普通の温度計は、何であれ、それが入れられた媒体の温度を表象する。あなたのコーヒーに入れられれば、温度計は、あなたのコーヒーがどれだけ熱いかを教えてくれる。同じ温度計を壁に掛けておけば、部屋の温度を教えてくれる。あなたの口に入れれば、あなたにかんしてあることを、すなわち、あなたは熱があるかどうかを教えてくれる。温度を記録しているものが何であるかを述べること、すなわち、それがコーヒー、リビングルーム、あなたであると述べることは、この装置の機能ではない。この装置が述べるのは、それが入れられている媒体であるこれがどれだけ熱いかである。この装置は、ある関係（たとえばこの装置がこれのなかにあること）によって、あれではなくこれの温度を表象しているが、その関係は表象しないのである。

すべての表象装置について同じことが言える。圧力計は、それが圧力を表象しているのは（いずれかのタイヤであるとして）どのタイヤであるかを教えてくれない。その計器が（いずれかのタイヤを表象しているとして）どのタイヤを表象しているのか、すなわち、その計器はどの主題について語っているのかを知りたければ、その計器を見るのではなく、その計器と世界のあいだの外的関係を見なければばならない。この関係によって、その計器は、後ろの左タイヤではなく前の右タイヤの圧力を記録しているのである。計器は、これらの外的関係にかんする情報をもたらさない。すなわち、そのような情報をもたらす機能を持たない。表象は意義（その表象が表示する機能を持つ性質）を持ち、また、多くの場合、指示（表象された性質を持つ対象）を持つが、意義は指示を決定しない。同じ意義を持つ二つの表象は、異なる指示を持ちうるのである。

表象される対象と表象される性質の違い、表象の指示と意義の違いは、ネルソン・グッドマン（Goodman 1976）が黒い馬についての写真（ここでは「黒い馬」はこの写真の対象を特定している）と黒い馬の写真（ここでは「黒い馬」はその写真がその対象をどのように描いているかを特定している）を対比するさいに問題にしていたのと同じ区別である。黒い馬についての写真のなかには、黒い馬を黒い馬として描かないものもある。それらは黒い馬の写真ではない。遠くから黒い馬についての写真を撮ったと考えてみよう。この写真は、黒い馬をいわば遠くの点として描く。その点は、どのようなものでもありうる。あるいは、茶色いラクダに見えるように装った黒い馬についての写真を撮ると考えてみよう。この写真は、黒い馬についての写真だが、茶色いラクダの写真である。他の人々（たとえばLloyd 1989, p. 14）は、明示的内容と外延的内容の対比によって、同じ区別を行っている。外延的内容とは、表象されている対象であり、明示的内容とは、この対象が表象される仕方、すなわち、しかじかとしてということである。ある表象が表象する対象は、その対象が持つと表象される性質によっては決定されない。黒い馬の写真が黒い馬についての写真であることを保証するものは、何もないのである。

この点で、経験は写真に似ている。経験は事象様相の表象（Burge 1977；Bach 1986, 1987；Recanati 1993）なのである。経験トークンは、ある特定の対象kの経験であることによって個別化されるかもしれないが、同じタイプの経験は、別のkとともに生じたり、（幻覚、夢、想像の場合には）いかなる対象もなしに生じたりしうる。私が現在有している黒い馬の経験が、黒い馬についての経験であるとしても（すなわち私が黒い馬を見ているとしても）、それにもかかわらず、私は、まさに同じタイプの経験である黒い馬の経験を、それがある黒い馬についての経験であることなしに、あるいは実際のところいかなる対象の経験であることもなしに、持ちうるのである。[20] 事象様相の表象の指示（それが表象する対象）を決定するのは、それがどのように表象されるかではなく、ある特定の外的で因果的あるいは文脈的な関係である。私はこれをCと呼ぶことにしよう。[21] 表象の内容、表象が語っていることのなかには、それをこの対象についてのものにし、あの対象についてのものでも、いかなる対象についてのものでもなくしているものは含まれない。事象様相の表象の指示は、私がここでCと呼ぶ関係によって、文脈的に決定される。経験が真であることは、その指示、すなわち、それが（何らかの対象についてのものだとして）どのような対象についての経験であるかによるので、経験が真であることは、部分的には文脈（C）によって決定される。Cによって、Sが青いと表象する対象はkだということになる。それによって、Cは、（kは青いという）この表象が真であるかどうかを決定する助けとなる。それにもかかわらず、この表象と関係Cに立つものは（他の何らかの対象であったり、いかなる対象でもなかったりするのではなく）kであるという事実は、この表象が表象することとではない。表象は、文脈を表象しない（実際のところ表象しえない）のである。表象は、kを青いものとして表象するが、そのさいに、青いと表象するものをkとして表象することはないのである。

　私の車の速度計は、あなたの車の車軸ではなく、私の車の車軸につながれている。それゆえ、この速度計は、あなたの車ではなく私の車の速度を表象する（あるいは、場合によっては誤表象する）。この速度計が、他の速度計にはできないこと、すなわち、私の車について（真にせよ偽にせよ）何ごとかを語ることをできるのは、私の車とこの特別な関係Cにあるおかげである。他の速度計は、私の車について偽であることを語ることさえできないのである。Cとはつぎのような関係である。表象システムSが正常に機能し、kがSと関係Cにたつならば、SはkのFを表示することになる。時間tにおいて性質Fが表象されている対象がkであれば、われわれは、時間tにおいて、Sはkを表象するということができる。別のときには、Sは違った仕方で用いられるかもしれない。したがって、別のときには、Sは異なる対象を表象するかもしれない。あるシステムが利用される仕方を変え、Sと関係Cにたつ対象を変えれば、Sが何を表象するか（それがどの対象を表象するか）を変えることになる。しかし、Sがそれについて語ること（表象すること）を変えることになるとはかぎらない。

　したがって、私の用語法によれば、Sがkを表象するという事実は、少なくとも、Sにかんする純粋な表象的事実ではない。それは表象にかんする事実であり、多くの実践的な目的のために重要な事実だが、このシステムが表示する機能を持つことだけと関連する事実ではない。Sは、関係Cにたつ諸対象のFを表示する機能を持つが、関係Cにたつのはどの対象であるかを表示する役割を持たず、そのような対象が存在するかどうかを表示する役割さえ持たない。したがって、Sはそれらを表象しない。（Fを表示することを機能とする）Sを、kを表象するものとして記述するとき、このことは、あるFが存在し、SはkのFを表象する（場合によっては誤表象する）ということを含意する。それゆえ、Sがkを表象するということは、ある表象的事実、すなわち、あるFが存在し、SはkのFを表象するということを含意する。しかし、このことは、表象的事実ではないことも含意する。すなわち、kはSと関係Cにたつということである。したがって、表象の対象についての事実は、部分的には表象的だが部分的には表象的でない、雑種的な事実である。このことは、（第2章において）内観的知識を論じるさいに重要になる。内観によって知られるものは心的事実であり、それゆえ（表象主義テーゼによれば）表象的事実である。（Sはkを表象するという）雑種的な表象的事実は、表象的事実と表象にかんする事実が混ざったものである。このような理由から、われわれは、自分がどの対象を経験しているか（あるいは対象が存在するかどうか）を、少なくとも内観によっては知ることができないのである。(22)

したがって、Sは何かを青いものとして表象すると記述するさい、私は「何か」という語を用いるが、これが存在量化子でないことは明らかである。Sは、（たとえば隣の部屋に）Fであるものがあるときに、別のあるものをFとして誤表象しているということがわかるかもしれない。時速25マイルで走っているものが世界に存在するという事実は、「時速25マイル」を記録する速度計が、世界について何か真なることを語っているということを意味しない。なぜならば、速度計が「語る」ことは、時速25マイルで走っているものが世界に存在するということではなく、これ（なんであれその装置と関

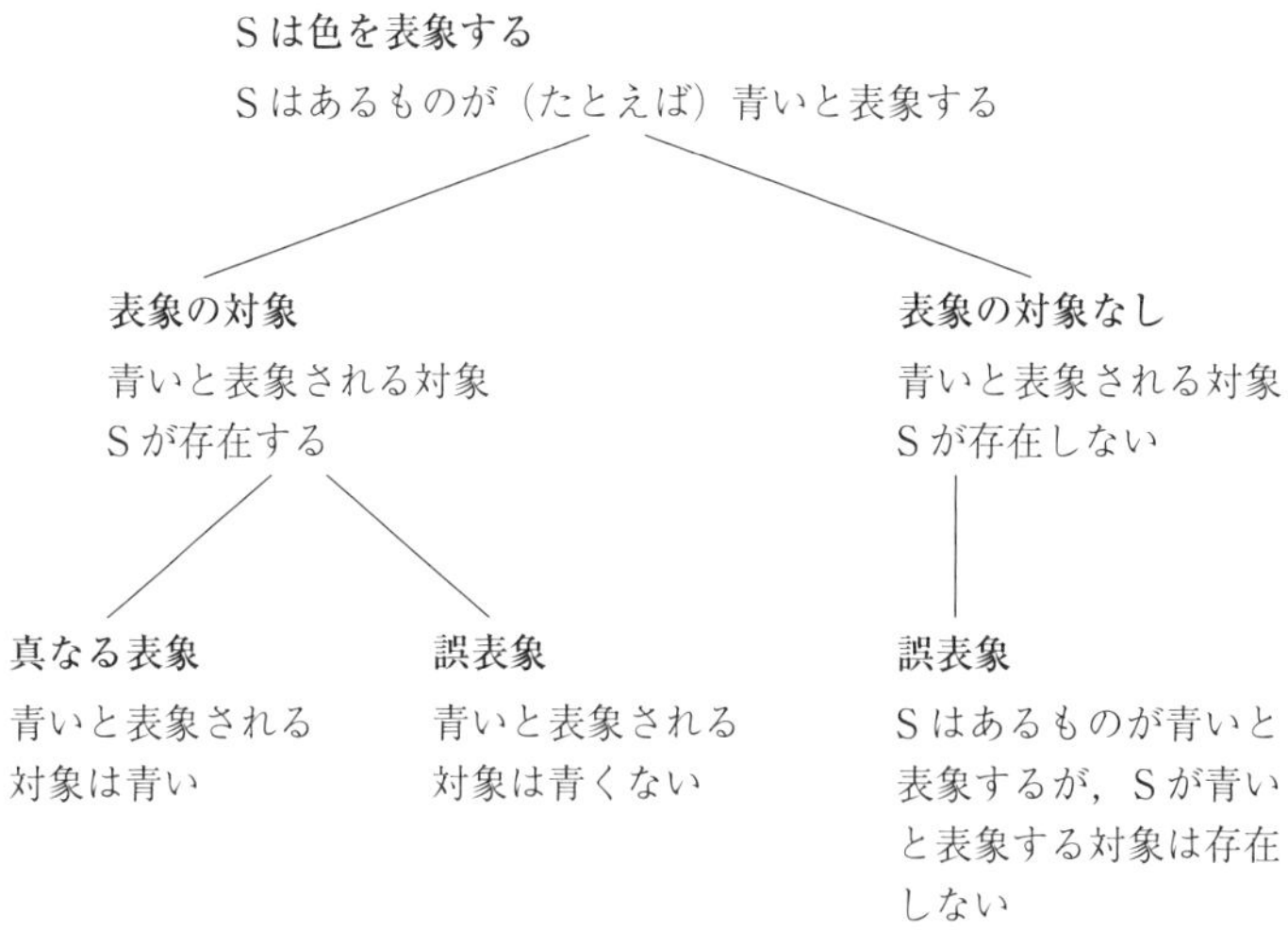
Sは色を表象する
Sはあるものが（たとえば）青いと表象する
表象の対象
青いと表象される対象Sが存在する
表象の対象なし
青いと表象される対象Sが存在しない
真なる表象
青いと表象される対象は青い
誤表象
青いと表象される対象は青くない
誤表象
Sはあるものが青いと表象するが，Sが青いと表象する対象は存在しない

図3

係Cにたつもの）が時速25マイルで走っているということだからである。表象システムSが色を表象するときに何ごとかを語っているとすれば、そしてそれゆえ、何かを（たとえば）青いものとして表象するとすれば、それは、これは青いということであり、これとは（そのようなものが存在するとして）Sと関係Cにある何らかの対象である。したがって、表象の対象が存在しなければ、Sは、これが存在しないときにこれを青いものとして表象している（すなわち誤表象している）ことになる。ここでわれわれは、前提が偽であるから、このことは、Sが表象することは真でも偽でもないということを意味するのだ、と考えるかもしれない。しかし、このことは、感覚経験の本性にかんしてわれわれが以前から知っているあることを示しているにすぎない。すなわち、誤表象には二つの形式があるということである。ある経験は、(1)偽なることを語ることによって、すなわち、これ

（表象の対象）が青くないときにこれは青いということによって、誤表象することがある。また、(2)真でも偽でもないことを語ることによって、すなわち、青くない「これ」が存在しないときに、これは青いということによって、誤表象することもある。これ以降も、表象の対象が存在しないとき、すなわち、Sが青いと表象するものが存在しないときにも、私は、Sは何かが青いと表象していると述べることにする。しかし、いかなる対象も存在しないときには、「何か」は、うまく働いていない指標詞の代わりに置かれていると理解されるべきである。

　このようにして、われわれは二種類の異なる誤表象を手にした（図3）。

5　志向性

　ブレンターノ（Brentano 1874）は、心的なものの目印は志向性であると考えた。志向性という言葉によって、彼が厳密に言って何を意味していたにせよ、そして、志向性はすべての心的出来事の、そして心的出来事だけの特徴であるという点で、彼が正しかったにせよ、そうでなかったにせよ、たいていの哲学者は、（さまざまな仕方で理解された）志向的な諸性格は、多くの心的現象に特有のものであると考えている。以下に述べるのは、志向性の諸側面のうち、近年の文献においてとくに目につくものの簡単な一覧である。いずれの側面にかんしても、心についての表象的説明は、志向性に満足のいく説明を与えることができるということがわかるだろう。心的事実、とりわけ感覚経験についての心的事実は、自然的秩序の一部であり、遺伝的な設計や発達による設計の産物であると考えることによって、志向性が何に由来し、なぜそこにあるのかが理解できるだろう。いずれの側面にかんしても、志向性はきわめて実在的なものだが、じつは別の何かであることがわかるだろう。事態は、フォーダー（Fodor 1987）がそうであるに違いないと示唆したとおりなのである。

1．誤表象する力　チザム（Chisholm 1957）は、これが志向性の第一の目印であると述べている。信念や経験は、kがFでないときにkがFであると「語る」あるいは「意味する」力を持つ。実際、（さきに述べたように）信念や経験は、kが存在しないときにさえ、このように述べる力を持っている。表象とは（体系的なものにせよ獲得されたものにせよ）表示機能を持つ状態であると考えれば、われわれは、表象がどこからこの力を獲得するかを理解できる。しかも、記号、ダイアグラム、計器、装置などの場合とは異なり、この力は自然的表象がわれわれから得たものではない。信念や経験は、本来的な（派生的でない）形式で、志向性の第一の目印を示す状態なのである。

2．ついて性　これはもちろん、ある事態が他の事態を指示する力または能力、他の事態についてのものである力または能力である。Sは、トムを見たり、聞いたり、彼についての思考を有したり、彼にたいする欲求を抱いたりする。トムを対象、すなわち指示対象として持つ状態を占めることがなければ、言いかえれば、トムについての思考、トムについての経験、トムにたいする欲求である状態を占めることがなければ、Sはこれらのことをすることはできない。トムを見るときにSが有するトムの経験は、それが誰（あるいは何）についての経験であるかを述べない。結局のところ、Sが霧の出た夜にトムを見て、彼を誰か別の人と間違えることもありうる。しかし、もしトムがこの経験としかるべき因果関係に立つのであれば、それはトムについての経験である。グッドマン流に言えば、Sの経験がトムについての経験であるためには、トムの経験である必要はないのである。

　われわれは、諸対象について経験したり考えたりするだけでなく、それらの性質についても経験したり考えたりする。私は、ゴルフボールを見るさいに、色、形、動き、くぼみのある肌理を見る。私の経験は、ゴルフボールと同様、これらの性質の経験、あるいはそれらについての経験でもある。私は、ゴルフボールが存在しないとき、すなわち、私の経験する性質を持つ対象が存在しないときでも（たとえば夢あるいは幻覚のなかで）、これらの性質を経験することができる。対象があろうがなかろうが、その経験は依然として白さ、丸さ、動き、肌理についての経験なのである。

　最も単純な測定装置にさえ、派生的な仕方においてではあるが、ついて性のこのような諸側面が見出される。吸気管の圧力を表象するさい、圧力計は、この管について何かを「語る」。それは管（対象）についてのものであるだけでなく、そのなかの圧力（性質）についてのものでもあり、それゆえ、管がその圧力を持つこと（条件あるいは状態）についてのものでもある。もし圧力計が意識を持つとすれば、すなわち、圧力計の志向性が規約的なものではなく本来的なものであるとすれば、管（圧力計と関係Cに立つもの）は、圧力計が意識する対象であり、14 psi の圧力を持つことは、管が持つと圧力計が知覚する性質であり、管が 14 psi の圧力を持つことは、圧力計が気付く状態、事態、あるいは事実である、ということになるだろう。

　ここで、ついて性は表象状態の指示によって理解されている。そして、指示は文脈的な関係Cによって定まる。しかし、このことが、志向性のこの側面は、二つの対象のあいだの因果的あるいは情報的関係（関係Cの正体である何らかの関係）にほかならないことを意味すると考えるべきではない。Sを対象kについてのものにするのは、kがSと関係Cにたつという事実だけではない。Sをkについてのものにするためには、Sと関係Cにたつことが必要だが、それだけでは十分でない。kがこの関係にたつシステムは、表象的システム、すなわち、関係Cにたつ諸対象のFを表示する機能を持つシステムでなければならないのである。Sがこの機能を持たなければ、すなわち、Sがkについて表示するはずであるものがなければ、kがSと関係Cにたつとしても、Sはkについてのものではないことになるだろう。公園のシーソーとそれに乗って遊んでいる子どもたちとの関係は、天秤とそれが重さを比較する機能を持つ諸対象との関係と同じである。天秤のふるまいは、それに載せられた諸対象について、何かを「語る」あるいは表象する。そのふるまいは、一方が他方よりも重いということを「語る」のである。シーソーはそうではない。これは、シーソーのふるまいから、子供の相対的な重さについて（まさに天秤から知ることを）われわれは何も知ることができない、ということではない。しかし、このことは、「ついて」のここで問題になっているいかなる意味においても、シーソーの状態を子供についての状態にはしない。われわれは、酔っぱらいのふるまいを、彼の血液の化学組成について何事かを知るために用いることができるが、だからといって、彼のふるまいは、自らの血液の化学組成についてのものではないのである。

3．アスペクト的な形　ボールについて考えるとき、われわれは、それをある仕方ではなく別の仕方で考える。青ではなく赤として、四角ではなく丸として、動いているのではなく止まっているものとして、等々。私は、これらのアスペクトのもとでボールについて考える。たしかに、私はリンゴを欲することができるが、そのさいに、私はそれを食べること、味わうこと、投げること、つかむこと、眺めること、あるいはたんに手に入れることを欲するのである。私は、これらのアスペクトのもとでリンゴを欲する（「アスペクト」という言葉はSearle 1992からとられている）。われわれの心的状態は、指示、ついて性、主題である対象（あるいは対象とされるもの）を持つだけではない。それらはその対象をある仕方ではなく別の仕方で表象する。ある対象が表象されるときには、あるアスペクトがつねに存在し、その対象はそのアスペクトのもとで表象される。対象が存在しない場合にも、アスペクトは存在する。

われわれが経験する対象についても同じことがいえる。私の見る対象は、私には、ある仕方で、たとえば、赤く、丸く、動かないものとして見える。私が触れる対象は、ある仕方で、たとえば、ざらざらして冷たいものとして感じられる。たしかに、経験は対象についてのものだが、われわれは、あるアスペクトのもとで経験することなしには、ある対象を経験できない。経験される対象が存在するならば、その対象とは確定しうる諸性質を感覚システムが表象しているまさにその対象であるという事実から、このことがただちに帰結する。それゆえ、われわれは、ある対象を特定の諸性質を持つものとして経験することなしに、それを見たり、嗅いだり、味わったりすることはできないのである。

アスペクトは詳細に個別化されて現れる。このこともまた、アスペクト的な形について語るさいに言われていることに含まれる。われわれが、気体の法則に従って、ある（体積一定の）タンクのなかの気体の圧力は、温度が（たとえば）38℃になることなしに14 psiになることはできないと考えるならば、ある装置が（14 psiであるという）圧力についての情報を担うさいには、（気体は38℃であるという）温度についての情報も担わざるをえない。それにもかかわらず、この装置は、一方を表象することなく他方を表象することができる。ある装置が、温度についての情報を担うことなしに圧力についての情報を担うことができない場合でも、その装置は、温度を表示する機能を持つことなしに圧力を表示する機能を持つことができるのである。温度についての情報を担うとしても、圧力計は温度計ではない（もっとも、たしかにわれわれはそれを温度計として用いることができ、それゆえそれを温度計とすることもできるだろう）。Xすることは、自動的にXするという機能をもたらすわけではない。温度を表象するためには、温度の情報を提供する機能を持つことが必要なのである。（二つの性質が法則的に相関する場合でさえ）表示機能は、あの性質ではなくこの性質に限定されている。このことが、表象のアスペクト的な側面を説明し、それゆえ、（表象主義テーゼに従えば）経験と思考のアスペクト的性格を説明するのである。[23] われわれが経験する対象において、二つのアスペクトが分離できないときでさえ、ある特定の圧力を経験することは、ある特定の温度を経験することとは異なっている。その理由は、さきに述べたことによって説明されるのである。

4．方向性　ある経験の客観的指示、すなわち、その経験がどの対象についての経験であるかは、経験の関係的で文脈的な性質である。二つの経験は、主観的に区別できないもの、たとえばどちらも黒い馬の経験だが、それでもなお、一方は黒い馬についての経験であり、他方はそうではないということがありうる。他方、方向性は、経験に内在的な質であると考えられる。方向性は、その経験を持つとはいかなることかの一部であると考えられるのである。（私には確信がないが）私の理解が正しいとすれば、この質によって、経験は、ある対象または事実を指示すると言われるのである。客観的な指示対象を持つにせよ持たないにせよ、すなわち、経験がさきに述べた意味で何かについてのものであるにせよないにせよ、経験はこの種の志向性を示すと考えられる。ミラー（Miller 1984）は、フッサールの述語「ノエマ」をこのような仕方で理解している。

> 作用は、対象を持つかどうかにかかわらず方向性を持つ。それゆえ、対象以外の何かが作用の方向性を説明しなければならない。フッサールによれば、この「何か」とは、作用のノエマである。
> (p. 16)

しかし、経験のノエマと経験の指示のあいだには結びつきがある。フェレスダール（Føllesdal 1969）に従って、ミラー（p. 17）は、ノエマを、（対象が存在するときに）どの対象が経験の対象であるかを決定するものと考えている。経験が方向付けられているとは、経験がノエマを持つことにほかならない（p. 31）。したがって、経験が方向性という質を持つということは、経験が主観的に接近可能な質を持ち、経験が客観的指示（経験はその対象についてのものである）を持つときには、この質が、それがどの対象であるかを決定するということなのである。

しかし、方向性をこのような仕方で理解すれば、それはあたかも、経験にはある主観的な質があり、私が（実際に）黒い馬を見ている場合には、その質が、どの黒い馬を見ているかを決定するはずであると言っているかのように聞こえる。方向性がこのようなものと考えられるのであれば、経験がそれを持たないことは明らかであるように思われる。私がある対象を経験しているとき、その対象についての私の経験のうちには、私が経験しているのはどの対象であるかを決定するものなど何もない。これは、タイヤの圧力についての計器の表象には、どのタイヤの圧力を記録しているかを決定するものなど何もないのと同様である。表象はそのようなものではない。経験も同様である。

しかし、ノエマや、それが経験にもたらすとされる方向性について、自分が正しく理解しているかどうか、私には定かではない。ミラー（Miller 1984, p. 69）は、ノエマのある部分、すなわち（諸性質に基づいて）作用の対象とされるものを決定する部分（あるいはノエマ的意味、すなわち指示を決定するノエマの一側面）は指標的であると述べている（Christensen 1993, p. 758も参照）。見たところ、これはつぎのようなことを意味するように思われる。すなわち、ある経験が何らかの対象に向けられているとして、どの対象に向けられているかは、経験そのものの主観的に「接近可能な」性格のうちにおいてではなく、経験の文脈的あるいは関係的性質（私が第3節で関係Cと呼んだもの）によって決定される、ということである。もし、このとおりだとすれば、やはり、方向性はすでに定義されたついて性と同じものだということになる。方向性は、志向性のさらなる側面を表しているわけではないのである。

もちろん、ときには、表象される性質がある対象だけに当てはまることもある。とりわけ、視覚の場合にはこのようなことが言える。視覚においては、経験は、対象を特定の場所に、すなわち（われわれが対象を表象する仕方を前提とすれば）ある対象だけが占めることのできる場所にあるものとして表象するからである。あるものはここにあるものとして表象され、またあるものはあそこにあるものとして表象される。ここにあるものとして表象される対象はじつはあそこにあるのだと言うことは、あまり意味をなさない。私は、ある任意の時点において、二つ以上の対象を赤いものとして表象できる。このとき、ある対象が赤いものとして表象されているということは、私が（何らかの対象を表象しているとして）どの対象を表象しているのかを決定しない。しかし、私がある対象をここにあるものとして表象すれば（一つの対象だけがここにあるものとして表象されうると考えられるならば）、その対象をここにあるものとして表象することは、（何らかの対象が表象されているとして）そのように表象されているのはどの対象であるかを決定する。それは、ここにあるものとして表象されている対象である。方向性とはつまるところこのようなものだとすれば、方向性は、経験の（対象が存在する場合の）対象指示ではなく、対象とされるものが持っていると表象される、ある特別な性質に関係していることになる。単純な装置でさえ、（派生的な仕方で）この種の方向性を持ちうる。レーダーは、何であれ、座標[x, y, z]にあるものとして表象される対象に「向けられている」。ある対象がそこ、すなわち[x, y, z]にあるとする表象が存在するとき、そこにある対象があれば、そこにあるものとして表象されているのはどの対象であるかが決まる。それは、そこ、すなわち[x, y, z]にある対象なのである。

6　心と脳――経験のありか

経験を表象的なものとして描くという点で、感覚経験の表象的説明において、経験は物語のようなものと考えられている。ある物語について考えるとき、われわれは、つぎの二つのことについて考えることができる。⑴物語を語る語、および、⑵それらの語が意味するもの、すなわちそれらの語が語る物語である。前者を物語の媒体、後者を物語の内容と呼ぶことにしよう。物語（すなわち物語の媒体）は本のなかにあるが、物語のなかで起きていること（内容）は、本のなかで起きているのではない。それがどこかで起きている必要はない。若い娘が輝く甲冑を身につけた騎士に助け出されるという出来事は、確かに物語のなかにある。しかし、この物語が本のなかにあるとしても、若い娘、騎士、大胆な救出劇を本のなかに（すなわち本の表紙のあいだに）見出すことができると考える人はいないだろう。

われわれが表象について語るときには、つねにこの種の曖昧さ、すなわち表象媒体と表象内容のあいだの曖昧さがつきまとう。思考や経験についてわれわれが語ることには、この種の曖昧さが見出される。物語が本のなかにあるのと同じ仕方で、思考や経験は頭のなかにある。もちろん、頭のなかにあるのは経験の媒体、すなわち表象内容を持つ物理的状態、世界についての物語を語る（表す）状態、たとえば、ここに赤いものがあり、向こうに三角のものがあるということを語る、あるいは意味する状態である。われわれが思考や経験を持つことが、われわれはなぜ実際にするように行為するのかを

（ときに）説明できるとすれば、思考や経験は頭のなか（あるいは少なくとも身体のなかのどこか）になければならない。私は服を着たいと思い、服があるのはクローゼットだと考えるので、クローゼットに向かう。（私の服はクローゼットのなかにあるという）私の思考と（服を着たいという）私の欲求が私のなかにないとすれば、つまり、それらが私の状態あるいは条件でさえないとすれば、それらは、どのようにして私がクローゼットに向かったことを説明できるだろうか。なぜ私が掻いたかを説明するためには、私の感じるかゆみは、私のなかになければならない。心的状態が説明上の役割を持つならば、すなわち、われわれは、自らが考えることや経験することゆえに、しばしば自らが実際にすることをするのだとすれば、信念や経験は、それらによって行動が説明されるシステムのなかになければならない。しかし、行動を説明する役割（これについて懐疑的な哲学者もいる）の話を別にしても、たとえば、なぜ部屋一杯の人々についての経験は、私が目を閉じたときに失われるのかを説明するためには、経験は、われわれのなかになければならない。私が目を閉じるときには、部屋一杯の人々が消えるわけではないが、何かが存在しなくなる。そして、この何かは私のなかにあるもの、あるいは私の状態でなければならない。その存在が、私のまぶたの位置にそれほど完全に依存していることに、ほかに理由があるだろうか。

しかし、思考や経験がわれわれのなかになければならないとしても、頭蓋骨のなかを覗いたときに何が見つかるかを、われわれはみな知っている。そこに感覚や感じがあるとすれば、それはうまく偽装されているように思われる。ウィルダー・ペンフィールド（Penfield 1957, 1959）が患者の脳のなかを覗いたとき、（ペンフィールドによる電気的な刺激の結果として）患者はさまざまな感覚を経験したが、ペンフィールドは、患者が経験していると報告した色や音を観察しなかった。これは、まさに経験の表象理論から予想されることである。ある物語をそのような物語にするものは、それが何についての物語であるか（すなわち物語の内容）である。同様に、心的状態、とりわけ経験をそのような経験とするものは、それが何についての経験かである。われわれは、青い犬についての物語（青い犬の物語）や青い犬の経験を持つことができる。青い犬についての物語、すなわち青い犬の表象媒体は、青いわけでも犬のようであるわけでもない。その本のなかを見てみればよい。それは全編白黒である。同様に、青い犬を経験する人の脳を眺めたときにわれわれが見出すものは、青くないし、犬のようでもない。われわれは、経験の内容、すなわちある経験をその種の経験とする性質を、脳のなかに見出すことはない。その代わりにわれわれが見出すのは、灰色でチーズ状の物質における、電気的活動や化学的活動である。われわれは、経験の媒体を見出すのである（同じ論点にかんしては、Lycan 1990, p. 111 ; Tye 1991, p. 118 を参照）。言いかえれば、われわれが見出すのは、われわれが本のなかを眺めたときに見出すのと同じものである。それは表象媒体であり、表象が表すものとはいかなる点でも似ていないのである。

表象主義テーゼによれば、頭のなかにあるものを心的なものにする事実、すなわち、皮質における電気的活動や化学的活動を青い犬の経験に変える事実を、頭のなかにあるものだけを眺めることによって同定することはできない。皮質におけるある特定の電気的活動のパターンを、青い犬の経験に変えるのは、この活動が何を表象するかについての事実、それが何を表示する機能を持つかについての事実である。あるものが何を表象するか、それが何を表示する機能を持つかは、皮質のなか、表象を眺めることによって発見できる事実ではない。このようなやり方で何を表象するかを発見しようとするのは、あるコンピュータのなかの二つの電気的接点のあいだの電圧差をこれまでにないほど厳密に測定することで、それが何かを意味するならば何を意味するのか（表象するか、示すか）を理解しようとするようなものである。あるいは、虫眼鏡を用いて洞窟内の古いひっかき跡を眺めることによって、それが何かを意味するならば何を意味するのかを理解しようとするようなものである。これらのことは、あるものが何を意味しているかを教えてくれないし、実際のところ、そこにそもそも意味、すなわち内容があるかどうかさえ教えてくれない。表象主義テーゼによれば、このような理由から、ある経験をしている人の脳を眺めることは、その人が何を経験しているかを教えてくれないのである。経験の媒体はそこにあるが、経験の内容はそこにはない。そして、物語の場合と同様に、経験（物語）をそのような経験（物語）にしているのは、その内容なのである。

ある表象が何を表象するかはどのようにして決定されるかにかんする（規約的な測定装置によって生み出された）ある誤解によって、表象媒体と表象内容の違いはいっそう曖昧になることがある。さまざまな装置は、華氏温度、1平方インチあたりのポンド、オーム、1時間あたりのマイル、1分あたりの回転等々の目盛をふられた、表象としての「顔」を持っている。これによって、利用者は、その装置が何を測定するために設計されているかだけでなく、その量をどのように表象するかがわかる。その装置が何を「語っているのか」、それが何を表象するのか、エンジンについてどのような物語を語っているのかを発見するためには、表象（たとえば「タコメーター」という名前が付けられ rpm による目盛がふられた盤面で数字「900」を指す針）を眺めるだけでよい。表象媒体を眺めたときに、「900」

を指す針が、表象内容が何であるかを教えてくれる。それは、エンジンが900 rpmで回転していることである。このようにきちんとすべてに名前が付けられていれば、われわれは、装置のなかを（あるいは装置を）眺めることによって、いわば、装置が何を「見ている」か、その「経験」がどのようなものであるかを見てとることができる。このことは、表象そのもの、装置のなかにあるもの（媒体）、エンジンにかんする物語を語るもの（媒体）と、表象されるもの（内容）、語られる物語、装置のなかにはないものとの区別を曖昧にしてしまう。動物の脳は、このような仕方できちんとラベルが付けられているわけではない。そのような理由から、動物の脳を（そのなかを）眺めることによっては、その動物が何を経験しているかを知ることはできない。装置の場合でも、ラベルの助けがなければ、そのようなことはできない。表象はそこにあるが、内容はそこにはない。この意味で、物語（すなわち物語の内容）が本のなかにないのと同様に、心は頭のなかにはないのである。

第2章 内観

私は、今日は水曜日だと考える。自分がそう考えていることを、私はどのようにして知るのだろうか。この角度から見るとAはBより長く見える。そうであることを、私はどのようにして知るのだろうか。

これらの問いは、今日が水曜日であることやAはBよりも長いことを、私はどのようにして知るのかにかんする問いではない。これらの問いは、私自身にかんする何らかのこと、すなわち、私が何を考えているかや、事物が私にどのように見えるかを、私はどのようにして知るのかにかんする問いである。これらは、ジョン・ロックが反省と呼んだもの、すなわち、心が自らの働きや状態に向ける注意にかんする問いである。ナツーラス（Natsoulas 1983）は、意識の一形式である反省的意識を、推論によらずに自らの現在の心的出来事（のすべてあるいはあるもの）に気付く特権的な能力と定義している。われわれは、この能力を持っているように思われる。私は、自分が何を信じているのかをあなたに教えるとき、（あなたがしなければならないかもしれないように）自分が語ったりしたりすることから、それを推測しなければならないわけではないかもしれないように、Aが長く見えることを、何かから推論するわけではない。ただたんに、AはBよりも長く見えるのである。それは、何らかの仕方で与えられたもの、すなわち、心がそれ自身について持つ知識なのである。心がそれ自身について持つ直接的な知識を、内観的知識と呼ぶことにしよう。内観とは、われわれがそのような知識を手に入れる手段となる過程である。

われわれが内観的知識を持つことは自明である。われわれが自らの思考や感じにどのような仕方で接近するのか、われわれが持つ権威は不可謬性であるのか、あるいはそれより弱い何かであるのかといったことについて、哲学者たちの見解は一致しないかもしれない。しかし、私がどう感じているかをあなたが知る仕方と、それを私が知る仕方のあいだには劇的な違いがあるということならば、たいていの哲学者は喜んで認めるだろう。問題は、われわれはどのようにしてそのような知識を獲得するのか、そして、何がわれわれにこの一人称権威を与えるのかである。

ウィトゲンシュタイン（Wittgenstein 1974, §412）には、心がそれ自身に注意を向けるという考えは、「ありうるとすればきわめて奇妙なこと」に思えた。そのように思えるとすれば、表象理論が神秘を一掃してくれる。表象理論は、内観的知識に、きわめて単純で説得力のある説明を与えてくれるのである。この理論は、心の働きを監視する内的スキャナに訴えることはないし、そのようなものをもはや必要としない。たしかに、われわれが内観によって知るものは、自らの心的生活についての事実であり、したがって、（表象理論においては）表象的事実である。そう言いたければ、これらの事実は内的表象についての事実であると言ってもよい。しかし、これらの事実を知るためにわれわれが知覚する対象や出来事が内的であることはほとんどないし、心的であることは決してない[1]。われわれは、物的対象に気付くことによって表象的事実に気付く。われわれは、AをBより長いものとして表象する経験に気付くことによってではなく、AとB、すなわち経験の対象に気付くことによって、AはBより長く見えることを知るのである。心の表象理論においては、内観は置換知覚、すなわち、外的（物的）対象に気付くことを介して内的（心的）事実を知ることの一例なのである[2]。

心の表象理論は心についての外在主義的な理論なので、あらゆる外在主義的な理論が直面する問題に直面することになる（Boghossian 1989）。心的事実が、内側で起こっている出来事の内在的性格ではなく、内的出来事と外的な事態との関係によって（たとえばそれらの表示機能によって）構成されているとすれば、「うちを眺めること」、すなわち内観によって、心のなかで生じていることを知ることなど、いかにして可能だろうか。それは、鏡を用いて、自らが父親であるかどうかや合衆国市民であるかどうかを決定しようとするようなものだろう。しかし、内観はうちを眺める過程ではないということをひとたび理解すれば、この「問題」は消滅する。たとえわれわれはうちを眺めることができるとしても、そのことにはいかなる重要性もない。内観によって発見しようとしている心的事実は、そこにはないからである。

1　置換知覚

通常の感覚知覚によってわれわれが知る事実には、知覚していない対象についての事実が多くある。私は、自分が乗っている体重計を見ることによって、自分がどれだけ重いかを見てとる。私が見ている対象は体重計である。私が知る事実は、私にかんする事実、すなわち、私は170ポンドだということである。このパターン、すなわち、知覚の対象がある場所にあり、知覚される事実は別の場所にあるというパターンは、おなじみである。われわれは、どれだけのガソリンがタンクに残っているかを知ろうとして、ダッシュボード上の計器を眺める。これは、われわれが見ていない対象、すなわち、車の下部にあるタンクについての事実である。われわれは、タイマーの音を聞いて、オーブンのなかのケーキがいつできたかを知ったり、新聞を読んだりテレビを見たりして、世界の裏側で何が起こっているかを知ったりする。計器飛行による着陸においては、重要な事実はすべてそとにあるが、装置や計器、すなわち、パイロットが実際に見ている対象はうちにある。それらの事例では、われわれは、kそのものではなくhを見たり聞いたりすることによって、kはFであるということを知る、すなわち、kはFであることを見てとる。知覚される事実が知覚の対象に置き換えられているのである。(3)

知覚における置換、すなわち、kを見ることによってではなく、何か他の対象hを見ることによって、kがFであることを見てとることが生じるのは、kの概念的表象があるが、それに対応する感覚的表象がないときである。(4) 体重計を見ることによって5ポンド太ったことを見てとるとき、5ポンド太ったものとしての私の概念的表象が存在するが、感覚的表象は、私の表象ではなく体重計の表象である。感覚的に表象される（すなわち表象$_{s}$される）性質は、体重計の性質（体重計の色、位置、大きさ、形など）であり、私の性質ではない。概念的に表象される（すなわち表象$_{a}$される）性質、すなわち5ポンド太ったという性質は、体重計の性質ではなく、私の性質である。[5]

知覚における置換には、知覚される対象（h）の性質と、標的となる対象（k）すなわち知覚的信念の対象の性質とのあいだには、しかるべき結びつきが存在するという信念（知識？ 正当化された信念？）[6]が必要である。われわれは、kが（おそらく）Fでないかぎり、hはGでないだろうと信じていなければならない。このことを信じていない人は、hがGであることを見てとるときに、kがFであることを見てとることはないだろう。自分が乗っている対象が体重計であるということを知らず、（それゆえ）その針の位置がそれに乗っている人の体重を表示すると信じていなければ、あなたは、体重計を見ることによって、自分の体重がどれだけかを見てとることはないだろう。しかるべき結合信念（と私が以下で呼ぶもの）、すなわち、hとkの関係についての信念なしにhを知覚する人は、同じ対象を見るが同じ事実を見てとることはないだろう。

知覚における置換によって、知覚する対象の数を増やすことなく、知覚される事実の数を増やすことができる。われわれが自らの観察力を拡張するには、顕微鏡や望遠鏡は必要ない。（見ることができる対象の数や種類を増やしてくれるので）それらは助けになるが、必要なものではない。いっそう多くの対象を見ることによらずとも、すでに見ることのできる対象が見ることのできない対象について何を表すかにかんする知識を拡張することによって、いっそう多くの事実を見てとることができる。

これが、結合信念（たとえばよく確証された理論）がもたらすものである。

知覚の表象理論によれば、（すくなくともある種の心的状態にかんする）内観的知識は置換知覚の一種である。このことを証明するまえに、内観的知識の対象となる事実について、一言述べておこう。（わたしが推し進めているテーゼによれば）心的事実は表象的事実なので、内観的知識は、表象の（概念的）表象、すなわち、ある（他の）ものは表象であるという事実、あるいは、ある（他の）ものはある特定の表象的内容を持つという事実の（概念的）表象である。この意味で、内観的知識はメタ表象的である(Pylyshyn 1978, p. 593やPerner 1991, p. 35を参照)。メタ表象はたんに表象の表象であるだけではなく、表象を表象として表象するものである。われわれがある写真を（それが映す何らかの人やものの）（絵画的）表象と考えるとき、われわれは、この写真をさまざまな仕方で表象できる。われわれは、その写真を一枚の紙として、2グラムの重さの一枚の紙として、長方形として、表面にある色の領域を持つものとして表象することができる。同様に、われわれは、それをクライドの写真として（「クライド」を、この写真は何についてのものであるかの記述、すなわち、表象内容の記述と理解すれば、端的にクライドについてのものとして）表象することもできる。この写真をクライドの写真として記述するとき、私は、それを表象として表象している。したがって、私はメタ表象を作り出しているのである。2グラムの重さのものとしてのこの写真の記述は、メタ表象ではない。この記述は表象を表象しているが、表象として表象していない。ある写真の写真が、その写真を写真として表象しなければ、[7]それは、その写真のメタ表象ではないのである。

ロイド（Lloyd 1989, p. 169）は、この用語を私とは別の仕方で用いている。彼は、ある表象の表象のうち、そこでは（その表象の）表象を行う性質が明示的に表象されているものを、メタ表象と呼んでいる。したがって、私のロイド理解によれば、文字の形と配列がはっきり写し取られているこのページのコピーは、メタ表象だということになる。コピーは、実際に表象しているものを表象する記号の性質、すなわち、個々の記号の形や配列を明示的に表象するからである。しかし、私の用語法では、コピーはメタ表象とは言えない。コピーは、ページ上のしるしを、何かを表象するものとして表象するわけではないからである。そのように表象することは、コピーの機能ではない。コピーの機能は、意味を持つにせよ持たないにせよ、ページ上の記号をコピーすることである。コピーは、無意味なたわごとも、意味のある散文と同じように忠実にコピーするのである。

したがって、表象の一形式である内観的知識は、メタ表象である。何か（思考や経験）を思考、経験、あるいは（より特定された仕方で）これについての思考あるいはあれについての経験として表象するものだからである。Eが青の経験（感覚的表象）であるとすれば、この経験についての内観的知識とは、それを青の（あるいは色の）経験として概念的に表象するものなのである。(8)

したがって、内観的知識が置換知覚の一種であるとすれば、そこにおいては、ある経験（たとえば青の経験）は、経験の感覚的表象ではなく、他の対象の感覚的表象を介して、青の経験として概念的に表象されることになる。われわれは、青の経験によってではなく、何らかの置換された対象を経験することによって、自分が青を経験しているということ（事実）を知るのである。以下で見るように、この置換された対象は、（典型的には）青の経験の対象、すなわち、その人が見ている青い対象である。Eについての内観的知識が必要とするのは、その人が知ることになる経験Eによって、すでに表象されている対象の感覚的表象だけなのである。

2　他人の心を知る

内観とは、自分自身の心についての直接的な知識であり、われわれは、感覚的な事柄だけに注意を向けるのだとすれば、内観的知識とは、現象的現れにかんする事実についての直接的な知識ということになる。われわれは、事物がどのように見え、感じられ、聞こえ、匂うかは、感覚的表象の諸様態である、すなわち、(何らかの対象が存在するときに) 対象が体系的に表象される仕方であると考えている。したがって、感覚経験にかんする知識とは、事物を表象^{s}している人が事物をどのように表象^{s}しているかにかんする知識である。

われわれはどのようにして自分自身の心を知るのかにかんする問いに答えるまえに、他人の心にかんするそれに対応する事実をどのようにして知るのかを問うことから始めることが、手がかりになるだろう。しかし、それよりもさらに単純な問いから始めよう。(私が擁護しているテーゼを前提とすれば) ここで話題になっているのは、表象にかんする認識論である。それゆえ、ある計器が対象をどのように表象するのかをわれわれはどのように知るのかと問うことによって、何らかの手がかりが得られるだろう。日常的な測定装置がkのF (速度、温度、圧力、重さ) を表象するとき、それがkのFについていま何を「語って」いるか、それがkのFをいま何として表象しているかを見出すには、どうしたらよいだろうか。この測定装置が針によって表示という仕事を行っており、この針がいま位置Pを占めているとすれば、位置PがFについて何を語っているあるいは意味しているかは、どのようにすればわかるだろうか。

私は、この問いが子供だましといっていいくらい簡単な問いに見えることを期待している。そうだとすれば、私の答えもまた、子供だましといっていいくらい自明なものに見えるだろう。私はそう期待している。

この問いは、ある計器がどのような対象を表象しているか、あるいは、そもそも何らかの対象を表象しているかどうかをどのようにして知るのか、という問いではない。この点に注意しておくことが重要である。（第1章第4節で）すでに見たように、表象状態Sがkを表象するということは、雑種的な表象的事実である。Sが圧力、速度、あるいは曲率を表象している対象が存在するということとそれ自体は、Sについての表象的事実ではない。Sはkを表象すると述べることは、(1) kはSと関係Cにたつということと、(2)なんらかのFについて、Sは何であれ(1)を満たす対象のFを表象するということを、ともに述べることである。しかし、(1)は表象的事実ではなく、それゆえ、心的事実ではない。ある計器の「心」を知ることとは、(1)ではなく(2)を知ることである。もし計器が内観できるとすれば、すなわち、計器が自らの表象状態を知ることができるとすれば、その計器は、（何かを表象するとして）自らが表象するものをどのように表象するかを知ることになる。すなわち、その計器は、表象されるものが持つと自らが表象するFの確定した値は何かを知るのである。しかし、その計器は、このように表象するのはどの対象であるかや、そのような対象が存在することを知ることはない。われわれはこのように考えるだろう。Sは表示する機能を持つものを表象する。しかし、表象システムは、どのような対象をしかじかであるものとして表象するのかを表示する機能や、しかじかである対象が存在することを表示する機能は持たない。Fを表象するシステムが、それがFであると表象している対象が存在すると知ることがあるとしても、内観によって知るのではないだろう。われわれが興味を持っているのは内観的知識なので、この種の知識は無視してよいだろう。

では、ある計器が（何らかの対象を表象するとして）表象する対象をどのように表象しているかを、われわれはどのようにして知るのだろうか。われわれは、表象的事実、すなわち計器の表象的な「心」において何が生じているかを定義する事実を、どのようにして見出すのだろうか。具体的に考えるために、この問いは、ある特定の圧力計にかんする問いであると考えてみよう。この圧力計は、接続されているタンクの圧力をどのように表象しているのだろうか。すなわち、何として表象しているのだろうか。(9)

この問いにたいする答は単純であるように思われる。たんに見ればよいのである。結局のところ、この計器の盤面にはポンド／平方インチ（psi）を単位とした目盛りがふられ、針は数字「14」を指している。それゆえ、この計器は、何であれ接続されているものを、14 psiの圧力を持つものとして表象しているのである。何にも接続されていないとしても、この計器は何かが14 psiであるとたしかに表象している（すなわち誤表象している）。(10) 結局のところ、それが、「14 psi」を指す針が意味することなのである。

これは、ある計器が何を語っているかを知る方法だが、この方法は、針位置が何を表示するはずであるかを教えてくれる人を信頼することに基づいている。製造者は（盤面に数字を印刷することによって）それを教えてくれるが、自然的な表象システムの場合には、自然はそのように親切にしてはくれない。脳のなかには便利な数字などなく、好奇心を持った神経生理学者に、脳内における電気的活動や化学的活動が（何かを意味するとして）何を意味するかを教えてくれるものなどないのである。それゆえ、われわれの探求を現実的なものとするため、すなわち、これを生物の表象状態について問うさいにわれわれが実際に直面する問いと類似したものとするために、この計器には、いかなる説明的な記号や解釈可能な記号もないと考えてみよう。興味を抱いた観察者に、針位置が何を意味しているかを教えてくれるものは、そこにはなにもない（あるいは数字がもはや判読できない）。私は自らそれを見出さなければならないのである。ここで、この計器は機能を持つ、つまり、それは実際に圧力計であり[11]、それゆえ、さまざまな針位置は圧力を表象$_s$すると想定しよう。そして、針は現在位置Ｐを占めている。われわれの問いは、Ｐは何を意味するのか、Ｐは圧力を何として表象するのかというものである。このことを知るまでは、この計器が世界をどのように「経験」しているか、その表象的な「心」のなかで何が生じているかを知ることはないのである。

この問いに答える方法が、針位置Ｐをさらに注意深く眺めることではないということは明らかだろう。それは、針位置Ｐが何を意味するかを教えてくれないからである。もちろん、位置Ｐを占めている針は表象だが、それを眺めることによって、それが圧力について何を「語って」いるかを知ることはできない。ｋの表象がｋをどのように表象するかについての情報は、ｋの表象のなか、うえ、周辺には決してない[12]。この計器が、自らがｋの圧力をどのように表象しているかを知ろうと「欲する」ならば、うちに向かって、圧力についての自らの表象を「見つめて」みても役に立たないだろう。針がどこを指しているかを何らかの方法で「感じる」ことができるとしても、このことは、自らがkをどのように表象しているかを知るために知るべきことを、その計器に教えてくれないだろう。

内観的知識は、何らかのロック的な「内的感覚」、すなわちうちにむかって（"intra"）内的表象を眺める（"spicere"）ことによって達成されるという考えは、この基本的な論点を誤解しているように思われる。たしかに表象はうちにあるが、表象を知覚することは、心についての知識を得るために知る必要があることを教えてくれないだろう。外的観察者はしばしば、あるシステムそのものよりも、そのシステムの内的表象を観察するのに好都合な位置にある。われわれは、その計器の針位置を見ることができるが、その計器はできない。しかし、このことは、われわれが知りたいことを教えてくれないし、その計器にも教えてくれないだろう。

表象主義テーゼによれば、その計器の現在の針を読むためにわれわれが知る必要があるのは、Pが圧力についてどのような情報を担うはずであるか、Pはどのような情報を提供する機能$_s$を持つかである。このことは、Pが圧力を何として表象しているかを教えてくれるだろう。Pが圧力にかんして何を語っているかがわかれば、システムそのものが内観可能であるとき、自らが事物をどのように表象しているかを知るため、システムそのものは何を知る必要があるかがわかるだろう。では、Pが何を意味するかを決定するには、どうすればよいだろうか。

その計器が正常に（設計されたとおりに）働いていることと、kに正しい仕方で（すなわちCによって）接続されていることがわかれば、Pが何を意味するかを知る単刀直入な方法があることになる。

われわれは、計器が状態Ｐにあるときのｋの圧力は何かを、別の方法で端的に決定できるだろう。それが、Ｐが意味することなのである。Ｐが圧力について何を意味するかを知るためには、それが表示する機能を持つのはどのような圧力かを知る必要がある。それが表示する機能を持つのはどのような圧力かを知るためには、計器が状態Ｐにあり、機能するはずの仕方で機能しているときの圧力は何かを知る必要がある。その圧力が14 psiならば、計器がその機能を果たしているとき、計器が占める状態は14 psiを表示する機能を持つに違いない。それこそが、Ｐが意味することである。

推論は以下のように進む。Ｆを表示することを機能とするシステムを持つならば、そのシステムが正常に機能しているときそのシステムが占める状態（いわば真に知覚しているとき）、事物は実際にそうであるように「見える」だろう。そのシステムが正しく働いているときにＦの現実の値がどれだけであるかを決定することによって、そのシステムの状態に意味を割り当てればよい。実際、これが目盛りをふる過程、すなわち、そのシステムが真なることを語っているときに何を語っているかと、そのシステムが語っている事実とを比較することによって、諸状態が何を意味するかを決定する過程である。(13)

しかし、あるシステムが正常に機能しており、設計された状況において、設計された種類の対象に用いられているということは、どのようにすればわかるだろうか。もちろん、人工物の場合には特別な問題はない。それらの装置には取扱説明書や入念に調整された目盛りが付いており、針位置が何を意味するかを使用者に教えてくれるからである。Ｐが何を意味するかを誰も教えてくれない（あるいは記号を解釈できない）ときでさえ、（そのような装置とそれらが作られた商業的意図についてなにがしかを知っていれば）その装置がどのように用いられるはずであり、どのように接続されるべきであり、うまく働いているかどうかについて、われわれはもっともな推測を行うことができる。それゆえ、その装置が正常に働いている（とわれわれが推測する）ときの圧力がどのようであるかを見ることによって、さまざまな針位置が何を意味するかにかんして、もっともな推測を行うことができる。自然的システム（動物の感覚器官）の場合には、問題となる動物や感覚器官によって程度は異なるにせよ、そのシステムが機能するように（自然選択によって）設計された（とわれわれが推測する）仕方で機能しているのはいつであるかについて、われわれは何らかの情報を有している。もちろん、われわれがそれを正しく理解しているという保証はない。あるシステムの表示機能、すなわちそれが提供するように（自然選択によって）「設計」された種類の情報は、われわれが考えるものとは異なるかもしれない。しかし、われわれが機能を帰属させるどのような身体器官にかんしても、同じことが言える。その機能が何であるかについて、われわれは誤っているかもしれない。進化的な歴史は、われわれの考える通りではなかったかもしれない。しかし、心臓、腎臓、下垂体が正常に機能しているかどうかを知ることに特別な問題はないとすれば、視覚システムや聴覚システムが正常に機能しているかどうかを知ることにも、特別な問題はないはずである。たしかに、あるものが何のためにあるかを理解することには、実践的な問題がある。諸感覚の場合、それらのシステムに表示機能$_s$を与えた選択の過程を観察するために、時間を遡ることはできない。たとえそれが可能であるとしても、あるシステムがもたらす多くの種類の情報のうち、そのシステムが提供するように選択された種類の情報、すなわち、そのシステムが提供する機能を持つ種類の情報はどれかを決定するという問題が、われわれには依然として残されるだろう。これは、あるシステムの特徴（この場合には表示する性質）のうち、それが選択されたことに因果的に貢献したのはどれであるかにかんする問いである。

したがって、あるシステム（自然的にせよ人工的にせよ）がある対象をどのように表象しているかを決定するために外的観察者が知る必要があることは、その対象にたいする反応が何を意味するかということである。そして、あるシステムの反応が意味することは、その計器が設計された仕方で機能しているときに、その反応に対応しているFの値である。そのシステムが、Fの値がどのようであるかを表示する機能を持ち、そのシステムが状態Pにあるとすれば、システムが正しく働いているときFの値は何であろうか。kにたいするあるシステムの反応がPであり、そのシステムが正常に機能しているとき、Pはそのシステムが10 psiの圧力に反応する仕方であるとすれば、そのシステムは、kを10 psiの圧力を持つものとして表象している。kの圧力が実際には14 psiであることが判明すれば、そのシステムは、状態Pを占めることにおいて、kの圧力を誤表象している。この計器を正常に働かせて、10 psiのタンクに接続することは、Pが10 psiを意味することをわれわれが知る方法である。しかし、Pが10 psiを意味するためには、計器が正常に働いている必要はない。おかしいところがあるときでさえ、その計器は10 psiを意味するのである。

3　自分自身の心を知る

自然的な装置にせよ人工的な装置にせよ、ある装置が表象する対象をどのように表象しているかを決定するためには、外的観察者はこのようにするのだとすれば、この装置そのものは、どのようにしてそれを知るのだろうか。ある特定の状態Pを占めることによって、われわれの計器は、kにおける圧力を10 psiとして表象する。Pがkにおける圧力を何として表象するかを、この計器はどのようにして知りうるだろうか。

この計器は、外的観察者がしなければならないことをしなければならないように思われるかもしれない。この計器は、第2節で述べられた複雑な過程を経なければならないというのである。われわれは、Pが何を意味するかをそのようにして発見するのだから、その計器も、同じようにそれを発見しなければならないだろう。このように考えられるかもしれない。

しかし、これは可能だろうか。もちろん、この計器には、自らが正常に働いていることを教えてくれるものは備わっていない。また、たとえそのようなものが備わっていたとしても、圧力にたいする自らの反応に目盛りをふるためには、別の根拠に基づいて知られている圧力にアクセスできなければならない。そのようなことは、いかにして可能だろうか。システムが別の根拠に基づいて圧力にアクセスできるとすれば、われわれは、もはや単純な圧力計について語っているわけではないことになる。少なく見積もっても、われわれは、一方が他方に目盛りをふるために用いられている、二つの計器について語っていることになる。そうであるとすれば、われわれはもはや、自らがどのように世界を表象するかを知っている表象システムについて語っているのではなく、複合的な表象システムの一部は、他の部分が世界をどのように表象するかをどのように知るかについて語っていることになる。しかし、これはわれわれを外的観察者の状況に連れ戻す。すなわち、あるシステムが、目盛りをふる複雑な過程によって、それゆえ、間接的で推論を介した仕方で、他のシステムがどのように世界を表象するかを知るという状況である。これが、ある表象システムが、自らがどのように世界を表象するかを知るために必要なことだとすれば、この表象システムが、直接的で非媒介的な仕方で、それ自身についての表象的事実を知ることは、不可能であるように思われる。

　しかし、この推論では、ある重要な非対称性が見落とされている。外的観察者である私が、システムSの状態Pが何を意味するかを決定しようとするとき、私は、表象内容が調べられている当の状態を占めるわけではない。これに対して、Sはこの状態を占めている。それゆえ、Sは私が持たない情報を持っている。状態Pが担っている何らかの情報である。複雑な目盛りをふる過程によってのみ外的観察者が得ることのできる（Pがkを何として表象するかにかんする）情報は、Sそのものがたんにkを表象することによって得る情報である。というのは、kをたとえば10 psiとして表象するとき、もしSが正しく働いていればkにおける圧力は何であるかにかんして、Sは自動的に、そして必然的に、絶対的に信頼できる情報を持つ。kを10 psiとして表象するとき、Sは、Pが正常に機能しているとすればkがどうであるか（すなわち10 psi）と完全に相関する（それゆえそれについての情報を担う）状態（すなわちP）を占める。このように、Pはkについての情報を担っていないかもしれないが、Sについての情報、Sがkを表象する仕方についての情報を担っているのである。

　これが、表象システムそのものと、それがどのように世界を表象しているかを明らかにしようとしている外的観察者（われわれ）の違いである。システムそのものは、それが正常に機能しているとき世界はどのようであるかにかんする情報を担う状態を、必然的に占める。これにたいして、われわれは占めない。そのような理由から、われわれは、さきに述べたような複雑な過程を経なければならない。その計器がkを何として表象しているかを明らかにしようとするとき、私は、計器と世界の両方を見なければならない。正しく働いているかどうかを見るために計器を眺め、計器が状態Pにあるとき世界はどのようであるかを知るために世界（すなわちk）を眺める。これら二つの情報源から、状態Pの情報機能は何であるか、すなわち、（状態Pにある）計器がその仕事を果たしているとき世界はどのようであるかを私は知る。しかし、計器そのものは、Pを占めているので、この情報を得るには、世界そのもの、何であれすでに「見ている」もの（すなわちk）を見るだけでよい。P（kを「見る」ことによってこの計器そのものが占める状態）は、世界を表象するだけでなく、それ自身にかんする情報も担う状態である。表象的な語り方によって知覚について考えることからは、このようなことが帰結する。これはまさに、自己知を置換知覚の一例と考えるために必要なことである。自己知とは、あるシステムが、それ自身ではなく何か他のものを知覚することによって、（自身についての事実を知るために十分な）それ自身についての情報を得る過程なのである。心の表象理論においては、これが一人称権威の源泉なのである。

これは、すべての表象システムが自己知を持つということを意味しない。計器は自己知を持たない。動物も持たない。幼児も持たない。そして、たいていの大人は、自らが占める多くの表象状態についての自己知を持たない。われわれがこれまでに示したことは、すべての表象システムは、世界を表象することにおいて、自らが世界をどのように表象しているかを知るために必要な情報を、すべて持っているということである。しかし、知ることには、情報以上の何かが必要である。さもなければ、

（われわれに情報をもたらす）単純な計器も物事を知っているということになるだろう。さらに必要なものとは、信念、メタ表象の力、自らあるいは自らのある内的状態を、圧力が14 psiであると表象するものとして表象する力である。すべての表象システムがこのような力を持つわけではない。じっさい、そのような力を持つ表象システムはそう多くない。最終節では、内観的知識が備える、この特別な側面について論じよう。

しかし、この問題を論じるまえに、表象する力を持つシステムは、厳密に言ってどのような情報を利用できるかについて、一言述べておいた方がよいだろう。このことは、（すでに述べた）外在主義的な心の理論が持つパラドクシカルな側面に関係するので、とりわけ重要である。その側面とは、内観によって知られる事実（すなわち心的事実）とは、脳のなかにあるものとそうでないものとのあいだに成立する関係（現在の説明によれば歴史的関係も含まれる）によって構成される事実であると考えれば、一人称権威が脅かされるように思われるという事実である。私は第5章でこの問題に立ち戻るつもりである。そこで私は、心についての外在主義的な理論、とくに表象的理論にたいする、さまざまな反論を検討する。しかし、ある表象システムは、厳密に言って（それ自身の表象状態についての）どのような情報を利用できるのか、そして、内観的な手段によって何を知ることができるのかについて、ここで私の考えを述べておくべきだろう。

タイラー・バージ（Burge 1988）とジョン・ヘイル（Heil 1988, 1992）は、心についての外在主義、すくなくとも適切な種類の外在主義は、一人称権威を脅かさないと論じている。[14] 本章は、なぜ私が彼らに賛成するのかということについての、私なりの説明である。内観を、外的対象を表象する（知覚する）ことによって内的事態についての情報を得る過程と考えれば、自分自身について（内観的に）知ることは外的に構成された事実であるという事実は、もはや問題とはならない。心の外在性が問題となるのは、内側を眺める、すなわち、外在的な事実の主題である経験を眺めることによって、外在的な事実を知るのだと考えるときだけなのである。そうだとすれば、たしかに逆説的だということになるだろう。

心的内容にかんする外在主義的な理論は、内容が何であるか（ある人が何を考え経験しているか）について直接的で権威的な自己知が成り立つことの妨げとはならないということについて、私は彼らに同意する。それにもかかわらず、外在主義理論は、自己知の成立にとって真の妨げとなる。問題は、自分が何を信じたり経験したりしているかを知ることにあるのではない。自分がそれを信じたり経験したりしていることを知ることにある。問題は、内容にではなく、その内容にたいしてある人が持つ態度（関係）にあるのだ。説明しよう。

私は車を同定する達人である（としよう）。私は世界有数の権威である。クライドがどのような種類の車を持っているか知りたければ、ただ車を見せてくれればいい。私が教えてあげよう。私は、クライドはビュイックを、トムはBMWを、キャロルはダッジを持っていると知っている。しかし、本当のことをいえば、私は所有権にかんする事実には詳しくない。私には、法律上の細かな話はよくわからないのである。その車を所有しているのは銀行なのか、あるいはクライドなのか、私にはわからない。ある人が車を買うとき、厳密にはいつ所有権が移行するのか、私にはわからない。そういったことは、誰か他の人に聞くとよい。私は、クライドが持っているのはビュイックであるかどうかをあなたに教えてあげるが、彼がそれを所有しているかどうかは、誰か他の人に聞くとよい。人々が運転する車を自分で所有しているとすれば、彼らがどの車を所有しているか私にはわかるが、彼らがそれを所有しているかどうかは、私にはわからないのである。同様に、われわれはみな、自らが何を考えたり経験したりしているかについてとてもよく知っており、実際のところ、それについての絶対的な権威である。しかし、これらの心的状態の態度的側面にかんしては、それほどよく知らない（実際、私の考えではきわめてあてにならない）。バージとヘイルはともに、（低階の）思考（そしておそらく経験）についての高階の信念は、反省的性格を持つと論じている。（自分はPと信じているという高階の信念を持つときにわれわれがするように）自らにある信念を自己帰属させるさい、高階の信念（＝メタ表象）は、低階の表象に、その低階の表象が担っているのとまさに同じ内容（すなわちP）を帰属させる。もしこれが実情だとすれば、内容についての外在主義が正しいとしても、自分が信じているのはPであると信じるさい、あなたが誤ることはない。というのは、自分が信じているとあなたが信じていることは、いわば、自分が信じていることから借りてきたものだからである。あなたが（一階に）信じているのが実際にPであるならば、自分が信じているとあなたが（二階に）信じているのはPであるということは真でなければならない。というのは、二階の信念は、一階の信念に、何であれ一階の信念が実際に持っている内容を帰属させるからである。したがって、低階の信念の内容を同定するさいにわれわれが間違えることは、まさにありえないのである。

しかし、クライドが所有するのはビュイックであると知ることが、彼がビュイックを所有すると知ることの一部でしかない（あなたは彼がそれを所有していることも知らなければならない）ように、ある人が信じているのはＰであると知ることは、その人がＰと信じていると知ることの一部でしかない。その人がそれを信じていること、すなわち、Ｐにたいして、信じることを構成する関係にたっていることを知らなければならないのである。これまでの議論によれば、自己知の場合、われわれは（たとえば赤や緑ではなく青として）経験する対象をどのように経験する（表象する）かについての（すでに論じたような）情報を得るが、経験する対象と、それによって引き起こされた状態を青の経験と呼ぶことを正当化するような関係にたっているという情報を得るわけではない。それが経験ならば、それはたしかに青の経験である。クライドがそれを所有しているならば、彼が所有しているのはたしかにビュイックである（あなたは私のこの言葉を信じてよい）。しかし、どちらの場合にも、前件についての特権的な情報は存在しない。バージとヘイルは、高階信念の場合に、（Ｐを内容として持つ）低階の状態が信念であるかあるいは他の態度であるかにかんする情報が存在するとは論じていない。それは、いかなる態度でもないかもしれないのである。彼らが論じているのは、もし低階の状態が内容を持つならば、権威を持って内容をＰと同定できるということだけである。彼らが論じているのは、もしあなたがＰと信じているならば、（現在形の自己帰属において）自分が信じているのがＰであるということにかんしてあなたは間違いえない、ということにすぎない。[15]彼らは、自分がＰと信じているということにかんしてあなたは間違いえないとは論じていないのである。

　そのように論じていない点では、私も同様である。何かをＦとして表象するさい、あるシステムは、自らが事物をどのように表象しているかについての情報、すなわち、（ＧやＨではなく）Ｆとして表象しているということについての情報を持つと私は論じてきた。われわれがあるものをＦとして表象するさいには、必然的に、自分があるものを（GやHではなく）Fとして表象しているという情報を担う状態を占めることになる。しかし、あるものをFとして表象するさい、あるシステムは、自らがFを表象するという情報、すなわち、自らが性質Fにたいして表象関係を構成するような関係にたつという情報を必然的に担うとは、論じてこなかった。私がこのように論じてこなかったのは、それは誤りだと考えるからである。表象システムは、自らが事物をどのように表象しているかについて、特権的な情報を持つ（以下で見るように、これは表象システムがそのことを知っているということではない）。しかし、表象システムは、自らが行っているのは表象することだという情報を持たないし、ましてや、そのことについての特権的な情報など持たないのである。表象システムは、自身についての情報ではなく、世界についての情報を供給する機能を持つ。心が表象システムであるとすれば、心にかんしても同じことが言える。われわれが内観によって知ることは、われわれは心を持つということではなく、何が心「のなかに」あるか、すなわち、事物の表象され方なのである。

内観的知識、すなわち、自分自身の心のうちで何が起こっているかについての知識と、知覚的知識、すなわち、心のそとで何が起こっているかについての知識とで、状況は厳密な並行関係にある。われわれが見る（聞く、嗅ぐ等々）のは、外界があるということではなく、外界にあるものである。私は、目のまえにあるものがトマトであることを見てとれるので、それが（バナナ、アプリコット、鉛筆ではなく）トマトであると知っている。確信を強めたければ、それに触れることもできる。しかしもちろん、私は、自分が幻覚を抱いているのではないということを、見たり感じたりすることはできない。自分の視覚経験や触覚経験が真正であるということを、見たり感じたりすることはできないのである。

諸感覚は、外界に何があるかを教えるという仕事を担っているのであり、それらが自らの仕事を正しく果たしているということ、すなわち、外界があるということを教えるという仕事を担っているのではない。外界が存在することをわれわれが知っているとすれば、それは見ることや嗅ぐことによってではない[16]。内的事態についての知識も、何ら違いはない。われわれが、自分が何を経験し考えているか（すなわち、心「のなかに」何があるか）だけでなく、自分がそれを経験したり考えたりしているということ（それをなかに持つ心があること）も知っているとすれば、われわれは、これを内観によって知るわけではないのである。

したがって、表象主義テーゼがもたらすものは、それがもたらしてしかるべきものであり、それ以上のものではない。このテーゼは、心の内容、すなわち、われわれが考えたり経験したりするのは何であるかにかんする一人称権威の源泉を明らかにする。このテーゼは、自分が経験するのはFであるということをわれわれがどのようにして知るかを教えてくれる。しかし、このテーゼは、われわれが、自分がFを経験していることをどのようにして知るのか（あるいは知るのかどうか）、すなわち、自分がFにたいして、Fを心の一部（すなわち心的内容）とする関係にたっていることをどのようにして知るのか（あるいは知るのかどうか）を教えてくれない。これは当然のことである。それは認識論の仕事だからである[17]。

4　経験なしの知識

計器は内観しない。動物や小さい子供も同様である。それらは、自らの表象的営みにかんする物事を知らない。それらは、自ら（あるいは他のもの）を、物事をある特定の仕方で表象するものとして表象する力を持たない。それらは、表象する力（計器の場合には規約的で派生的な力、動物や小さな子供の場合には自然的な力）を持つが、メタ表象する力を持たないのである。

したがって、本章の議論は、表象システムは自らが世界をどのように表象しているかを知っているというものではない（多くの表象システムは知らない）。議論はむしろ、表象システムは自らが世界をどのように表象しているかについての情報を必然的に持っており、その情報は、そのシステムが表象する外的事態とそのシステムの内的表象の両者を観察できる外的観察者が持つ情報よりも直接的である、というものであった。そこから得られる結論は、表象システムは自身の表象状態についての事実を（何らかの仕方で）知っているということではなく、（何らかの特権的な仕方で）知り**う**るということである。つまり、表象システムは、自らの表象状態について、その内容が何であるかを知るために十分な情報を、つねに、そして必然的に持っているのである。しかし、ある事実を知ることなしに、その事実を知るために十分な情報を手に入れることも可能である。知られるべき事実を表象するための概念的資源が必要であり、また、置換的知識によって知識が得られる場合には、適切な「結合信念」も必要だからである。私が郵便配達人とは何かを知らなければ、郵便配達人が来たときにのみ犬が吠えるという事実によって、郵便配達人が来たことを（犬の吠え声によって）聞きとることはできないだろう。私が郵便配達人について（郵便配達人が来たと信じることができるために十分な）何らかのことを知り、吠える犬は郵便配達人が来たことの信頼できる目印である（すなわちその情報を担う）

という結合信念を得ることがなければ、置換知覚は生じないだろうし、生じえないのである。

同じ理由から、心的事実について直接的な知識を持つためには、すなわち内観するためには、心的事実についての情報に接近できるだけでは不十分である。小さい子供（ネコでも同様である）は、郵便配達人の到着にかんして私と同じ情報に接近できる。彼らは、私と同様に犬が吠えるのを聞くことができ、犬の吠え声は、私にもたらすのと同じ情報を彼らにもたらす。しかし、犬が吠えるのを聞いているとき、子供もネコも（私のように）郵便配達人が到着したことを知ることはない。彼らはしかるべき概念を欠いており、また、それを持っていたとしても、犬の吠え声を郵便配達人が到着したことの（置換）知覚の手段として用いるために必要な、適切な結合信念を欠いているかもしれない。これは、彼らが内観的知識を持たない理由と基本的に同じ理由である。彼らは情報を持っているが、理解を持っていないのである。(18)

パーナー（Perner 1991）は、表象的事実を理解し、それゆえ（表象理論のもとでは）心的事実を理解するという子供の能力に関係する証拠について、手際よく要約している。そのような理解、すなわちメタ表象の力は、三歳から四歳のあいだに発達するらしい（Perner 1991, pp. 82, 189；Flavell 1988；Wellman 1990；Gopnik 1993 も参照）。表象概念を持たないことは、事物を表象することの妨げにはならないが、自分が事物を表象していると信じる（したがって知る）ことの妨げになる。子供は、表象を理解するまで、自分を含めた何かが何かをFとして表象している（それゆえ誤表象しているかもしれない）ということを概念的に表象できない（したがって信じることができず、したがって知ることができない）。子供や動物が内観することを妨げているのは、うちにある自らの表象を眺めるという、大人が持っている神秘的な力を彼らが持たないことではない。彼らは必要な情報をすでにすべて持っているのであり、それを手に入れるためにうちを眺める必要はない。彼らが欠いているのは、彼らが情報を持っているものに概念的な形を与える力である。

本章の説明は、内観的知識を置換知覚の一種と考えるものなので、内観的知識を、推論的で、それゆえ間接的な知識の一形式とするように見えるかもしれない。自らについての内観的知識、自らは世界をしかじかに表象するという知識が、犬が吠えるのを聞くことによって郵便配達人が来たことを知るのと同じ構造を持つとすれば、推論には媒介的「段階」があり、標的となる事実にかんする知識は間接的であるということになる。郵便配達人が到着したことを知る方法は二つある。彼が来たのを見るあるいは聞くことによる方法と、彼が来たことを「教える」何か他のもの（犬）を見るあるいは聞くことによる方法である。表象理論においては、内観的知識が前者よりも後者に似ていることになるとすれば、自己知は直接性を持つことが知られているが、表象的な説明では、自己知にこの直接性を与えることができなくなるのではないだろうか。

これはたしかにもっともな指摘である。しかし、内観的知識と他の形式の置換的知識のあいだには二つの重要な違いがあり、このことがこの反論の効力を弱めてくれる。第一の違いは次のとおりである。犬が実際に吠えて（そして私がそれを聞いて）いないかぎり、すなわち、郵便配達人がここにいることを私に「教える」媒介的事実を正しく表象しないかぎり、犬が吠えるのを聞くことによって、郵便配達人が来たことを聞きとることはできない。しかし、私は、自分がある対象をどのように表象しているかを、それについての情報をもたらす媒介的「事実」を正しく表象することなしに知ることができる。kの（たとえば青いものとしての）表象$_s$が、kは青いという標的とする事実や、私や、私がkをどのように表象しているかについての情報を担うためには、この表象$_s$は、真である必要はない。犬についての私の表象が真でなければ（犬が吠えていないのに犬を吠えているものとして聞くならば）、犬についての私の表象は、郵便配達人についての情報を担わない。このとき、置換的知識は成立しない。しかし、自己知の場合には、媒介的事実の感覚的表象が、私にかんする情報、すなわち、私が事物をどのように表象しているかにかんする情報を担うために、その感覚的表象が真である必要はない。置換的知識は依然として成立するのである。kの感覚的表象から自分自身についての情報を得るためには、私はkの色を正しく表象する必要はない。内観の場合、たしかに知覚は置換的だが、媒介的表象が真であるにせよ真でないにせよ、必要な情報はそこにある。これが推論的知識だとすれば、奇妙な推論である。正しい結論を導くために前提が真である必要がないからである。

　第二に、内観的知識の場合、結合信念は、捨て去ることができるものではない。犬は、習慣を変え、他の人々にも吠えだすかもしれない。このようなことが生じれば、私はもはや、犬が吠えるのを聞くことによって郵便配達人が来たことを知ることはできない（私は依然としてそのように信じるかもしれないが）。結合信念はもはや真ではないのである。しかし、内観的知識の場合には、結合信念はこのように誤りうるものではない。kを青いものと「見て」、この「事実」、すなわちkは青いという「事実」から、自分はkを青いものとして表象していると推論するとき、われわれは誤り得ない。推論が、（真であるにせよないにせよ）kがわれわれにどのように「見える」かということからのものであるかぎり、結論は真でなければならない。青は、われわれがkを表象する仕方でなければならない。この犬が吠えるときには、郵便配達人は必ずそこにいるのである。[19]

またもや、これが推論的知識だとすれば、とても奇妙な推論形式だということになる。前提が真である必要はなく、推論は誤ることがない。（自分が事物をどのように表象しているかについての）結論が、事物がどのようであると「知覚」されるかにかんする前提に基づくならば、われわれは誤りえない。私が考えるに、これが内観的知識の「直接性」の源泉である。

内観的知識についてのこのような理論は、一人称権威を説明するだけでなく、内観の「内的感覚」理論のもとではわれわれを困惑させることになる、ある事実を説明する。すなわち、この理論は、なぜ内観が現象学を持たないのか、あるいは、現象学を持つとしても、なぜわれわれが内観している経験と同じ現象学をつねに持つのかを説明するのである。たとえば、ある人が、現在の視覚経験がどのようであるか言うようにいわれたとき、記述可能な視覚経験以外にいかなる同定可能な経験も持つことなしに、視覚経験がどのようであるかをを知ることができるように思われる。自分の現在の味覚経験を内観するように言われたとき、すなわち、「可能ならば、そのワインはまさにどのような味がするか教えてくれ」と言われたとき、われわれは、自分がワインの経験ではなく、ワインそのもの（あるいは舌やパレットナイフかもしれない）に注意を向けていることに気付く。注意を向けるのにふさわしい場所はほかにないように思われる。すくなくとも、われわれは、記述するように言われたワインの経験以外には、いかなる経験も持たないのである。内的感覚、すなわち、経験を「走査する」ことによってそれがどのようであるかを知ることを可能にする疑似知覚的な能力が存在するとすれば、この内的スキャナは、他の諸感覚とは異なり、完全に透明な現象学を持つことになる。内的感覚は、経験が外的対象を与えるのと別の仕方で外的対象の経験を「提示する」ことはない。外的対象に気付くのと同じ仕方で経験に気付くのだとすれば、経験は外的対象とまったく同じように見えるということになる。これはきわめて疑わしい。このことは、実際には他の感覚などまったく働いていないということを示唆しているのである。[20]

心の表象理論は、この事実に満足のいく説明を与えてくれる。内観が現象学を欠いているのは、内観によって得られる知識（そのもの）は経験を伴わないからである。われわれは、内観によって経験について知ることができるが、その知識は、知ろうとしている経験を超えたいかなる経験もなしに得られる。青を経験していると知るためには、すなわち、それが私が持っている色経験の種類であると知るためには、青を経験するだけでよい。別の経験は必要ない。経験とその質にかんする概念を理解していれば、青を経験しているとき、自分がどのような種類の経験を有しているかを知るために必要なことは、すべて手にしていることになる。経験の経験は必要ない。必要なのは、経験についての信念なのである。

第3章　クオリア

唯物論者にとっては、ただ一人の人にだけ接近可能な事実など存在しない。時間や場所にかんする事情から、ある人が知らないことを別の人が知ることや、ある人が権威を持つことはあるかもしれない。しかし、ある人に特権的な事実、すなわち、ある人だけが知ることのできる事実など存在しない。われわれが、他の存在の主観的生活、すなわち、その生物であるとはいかなることかに接近できないように思われるとすれば、それは、その主観的状態について語っているときに、自分たちが何について語っているかを理解できていないからに違いない。Sがある仕方で感じており、Sがある仕方で感じることはSの物的状態であるとすれば、Sがどのように感じているかをわれわれが知りえないということなど、どうしてありえようか。

表象主義テーゼによれば、経験の質すなわちクオリアとは、対象が持つと表象$_s$される性質にほかならない。事物が持つと表象状態Sが表象$_s$する性質は、原則的には他人も知ることができるものである。われわれはみな、自分自身の経験について直接的な情報を持っている（第2章を参照）。しかし、特権的接近などは存在しない。どこを見ればよいかをわかっていれば、私の経験の特徴にかんして、あなたは私と同じ情報を手に入れることができる。これは、自然主義的な語り方で心について考えることからの帰結である。主観性は、客観的秩序の一部となるのである。唯物論者にとっては、これはそうあってしかるべきことである。

1　フレンチ・プードルとフレンチ・ワイン

スーザンは、正常な視力と知力をもった子供だが、犬を見たことがない。彼女は、犬とは何かを知らない。彼女がはじめて見る犬はフレンチ・プードルである。彼女には、それはプードルのように見えるだろうか。スーザンは、それがプードルである（のように見える）とは言わないだろうし、そう考えないだろう。彼女は、それをプードルとして見ないだろうし、あるいは、それがプードルであることを見てとらないだろう。彼女は、自分が見るものをこのような仕方では概念化しない。それにもかかわらず、彼女には、それはプードルのように見えるだろうか。

アーサーは、ヒキガエルとしては正常な視覚と知性を持った若いヒキガエルである。彼は犬を見たことがない。彼がはじめて見る犬もたまたまプードルであり、それはスーザンが見るのと同じ犬である。それはプードルのように見えるだろうか。スーザン同様、アーサーは、それがプードルである（プードルのように見える）と言ったり考えたりしないだろう。彼は、自分が見るものをこのような仕方では概念化しない。それにもかかわらず、彼にはそれはプードルのように見えるだろうか。

スーザンには、プードルがアーサーに見えるのとは違った仕方で見える。人間とヒキガエルの視力にかんしてわれわれが知っていることを前提とすれば、これは自明なことのように思われる。スーザンには、その犬は、あなたやわたしに犬が見えるのと同じ仕方で見える。すなわち、ブルドッグ、テリア、牧羊犬とは違った仕方で見える。あなたや私はその犬の見え方（「プードルのよう」）を記述できるのにたいして、スーザンにはそれができない。しかし、このことはもちろん、その犬が彼女にはどう見えるかに違いをもたらさない。アーサーにかんしては事情が異なる。その犬は、アーサーには、プードルが正常なヒキガエルに見えるのと同じ仕方で見えるし、アーサーは正常なカエルであるが、アーサーには、その犬はプードルのようには見えない。半盲の人には、プードルは彼らにプードルが通常見える仕方で見えるが、プードルのようには見えない。半盲の人には、プードルは、プードルと同じサイズのほとんどあらゆるものと同じように、ぼやけた点のように見える。ヒキガエルの視覚的鋭敏さは、半盲の人の視覚的鋭敏さと同程度である。それゆえ、ヒキガエルには、プードルは半盲の人にプードルが見える仕方で見えるのである。

スーザンにはその犬はプードルのように見えると言うとき、私は、プードルについてのスーザンの視覚経験は、その犬をプードルとして表象しており、それゆえ、それが本物のプードルでないときには何らかの仕方でそれを誤表象しているのだ、と言っているのではない。われわれはいま、プードルの概念的表象ではなく、感覚的表象について論じているからである。その犬にかんするスーザンの経験は、マッギン（McGinn 1982, p. 40；Millar 1991, p. 42も参照）がプードルの顕在的性質と呼んでいるもの、すなわち、プードルを（自転車等々はもちろんのこと）他の犬とは大きく異なったものに見せている諸性質を持つものとしてその犬を表象するという意味で、その犬をプードルとして表象する。プードルではないさまざまなものも、プードルの顕在的性質を持つ。たとえば、だまし絵、プードルの絵、変装したテリア、プードルのロボット等々である。これらの対象もまた、プードルのように見える。それらもまた、スーザンのうちにプードルクオリアを生み出すのである。よくできた偽物がプードルであると信じる（すなわち概念的に表象する）とき、彼女は誤りを犯していることになるだろう。しかし、本物のプードルを視覚的に表象するのと同じ仕方で偽物のプードルを視覚的に表象するとき、スーザンは誤知覚している（感覚的に誤表象している）わけではない。よくできた偽物は、オリジナルと同じ種類の経験を引き起こすはずなのである。

　プードルの概念を持たない人にあるものがプードルのように見えると言うのは間違いだ、と感じる人もいるだろう。たとえばミラー（Millar 1991, p. 32）は、つぎのように述べている。ある人が、私がカボチャを見るときに持つのと厳密に同じタイプのカボチャ経験を持つことができても、その人がカボチャ概念を持たず、カボチャとは何かを知らなければ、その人には、そこにカボチャがあるようには「見え」ないだろう。私は言葉遣いについて争いたくはない。（事実節とともに用いられる場合にはとくに）「見える」や他の「見かけ」語には、ミラーが正しいことになる意味もあるかもしれない。事態を明確にするために、私はこれらの用法を思考的な（*doxatic*）（＝信念）意味での「見える」と呼ぶことにして、それにおうじた添字を付けることにしよう（Jackson [1977, p. 39] はこれを「見える」の認識的用法と呼んでいる）。Sにはある犬がプードルのように見え^{d}ると言うことは、それに反する考慮がなければ、Sはその犬はプードルであると考え、その犬の知覚によって、Sはそう信じるよう（通常は）促される（Millar 1991, p. 19 を参照）と言うことである。その犬を、Sにはプードルのように見え$_d$るものとして記述することからは、Sはプードルの概念を持っており、プードルとは何かを理解しており、自分が見るものをこのように分類し同定する（あるいはそれに反する考慮がなければそうするだろう）ということが含意される。思考的な意味では、スーザンが見ている犬は、彼女にはプードルのように見え$_d$ていない。その犬にかんする彼女の知覚は、その犬はプードルであるという信念を引き起こさないのである。

しかし、これらの言葉にはもう一つの意味があり、その意味においては、スーザンには、その犬は私に見えるのと同じように見えている。そして、私にはその犬がプードルのように見えるならば、スーザンがプードルとは何かを理解しているにせよしていないにせよ、すなわち彼女がプードルの概念を持つにせよ持たないにせよ、彼女にはその犬はプードルのように見えているはずである。長い伝統に従って、私はこれを現象的意味での「見える」（見え$_p$る）と呼ぶことにしよう。Sにはその犬が現象的にプードルのように見える（見え$_p$る）と言うことは、つぎの二つのことを言うことである。(1) Sには、その犬はプードルが通常Sに見えるのと同じ仕方で見える。(2) Sには、その犬は他の犬（ブルドッグ、テリア等々）が見えるのと違った仕方で見える。[1] 第二の条項は、すべての犬が同じに見えてしまうヒキガエル（あるいは半盲の人）には、ある犬がプードルのように見えることになってしまうのを避けるために必要である。この条項を識別条項と呼ぶことにしよう。あなたが色盲であり、ある色を他の色と識別できないとすれば、ある対象が、赤い対象があなたに通常見えるのと同じ仕方で見えるというだけでは、ある対象があなたにとって赤く見え$_p$ることにはならない。あなたは識別条項を満たさないのである。ここで、識別条項は、識別にかんする判断の文脈にたいする敏感さや状況相対性（あなたには、kは状況Cにおいてはプードルのように見えるが、C′においてはそう見えないということがありうる）を反映できるように、あえて漠然としたままにされている。あなたにはフレンチ・プードルと識別できない希少品種があるとしても、対比集合として考えられているものにその品種が含まれていなければ、ある犬は、「あなたにはフレンチ・プードルのように見え$_p$る」かもしれない。このような理由から、ある人がフレンチ・プードルをよくできた偽物と識別できないとしても、ある犬は、その人にとってフレンチ・プードルのように見え$_p$うる。すくなくとも通常は、偽物のプードルは、対比集合に含まれていないのである[2]。したがって、識別条項は必要だが、あなたにある犬がフレンチ・プードルのように見え$_p$るためには、あなたは、フレンチ・プードルをよくできた偽物と識別できなくともよいのである[3]。

ある対象が二人の人にFに見え$_p$るということは、それだけでは、それが両者に同じに見え$_p$ることを意味しない。このことに注意しなければならない。S_1とS_2は、Fを他の対象から同じくらいうまく識別でき、ある対象kはS_1にとってFが通常S_1に見える仕方で見え、S_2にとってFが通常S_2に見える仕方で見えるということが判明するかもしれない。これらいずれも、S_1には、その対象がS_2に見える仕方で見えているということを含意しない。そのように見えるかもしれないし、見えないかもしれないのである。スーザンと、（たとえば）あるプードルの両者には、ある犬がプードルのように見え$_p$るという事実は、両者にとってそれが同じに見えることを意味しない。以上の定義によっては、逆転クオリアの可能性は排除されないのである。この点にかんしては、すぐあとで論じよう。

　このように言葉遣いを規定すれば、ある犬はスーザンにはプードルのように見え$_p$るが、アーサーにはプードルのようには見え$_p$ない（もちろん、どちらにとってもそれはプードルのように見え$_d$ない）と言うことができる。ヒキガエルの視覚システムは、人間の視覚システムのような仕方で、中間サイズの対象の形を識別するように設計されているわけではない。ヒキガエルは中間サイズの対象の形を知覚的に識別できないということが、その証拠である。正確に言ってヒキガエルにはプードルがどのように見えるかは、部分的には、ヒキガエルの識別能力によって決まる。もし、（神経生理学的および行動的データ[4]に基づいて）私が想定してきたように、ヒキガエルにとって、動いている中間サイズの動物（ヒキガエルは静止している動物を見ることはできないようである）がみな同じに見えるならば、ヒキガエルは、正常な人間が見ることのできる違い、すなわち、人間においてプードルをブルドックと違ったものに見せている、形や詳細の違いを見ることができない。ヒキガエルの視覚システムは、われわれの視覚システムが表象$_s$する仕方でプードルを表象$_s$しない。したがって、私の推論によれば、ヒキガエルには、プードルは、われわれがプードルを貧しい光の下で眼鏡なしに見るときにわれわれに見える仕方、すなわち、そのような状況でブルドックやテリアが見えるのと非常によく似た仕方で見え$_p$るに違いない。

　われわれはまた、ある種の（このような区別がなければ）われわれを困惑させる状況をうまく記述できる立場にある。私にはすべてのワインは同じ味がするとしよう。このことは、私には、私が現在味わっているブルゴーニュの赤はブルゴーニュの赤のような味がするということを意味するだろうか。

たしかに、私には、そのワインはブルゴーニュの赤が通常するのと同じ味がする。しかし、もし私がそのワインをキャンティと識別できなければ、ブルゴーニュの赤のような味がするとは言えない。[5] もし、私にとってブルゴーニュはキャンティと同じ味がするのであれば、おそらく私には、ブルゴーニュもキャンティもブルゴーニュのような味はしないだろう。おそらくどちらも、普通の安い赤ワインのような味がするだろう。あるいはそうではないかもしれない。このことは、私が安ワインをコカコーラと識別できるかどうかにかかっている。私とワインの（味覚的な）関係がヒキガエルと犬の（視覚的な）関係と同様であるとすれば、私にとって、ブルゴーニュとキャンティは、ヒキガエルにとってのプードルとブルドッグのようなものである。すなわち、味覚においてぼんやりした点に相当するものなのである。

あるシステムには事物がどのように「見える」かを明らかにするさい、われわれが同じ基準を適用していることは、われわれが装置について考えたり語ったりする仕方から明らかである。ある測定装置が7.00と7.01を識別するように設計されていなければ、すなわち、小数点以下の数字がその装置にとっての（いわゆる）有効数字でなければ、その装置は何かを7.00として表象することはできない。6.99と7.01のあいだの値を表示する機能を持つ内的状態を持たない装置にとっては、いかなるものも7.00のようには「見え」ないのである。これが、ヒキガエルのアーサーにはいかなるものもプードルのように「見え」ないことの根本的な理由である。アーサーの視覚システムは、そのために必要な「解像」力を持たない。アーサーのうちには、向こうにある対象があの（ブルドッグの）形ではなくこの（プードルの）形をしていることを示す機能を持つものはないのである。スーザンの視覚システムは、アーサーのものよりも敏感な装置である。[6] いわば、スーザンは7.00の形を経験するが、アーサーは経験しないのである。

しかし、見え$_{\mathrm{p}}$すなわちある人の経験の質にかんする推論を行うさいに、識別にかんするデータを用いるときには、われわれは慎重であらねばならない。そのような推論は、動物がある感覚様相において何を識別でき何を識別できないかにかんする前提から出発し、あるものはその様相においてその動物にどのように見え$_{\mathrm{p}}$るかにかんする結論に至る。ワインの例を考えれば、この推論が誤っている、あるいは、すくなくとも疑わしいことが見てとれる。私にはすべての赤ワインは同じ味がするとしても、それらはすべて高級なバーガンディのような味がす$_{\mathrm{p}}$るのであり、私が想定していたように、普通の安い赤ワインの味がす$_{\mathrm{p}}$るのではないかもしれない。そうだとすれば、あなたと私は同じ識別能力を持つ（どちらもワインの試飲会で戸惑う）にもかかわらず、われわれには、すべてのワインは違う味がするのかもしれない。私には、すべてのワインがワイン通の人にとっての上質なバーガンディと同じ味がする。あなたには、すべてのワインはワイン通の人にとっての安いキアンティと同じ味がするのである。味覚におけるこのような変則性は、探知困難（不可能？）かもしれない。高価なバーガンディをすするたびに、あなたは、このワインは（安いキアンティを指して）あれのような味がするという。私は同意する。私にとって、そのワインはまさにそのような味がするからである。

ワインの例が現実離れしているように思われるならば、クラーク（Clark 1993, p. 167）が挙げている、さらに説得的な例を見てみよう。

一方の目を閉じて、三十秒間何か明るい色を見つめたのちに、交互にまばたきを続けると、多くのものの色の見えが変化するのがわかる。両眼間の順応の違いはすぐに消失するので、この効果はすぐに失われる。しかし、この順応効果が続くあいだは、それは、人々のあいだに存在すると言われる違いと、いくつかの仕方で類似している。順応した目による識別は、順応していない目による識別と一致する。すなわち、二つの対象が、順応していない目に異なる色相を提示するならば、順応した目にも異なる色相を提示する。また、一致する対象は依然として一致する。しかし、すべての色相の見えは変化するのである。

クラークは、個人間にこの種の違いが存在するという可能性は、何が識別可能であるかによって感覚的な質を定義する試みにとって致命的であるように思われると結論付ける。シューメイカー（Shoemaker 1975）も同じことを主張している。

したがって、われわれが識別行動において区別できないとしても、われわれにとって事物の味がする仕方、すなわち、われわれが知覚する対象を感覚的に表象する仕方は異なっているかもしれないように思われる。これは、よく知られた逆転スペクトルの問題である。[7] この「問題」は、経験の質は何らかの形で行動的あるいは機能的な用語によって定義されなければならないと考える人々、たとえば行動主義者や機能主義者[8]にとっての問題である。

表象主義テーゼは、この問題を回避する自然主義的な理論である。[9] この理論は、知覚経験の質的性格は機能的に定義不可能であることを認める。しかし、それは物理的に定義可能である。クオリアとは、事物が持つものとしてその経験が表象$_s$する性質にほかならないと考えることによって、心にたいする表象的アプローチは、つぎの二つのことを成し遂げる。[10] (1)このアプローチは、経験の質的側面は主観的あるいは私秘的であるという（機能主義者にさえ）ひろく共有されている直観を尊重する。質的側面は、それをうちに持つシステムの行動（あるいは行動傾向）に表れるとは限らないのである。(2)このアプローチによる感覚経験の説明は、経験の質的側面を、客観的に決定可能なものにする。クオリアは経験される性質にほかならず、経験される性質は表象$_s$される性質にほかならず、表象$_s$される性質は、諸感覚が情報を提供する自然的機能を持つ性質にほかならないと考えることによって、経験にたいする表象的アプローチは、クオリアを、身体器官の生物学的機能と同様に、客観的に決定可能なものにするのである。ある特定の状態の機能$_s$が何であるかを発見することは困難であり、ときには（実際的な観点からは）不可能であるかもしれない。しかし、機能には、本質的に私秘的なことや一人称に限定されたことなどないのである。

神経心理学者であるエデュアルド・ビジャッキ（Bisiach 1992）は、クオリアを客観的に探求する方法を見つけ出す可能性にかんして、きわめて悲観的である。「意識にかんする自然科学がクオリアと関わることができる方法など存在しない」（p. 115）と彼は述べている。この章の残りの部分で、私は、このような悲観論を避けることは可能であるということを明らかにしたい。経験の表象的説明は、クオリアが存在する余地を残すだけでなく、クオリアを客観的に研究する方法も与えてくれるのである。

2　表象される性質としてのクオリア

クオリアにかんして、二人の（ましてやすべての）哲学者が同意できる記述を見出すことは困難である。しかし、（Sにとっての）感覚様相MにおけるクオリアとはSにとってMにおいて諸対象が現象的に現れる仕方あるいは見える仕方であると述べることから始めれば、問題はないように思われる。表象主義テーゼに従って、私はこれからも、クオリアは現象的性質にほかならない、すなわち、（このテーゼによれば）ある対象が持つと感覚的に表象される（表象^{s}される）性質にほかならないと考えることにしよう。これが意味するのは、他人の（あるいは他の動物の）クオリアにかんする問いは、その人（あるいは動物）の表象^{s}状態にかんする問いであり、その状態が表示する機能^{s}を持つのはどのような性質かにかんする問いである、ということである。

第2章第2節で見たように、経験がある対象を表象^{s}する仕方とは、その表象システムが正しく、働くはずの仕方で、働くように設計された仕方で働いているときの、経験の対象のあり方である。規約的表象の場合、われわれは、設計者や製造者の目的や意図に目を向ける。鳴っているドアベルには事物がどのように「見える」か、そのベルが玄関をいまどのように表象しているかを知りたければ、その装置が働くはずの仕方で働いているときに何が成り立っているか尋ねればよい。それが、そのドアベルには事物がどのように「見える」かである。このテストによれば、ベルが鳴るとき、そのシステムには誰かがドアのところにいるように「見え」なければならない。実際に誰かがドアのところにいるかどうかにかかわらず、それが、そのベルが意味することである。実際には集金人がそこにいるとしても、そのベルは、集金人がドアのところにいるということを意味しない。このシステムの働きを考えれば、最適な条件のもとでさえ、このベルは集金人と訪ねてきた親戚を区別できない[11]。それゆえわれわれは、そのベルは、誰かがドアのところにいること、集金人や訪ねてきた親戚ではなく、誰かがドアのところにいることを意味している、と言うのである。ベルを聞いた人は、それは集金人であると表象する（すなわち信じる）かもしれないが、それはベルが意味していること、すなわち、ベルが語ることあるいは表象することではないのである。表象システムの状態は、何であれ表示する機能を持つことを意味する。したがって、ドアベルは、誰がドアのところにいるかについて「嘘をつく」ことはない。誰がそこにいるかを告げることとは、決してないからである。

　ドアベルシステムがドアのところにいる人を集金人として表象できないのと同じ理由で、アーサーの視覚システムは、何かがプードルであると表象することができない。ドアベルには集金人がドアのところにいると「見え」ない理由は、アーサーには近くにプードルがいるかのように見えない理由と同じである。これは、アーサーがプードルをブルドッグと区別できないからではない、ということを私は強調しておきたい。というのは、われわれは、スーザンは視力がとても低いために、彼女もまたプードルとブルドッグを見分けることができないという状況を想像できるからである。このような欠陥があるときには、スーザンはプードルをブルドッグと区別できない。しかし、われわれは、彼女はプードルクオリアを持つと依然として想像できる。われわれは、スーザンがプードルの夢を見ることを想像できる[12]。われわれは、彼女がプードルの幻覚を持つことを想像できる。われわれは、視覚に重大な欠陥があるためにプードルをブルドッグと区別できないスーザンが、犬を見たときにプードルの幻覚を持ち、したがってプードルを見たときにプードルクオリアを持つことさえ想像できる。ワインの例が示しているのはこのことである。実質的にワインの識別能力を欠いている人が、どのようなワインを飲むときにも上質のブルゴーニュの味を経験することを、われわれは想像できる。もう一人は、常に安いキャンティの味を経験する。スーザンとアーサーの鍵となる違いは、識別能力における違いではない。われわれは、彼らの識別能力が同じだが、彼らがなおもおおきく異なる経験を有することを想像できる。鍵となる違いは、彼らの視覚システムがどのような情報を提供するか（これらは同じであるかもしれない）にではなく、彼らの視覚システムがどのような情報を提供する機能を持つかにある。[13] スーザンの知覚状態は、その機能を依然として遂行しているにせよいないにせよ、すなわち、プードルとブルドッグを区別することを可能にするにせよしないにせよ、それにかかわらず、（プードルやブルドッグのような）中間サイズの対象を相互に区別する機能（すなわち機能s）を持つ。アーサーはそのような状態を占めることがない。このような理由から、通常のドアベルが集金人を集金人として表象できないのと同様に、アーサーはプードルをプードルとして経験できないのである。

二つの装置JとKを考えてみよう。Jは、時速百分の一マイルの精度で速度を測定するために製造された、精密な計器である。Jが78.00を記録するときには、（小数点以下の数字が示唆するように）それは77.99（およびそれ以下）でも78.01（およびそれ以上）でもないことを意味する。Jは識別能力の高い速度「趣味」を持つのである。装置KはJよりも安価な計器で、速度にかんする大まかな情報を提供するように設計されている。Kが78を記録することは、77（およびびそれ以上）でもないことを意味する。[14] Kの状態には、（Jの状態のように）速度が77.99と78.01のあいだであることを表示する役割を（設計によって）持つ状態はない。どの状態もこの機能を持たないので、Kのいかなる状態も、速度を78.00として表象することはない。Kの速度「趣味」はJよりも識別能力の点ではるかに劣っている。Jは速度通なのである。Jは速度77.92を77.98から区別できる。Kにはこれらの速度はすべて同じに「感じ」られる。Jは、Kが決して「経験し」ない速度「クオリア」を持つのである。

Jはスーザンに類似した装置であり、Kはアーサーに類似した装置である。速度をそれぞれ時速78.00マイルと78マイルとして表象するさい、スーザンとアーサーが同じプードルに反応しているのとちょうど同じように、JとKは同じ客観的条件に反応している。しかし、スーザンはこの対象をより詳細な仕方で表象する。形における小さな変化もスーザンにとっては意味を持つのである。速度が78.00から78.05に変化すれば、Jの記録も（「78.00」から「78.05」に）変化するだろう。これとちょうど同じように、客観的な形が、プードルの形からブルドッグの形に変化すれば、スーザンの表象的な「針」は動くだろう。Jのメカニズムが速度におけるこのような違いに敏感であり、そして敏感であるように設計されていたのとちょうど同じように、スーザンの視覚システムは、形におけるこのような違いに敏感であり、敏感であるように設計されていた（とわれわれは想定している）のである。これはKとアーサーにはあてはまらない。どちらもこのような違いを記録しないだろうし、両者のうちには、これらの違いを記録するように設計されたものはない。Kは78.00の速度を78.05と同じ仕方で、すなわち78として表象する。これとちょうど同じように、アーサーはプードルを、ブルドッグを表象するのと同じ仕方で、すなわち小さな点として表象するのである。

われわれは、二つの計器が識別行動と識別能力の点で見分けがつかないにもかかわらず、「別のクオリアを経験している」（すなわち速度を別の仕方で表象している）のを想像できる。損傷または消耗によって、速度計Jが敏感さを失ったと考えてみよう。JはKと同様に、速度にたいして敏感でなくなったのである。損傷が生じるまえはJに違って「見えた」（すなわち違うものとして表象された）速度が、いまは同じに見える。Jの情報伝達システムがダメージを受けたのちには、二つの装置は速度にかんして同じ情報を提供する。速度が77.84から78.23のあいだで変化するとき、Jの針は（Kの針と同様に）動かない（これらがデジタル装置だと考えるとわかりやすいかもしれない）。速度が77から78に上昇すると、Jは（Kと同様に）ゆっくりと反応し、およそ77.50において「77.00」から「78.00」へと移行する。このように、二つの装置は機能的には区別できない。このような等しさにもかかわらず、Jにおける「78.00」という記録は、Kにおける「78」という記録とは別のことを意味する。Jは提供する機能を持つ情報をもはや提供しないという事実は、その情報を提供する機能を失ったということを意味しない。Jがこの機能を保持するかぎり、JとKの反応が同じ情報を担うとしても、Jにおける「78.00」という記録は、Kにおける「78」とは違うことを意味する。損傷（怪我、老齢、そのほかなんであれ）ののちにも、Jにとって事物は依然として78.00のように「見える」。これが、「78.00」という読みが表示する機能を持つ（そして持ち続けている）ことである。Jは、もはや時速78.00マイルという速度を（正しく）「知覚」できないが、この速度を「幻覚し」たり「夢見」たりすることはできる。Kにはそれができない。Kは、時速78.00マイルのクオリアを経験したことがなく、依然として経験できない。Ｋは時速78.00マイルという速度について「夢見る」こともできない。Ｋには、この表象内容を持つ状態はないからである。ＪとＫの表象としての違いは、両者が何をするかにあるわけでなく、両者が何をできるかにあるわけでさえない。両者の違いは、両者のさまざまな状態が何をする機能を持つかにあるのである。

ＪとＫの違いは、Ｊは78.00という速度を表示するように設計された内的状態、すなわち、この機能を持つ内的状態を持つが、Ｋは持たないということにある。それゆえ、Ｊは速度が時速78.00マイルであると表象できるが、Ｋはできないのである。正しく働いていないときには、二つの装置の内的状態は同じものを表示するという事実は、両者が同じものを意味するということを含意しない。損傷は、ある状態がどのような情報を担うか（何と相関するか）を変化させるが、何を意味するか（何と相関する機能を持つか）は変化させない。このような理由から、われわれは、視力の低下したスーザンがすべての犬をプードルとして見ることは想像できるが、アーサーがそうすることは想像できない。スーザンの感覚状態は、ある犬がプードルであるという情報をもはや担っていないときでさえ、このことを意味するのである。

したがって、クオリアは機能的に定義できないという点で、シューメイカー（Shoemaker 1991, p. 508）はネッド・ブロックとジェリー・フォーダー（Block and Fodor 1972）に同意しているが、私も彼に同意する。しかし、このことは、現在論じている種類の表象的説明によってはクオリアを捉えることができないということを意味するわけではない。というのは、二つの表象装置が識別力と実際の識別能力の点で等しい（すなわち機能的に等しい）としても、異なる表象状態を占めることがありうるからである。このように、識別の遂行にはもはや違いが「現れ」えないとしても、経験は異なりうる。このことは、クオリアは機能的に定義不可能であることを意味するが、物理的に定義不可能であることを意味しない。システムが情報を担う機能を持つ条件を物理的な用語によって記述できるかぎり、クオリアは物理的に定義可能である。表示機能にかんする自然主義的な理論があれば、表象についての、それゆえクオリアについての自然主義的な理論を手にしているといえるのである。

3　視　点

トマス・ネーゲル（Nagel 1974）は、次のように述べている。「主観的現象はすべて、ある一つの視点と本質的に結びついており、客観的で物理的な理論によってその視点を捉えることができないことは、必然的であるように思われる」。主観的現象にかんする表象的な説明は、この主観的な視点を捉えることが可能な、心についての客観的で自然主義的な理論を作り出す。この理論は、視点を捉え損なうことなく、説明するのである。

確定しうるもの（速度、重量、温度など）の同一集合を表象する二つの表象システムを比較するとき、両者の視点は、両者が表象する諸対象と、諸対象が持つとそれらが表象する確定しうる諸性質の確定した形式によって定まる。S_1とS_2はどちらもOを表象するが、S_1はそれを青として表象するのにたいして、S_2はそれをシアン（青の一つの色合い）として表象する。あるいは、両者はあるものをシアンとして表象するが、両者は異なる対象あるいは同じ対象の異なる部分がシアンであると表象していることがわかる。どちらの場合にも、両者は異なる視点を持っており、それぞれの視点は表象的事実によって決定される。

オヘア空港（シカゴ）とラガーディア空港（ニューヨーク）のレーダーは、それぞれの周辺の飛行機の位置と動きを表象する。両者は異なる視点を持つ。両者は世界のなかの異なる対象を表象する。レーダースクリーンを見るだけでは、われわれは、両者が異なる視点を持つことを知ることはできない。結局のところ、二つのスクリーンは全く同じに見えるかもしれないからである。視点の違いは、空のある部分をどのように表象しているかによってではなく、空のどの部分を表象しているかによって決定される。二つのレーダーシステムに世界への異なる視点を与えるものは、世界との、違う仕方での結びつき（私がさきに「C」と名付けたもの）である。この結びつきによって、両者は世界の違う部分に反応し、違う部分を表象できるようになる。しかし、この視点の違いは、二つのシステムにかんする表象的事実ではない（したがって自然的システムの場合には心的事実ではない）。二つのシステムが違う対象を経験しており、それゆえ違う視点を構成しているというだけでは、経験が主観的に異なることにはならないのである。

いかなる対象も必然的に世界の異なる場所を占めると想定し、したがって、異なる対象を表象するいかなる二つのシステムにも世界の異なる視点（すなわち異なる場所の眺め）を与えるとすれば、異なる対象が表象されているという事実によって作り出される「眺め」の違いは、ビロ（Biro 1991, 1992）が固定された視点と呼ぶもの、すなわち、互いの場所を交換することによって交換可能な視点における違いである。オヘアのレーダーは、ラガーディアに移すことができ、ラガーディアのレーダーと同じ（固定された）視点をとることができる。固定された視点にかんしては心的なことなどなく、固定された視点を占めるあるいは変えるとは（ネーゲルの言う意味では）「いかなる」ことでもない、とビロは指摘する。違う視点は、経験にかんして同じでありうる。オヘアとラガーディアのスクリーンは、異なる視点を持つが、全く同じ表象状態にたちうる。経験状態の違いは、視点の違いではなく、さまざまな点がどのような仕方で見られるかの違いから帰結する。われわれが違う対象を見ているが、それらがうり二つであるとき、われわれは異なる（固定された）視点を占めているが、われわれの経験は同じである。われわれは、意識的生活にいかなる変化も起こさずに、固定された視点を交換できるだろう。ある経験を持つとはいかなることか、すなわち、経験の質に違いをもたらすのは、経験の対象ではなく、それゆえわれわれの（固定された）視点ではなく、その視点から対象が表象される仕方なのである。(15)

Fを表象する二つのシステムが同じ対象を表象しているときでさえ、それらはいわば異なる拡大率あるいは異なる範囲でそれを表象しうる。それゆえ、両者はこの対象の異なる「知覚」を具現しうる。これは、われわれが細かな文字を裸眼で見るときと拡大鏡を通して見るときに経験する違いと、同じ種類の違いである。第2節では、ある装置がどのようにして同じ量を「クローズアップで」見せるかを見た。ある速度計は速度を時速78.00マイルとして表象し、もう一つの速度計は時速78マイルとして表象する。第一の速度計は、速度の小さな変化に応じて変化する、「クローズアップの」見えを持つ。敏感な装置にとって、速度78.05は速度78.00とは「違って見える」。それほど敏感でない装置にとって、これらの速度は同じに「見える」。したがって、これらの装置が同じ対象を正しく「知覚している」（表象している）としても、両者はそれを違う仕方で見ているのである。一方はよりよい視力を持っている、言いかえれば「近くに立っている」のである。その速度計には、対象が「よりよく見」えている。視点におけるこのような違いは、その視点を持つとはいかなることかを定義する助けとなるが、表象的な語り方において容易に捉えることができるものである。

4　電場を経験するとはいかなることか

色（色相）を自ら経験しないかぎり、われわれは、ある事実的な知識に接近できないままであるという、フランク・ジャクソン（Jackson 1986）による議論がある。このとき、われわれは、赤、青、その他の色を経験するとはいかなることかを知らないというのである。この議論は簡単に一般化できる。嗅覚を持たない人は、ライラックや焦げたトーストがどのように匂うかを、どのようにして知ることができるだろうか。ある特定の経験を持つことなしには知ることのできない事実があるように思われる。しかし、これが事実だとすれば、ある知識、すなわち、その経験はいかなるものかについての知識は、それを経験する人だけのものだということになる。したがって、主観性には、Ｆを経験するとはいかなることかという、客観的に決定できない側面があるように思われる。Ｆを経験するとはいかなることかを知るためにはＦを経験しなければならないとしよう。このとき、他の動物についてわれわれが確信しているのと同じように、他の人々はあなたが経験していない事物を経験しているのだと考えるべき理由があるとすれば（実際にそう考えるべき理由がある）、他者の経験にかんして知ることのできない事実があると考えるべき理由が存在することになる。

他者の心にかんするこのような形式の問題は、多くの人にとって、もっともらしい問題であると思われる。この問題はまた、心の客観的研究や心の科学、すくなくとも、心の科学の主観的経験を扱う領域を確立することは、かなわぬ望みであるということを示唆する。どうにかして隣人の頭のなかに入り込み、彼らが経験しているものを経験できなければ、異星人や動物はもちろんのこと、隣人の経験がいかなるものであるかを、どのようにして知ることができるだろうか。

表象主義テーゼは、この推論のどこが間違っているかを明らかにしてくれる。コウモリ、魚、隣人が何を経験しているかを知ることは、原理的には、ある測定装置に事物がどのように「見えて」いるかを知ることと、何の違いもない。どちらにおいても、問題になっているのは、あるシステムが世界をどのように表象しているかを決定することである。これは困難であり、実際的な観点からは、ときとして不可能な課題だが、他の存在者の頭の「なか」に入るという、概念的に不可能なことを要求するわけではない。

ジャクソンの主人公であるメアリを借用して、論点を明確にしよう。メアリは、電磁気的現象についての専門家である。彼女は、マクスウェル方程式や量子電気力学など、磁場と電場にかんするあらゆることを理解している。しかし、彼女は電場を経験したことがない。彼女は、サメやツノザメは電磁気的な感覚を持ち、（しばしば獲物によって生み出される）地球の電場の乱れを感覚することによって獲物を探知することができるのだと聞いたことがある。ツノザメであるとはいかなることか、そして、電場を経験するとはいかなることかとメアリは考える。

メアリは、ツノザメになるように求められているのではない。ツノザメであるとはいかなることかを知りたいときにメアリが知りたいことは、電磁気的感覚によって獲物を探知するとき、ツノザメにとって事物はどのように見えているかである。電場の乱れを探知する感覚システムによって生み出されるのは、どのような種類のクオリアだろうか。

ツノザメはかなり複雑な動物なので、より単純な生物である、単一表象的な寄生虫の話から始めることが助けになるだろう[16]。ツノザメにはすぐあとで立ち戻ることにしよう[17]。宿主がある特定の温度、すなわち18℃であるとき、そしてそのときにのみ、この寄生虫は宿主に取りつくと考えてみよう。宿主の温度は寄生虫の生存に重要なので、鋭敏な温度感覚を進化させたのである。この寄生虫は、接触する身体の温度を数分の一度の精度で記録できる[18]。この寄生虫は、宿主になりうるものを18℃、すなわち理想的な温度であるものとして感覚し、それにとりつく。宿主は18℃である必要はない。宿主に取りつくことを引き起こすために必要であるのは、この寄生虫が宿主を18℃として感覚すること、18℃であると表象することだけである。問題は、この寄生虫が宿主となるものを感覚しているとき、この寄生虫であるとはいかなることかである。

18℃であるとはいかなることかを知っていれば、この寄生虫にとって宿主がどのように「感じられる」かを知っていることになる。そのときには、宿主を「感覚する」ときのこの寄生虫の経験はどのようであるかを知っていることになるのである。この寄生虫であるとはいかなることかを知ることは、この寄生虫には事物がどのように見えるかを知ること、この寄生虫が知覚する対象をどのように表象するかを知ることだとすれば、この寄生虫であるとはいかなることかを知るために、この寄生虫になる必要はない。温度とは何かを知りさえすればよいのである。温度18℃であるとはいかなることかを十分に知っているならば、この寄生虫の経験の質にかんして、知るべきことをすべて知っていることになる。この寄生虫であるとはいかなることかを知るために、われわれは、この寄生虫ではなく、この寄生虫が「見て」いるもの、すなわち宿主に目を向ける。というのは、物事がうまくいっているときには、宿主のあり方、すなわち18℃であることが、この寄生虫にとっての事物の見え方だからである。したがって、この寄生虫には事物がどのように見えるかを知りたければ、宿主に目を向けるべきである。

これはばかげた話だと感じる人もいるだろう。(19) たしかに、温度とは何かを知ることは、この寄生虫がこの種の温度を感じるとは（それが何かであるとして）いかなることかを教えてくれないだろう（他の人間にかんしてさえ同様である）。耳の聞こえない人は、音波を聞くとはいかなることかを知ることなしに、音波とは何かを知ることができる。私はこのことを否定したいわけではない。私はこれを否定しているのではない。本節の残りの部分および次節で、私は、なぜこのことを否定しているのではないのかを、さらに詳しく述べるつもりである。しかし、ここでは読者に大目に見てもらうことにしよう。私は、ほとんど誰もが認める諸事実、すなわち、一連の講義で擁護されている表象的な視点とはほぼ独立な諸事実から、帰結を引き出しているだけである。第一の事実は、クオリアとは、問題になっている感覚様相において事物が見えるあるいは現れる仕方であると考えられているということである。したがって、たとえばSにはトマトが赤く、そして丸く見えるならば、赤さと丸さがSのトマトの視覚経験のクオリアである。そうだとすれば、事物が見え方どおりであるときには、クオリア、すなわちその経験を持つとはいかなることかを定義する諸性質は、知覚が正しいときに知覚される対象が持つ諸性質にほかならないということになる（これが第二の事実である）。寄生虫の場合には、知覚が正しいときに対象（宿主）が持つ性質は、18℃であるという性質であるから、寄生虫が宿主を正しく知覚しているにせよいないにせよ（すなわち、宿主が実際にこの性質を持つにせよ持たないにせよ）、それが宿主についての経験の質にほかならない。したがって、18℃とは何か、この性質が何であるかを知っている人はだれでも、寄生虫の経験がどのような質を持つかを知っていることになる。彼らは、この一つの質にかんしては、その寄生虫であるとはいかなることかを知っているのである。この結論がばかげているとすれば、表象主義テーゼではなく、この結論に導いた二つの事実のいずれかが責めを負うべきである。

ツノザメの話に戻ろう。メアリは、電場と電場の不規則性にかんして、あらゆることを知っている。われわれが、時速4マイルで動くことにかんして知るべき（わずかな）ことをすべて知っているのと同じ仕方で、メアリは、電場にかんして知るべきことをすべて知っている。ツノザメの電磁気的感覚が正常に機能しているならば、ツノザメは電場のパターンを表象している。電場はここでは正常であり、あそこでは「詰まって」おり、ここことあそこのあいだでは「膨らんで」いる。電場には不規則性があり、その形は記述可能である。われわれは、電場の形状を記述できる。私がいま実際に記述してみせたとおりである。メアリは、電場と、魚、岩、植物が電場をどのように変形させるかにかんして、あらゆることを知っており、電場の正確な絵を描くこともできるだろう。電場にかんして彼女が描く（記述する、表象する、あるいは知る）ものは、ツノザメが電場のなかにいるときに電場について感覚するものである。電場の形を描き、記述し、表象し、知るさいに、メアリは、その種の場を（正しく）感覚するツノザメであるとはいかなることかを描き、記述し、表象し、知るのである。われわれは、四辺を持つとはいかなることかを知っており、したがって、四辺を持つように（現象的に）見えるとはいかなることかを知っている。[20] 同じように、メアリは、電場の形がどのようであるかを知ることによって、この形の電場の経験はいかなるものかを知る。この形の電場の経験はいかなるものかを知るとき、彼女は、経験のこの一つの次元にかんして、この種の経験を持つとはいかなることかを知る。彼女は、ツノザメの経験のこのクオリアを知るのである。その形の電場がツノザメにとってどのように見えるかにかんしては、ほかに知るべきことはない。経験にかんするほとんどいかなる理論においても、青を経験するさいの経験の質には、青色以上のものはない。表象理論においては、たしかにそう考えられる。というのは、青色が、われわれが経験する色であるからである。青経験を他の色の経験と区別するのは、この質である。同様に、タイプTの電場を経験することには、タイプTの電場であること以上のものはない。というのは、Tこそが、この電場の経験を、電場にかんする他の経験と違うものにしているものだからである。Tがこの経験の質である。メアリが、タイプTの電場とは何かを知っているならば、彼女は、このタイプの経験の質について、知るべきことをすべて知っているのである。

ある経験の質が何であるかを知っていても、あるものを自ら経験するときに、その経験を、その質を持つものとして認識できるとはかぎらない。私は、転調とは何かを知るのに十分な程度に音楽理論を知っている。あなたが転調を聞いたことを知れば、この一点にかんして、あなたの経験はいかなるものかを、私は厳密に知ることになる。あなたの経験は転調の質を持っており、私はこの質が何かを知っている。しかし、あなたの経験にかんしてこの事実を知っているにもかかわらず、私自身は、自分で転調を聞いたときに、それを認識する技能や能力を持っていない。ルイス（Lewis 1983）やネミロウ（Nemirow 1980）らが指摘しているように、いかなることかを知ることには能力という意味があるが、転調を聞くとは（事実という意味で）いかなることかを知るには、私はその能力を持っている必要はない。したがって、私が転調とは何かを事実という意味で知っているならば、転調を聞くとはいかなることかを知っていることになる。それはあれのようなものである。ここで「あれ」は、私が転調であることを知っているものを指示している。このことは、私は何かがあれであることを聞き分けられるということを意味しない。これは、あなたの経験が転調の質を持つときにどのような質を持っているかを知るためには、必要とされない能力なのである。メアリにかんしても同じことが言える。ツノザメの経験の質を知るためには、ツノザメが電気的感覚によって同定しているものを、メアリが何らかの感覚様相を介して同定できることは必要ないのである。

　ツノザメは電場を電場として表象するとは言われていないし、ましてや、しかじかの形の電場として表象するとは言われていない。このことを理解しておくのが重要である。この形を持つのはある電場であるという事実は、表象されていることではない。電場にかんして魚が表象するのは、その輪郭や形状である。その形を持つ何らかのものの理論的構成は、別の問題である。われわれが、気体の温度はその気体の分子のエネルギーであると考えるならば、ある気体の温度は78℃であると表象するとき、温度計は、分子は78℃のエネルギーを持つと表象していることになる。しかし、分子が78℃のエネルギーを持つと表象するとき、温度計は、気体を分子構造を持つものとして表象しているわけではないし、ましてや、78℃のエネルギーを持った分子構造を持つものとして表象しているわけではない。温度計は、その分子構造を持つもののエネルギーとして表象しているのではない。生きていくために、ツノザメは電場の形状を知らなければならないが、その形状を持つのが電場であることを知る必要はない。メアリにかんしても同じことが言える。ツノザメが電場をどのように表象しているかを知るために、メアリは、ツノザメは電場がどのような形であると表象しているかを知る必要があるが、あるものを電場として表象するとはいかなることかを知る必要はない。その必要がないのは、ツノザメは電場を電場として表象^{s}していないからである。そうすべき理由があるだろうか。

したがって、ツノザメに識別テストを行うとき、メアリは、ツノザメがどのような電場の変形に敏感であり、どのような変形に「盲目」であるかを決定している。それによって、メアリは、（ツノザメにとって）電場を感覚するとは厳密にいっていかなることかを知る。電場にかんするツノザメの識別能力を図示するとき（ツノザメの電気的感覚は電場の形を知らせる機能を持つと仮定すれば）、メアリは、ツノザメの知覚経験の性格、すなわち、ツノザメの経験が電気的環境をどのように表象するかを決定しているのである。ひとたびこのことが知られれば、ツノザメが電場に気付くことにかんして、知るべきことはほかにはない。そして、メアリがこのことを知ることを妨げるものは、何もないのである。(21)

ツノザメにはできるがメアリにはできないことが一つある。ツノザメがパターンPの電場を経験すると考えてみよう。ツノザメが思考できるならば、（経験される電場を指して）これはパターンPを持つと考えることができるだろう。メアリにはそれができない。いかなる電場に気付くこともないので、メアリは、この形式で表現されうることを何も知らない。メアリが気付く対象（これ）には、パターンPの電場であるものは含まれないからである。メアリは、電場にかんしてあらゆることを知っているので、ツノザメが厳密に言って何を経験しているか、直示的な「これ」によってツノザメが厳密に言って何を指示しているか、ツノザメは電場がどのような形を持つと経験しているかを知っている。それにもかかわらず、メアリ自身は、ツノザメが経験していると知っているものを、ツノザメが経験している仕方で記述することができないのである。しかし、このことはもちろん、ツノザメはメアリが知らない何かを経験していることを知っているが、私だけが、われわれ二人が知っていることを私の鍵がテーブルのうえにあることを知っているということを示してはいない。あなたと私はどちらも、「私の鍵がテーブルのうえにある」という言葉で表現できる。あなたは、テーブルのうえにあると知っているもの（私が知っていることをあなたが知っているものは何か）を指示するために、別の言葉、すなわち「あなたの鍵がテーブルのうえにある」という言葉を用いなければならない。テーブルのうえにあると知っているものをわれわれが同じ仕方で指示できないという事実は、われわれの知っていることには違いがあるということを意味しない。そして、メアリは、電場と、ツノザメが電場を経験するのと同じ仕方で（これとして）電場を指示することを可能にする関係にたつことはできないが、この事実は、ツノザメの経験にはメアリが知らないことがあるということを示すわけではないのである。

青を経験するときに私が経験しているのは、「これが青色である」という言葉によって記述できる何かである。あなたは、私が青を経験していることを知っており、それゆえまさに私が知っていることを知っているかもしれない。しかし、あなたは別の状況におかれているので、自分が知っていることを、私が表現する仕方で表現することはできない。私がいま経験している色の質には、あなたがこれとして指示できるものはない。このことは、あなたは私の経験の質が何であるかを知らないということを示すわけではない。同様に、メアリが電場を経験できないという事実は、彼女は、ツノザメの経験は厳密に言ってどのようであるかを知ることができないということを示すわけではない[22]。

この議論を通じて、私は、表象される確定しうるものにかんしては特別な問題は存在せず、あるシステムがある時点においてその確定しうるもののどの確定された形式を表象しているのかにかんする問題があるだけだと想定してきた。この想定は、ある重要な問題を隠蔽している。その問題は、とりわけ色（および他のいわゆる二次性質）の知覚において人々を困惑させてきた。私の赤の経験は、どのような性質の経験（表象）なのだろうか。それは赤の経験である。その通りである。しかし、これはどのような客観的性質なのだろうか。色クオリアは色経験が表象$_s$する性質にほかならず、経験は表示する機能$_s$を持つ客観的性質を表象$_s$するのだとすれば、色の経験が表示する機能$_s$を持つのは、どのような客観的性質だろうか。（網膜に）入射する光の波長だろうか。光学的配列全体の、さらに全般的な性質だろうか（Land 1977を参照）。あるいは、目に入る光を反射している対象の、なんらかの表面特性（反射特性？）だろうか。色の場合には、視覚システムが反応するもっともらしい客観的性質を見つけ出すことが困難であることから、多くの哲学者は、色にかんする主観主義に向かった

(Hardin 1986 が近年におけるその例である)。主観主義者は、色は客観的性質ではなく、それゆえ、視覚が知らせる機能を持つ客観的性質ではないと考える。理想的条件のもとでさえ、色経験がわれわれに知らせてくれる客観的条件など存在しない。条件におうじて、異なる波長の光が、同じ色経験を引き起こす。それゆえ、色経験は、われわれに波長を「教えて」くれない。緑に見えるためにある表面が持たなければならない特定の反射特性などない。照明におうじて、一連の異なる表面の性質が、同じ色経験を引き起こすからである。この一般的な現象、すなわち広範な（実際のところ無限の）客観的状況の集合が同じ色経験を生じさせうるという事実は、条件等色と呼ばれている。したがって、色視覚の機能が色を表示することであり、色は対象の何らかの客観的性質（たとえば表面反射特性）にほかならないとすれば、人間の色視覚の仕事ぶりはひどいものであるということになるか、あるいは、色は同じ色経験を生じさせる客観的条件の複雑な選言からなるということになる。後者が正しいとすれば、遠位の条件のこのような高度に選言的な集合が存在することを表示するために、（視覚のような）あるシステムが選択されてきたのはなぜか、という問いがわれわれのもとに残されることになる。われわれが赤と呼ぶ多様なすべての対象を一つのクラスにまとめあげるものは、それらがすべて同じ種類の色経験、すなわち赤さの経験を生じさせるという事実だけである、というのが実情なのではないだろうか。しかし、そうだとすれば、赤という質を、経験が表示する（それゆえ表象^{s}する）機能^{s}を持つ何らかの客観的性質によって定義することはできなくなる。というのは、われわれは、経験が表示する機能^{s}を持つ客観的条件（表面反射特性の高度に選言的な集合）を、この客観的条件が生み出す主観的クオリア（赤さの経験）によって特定していることになるからである。

これは複雑な問題であり、数ページで十全に扱うことは期待できない[23]。しかし、ここでもまた、規約的システムとの類比が、この問題にたいする正しい応答を見つけ出す助けになるかもしれない。さきに（第1章第3節で）私は、速度についての情報を提供するために、車軸が回転する割合についての情報を利用する計器、すなわち速度計について述べた。そのような計器は、製造者にとっては、（路面からの車軸の高さを考慮に入れることによって）タイヤサイズを自動的に補正する計器よりも安価である。この計器は安価に製造でき、この計器が取り付けられた車には、通常はすべて標準サイズのタイヤが取り付けられるのであれば、それ以上の出費は必要ない。安いほうのメカニズムは、十分にうまく仕事を果たす。すなわち、それよりも万能で信頼できるがかなり高価な計器ではなく、この計器が選択されることが正当化されるのに十分なくらいに、うまく仕事を果たす。したがって、設計者は、車に取り付けるものとして、安いメカニズムを選択する。いかなる合理的な選択過程においても、（いっそう洗練されたメカニズムよりもむしろ）このメカニズムがその仕事のために選ばれるだろう。このシステムは、仕事を果たすために車軸の回転にかんする情報を利用するが、この計器がその仕事のために選ばれたとすれば、それによって、この計器の表象状態（針位置）は、車軸の回転ではなく速度を表示する体系的機能を持つことになる。

ひとたび車にそのような計器が取り付けられれば、われわれは、速度において条件等色に類似したものを手にすることになる。時速78マイルの表象を生じさせうるさまざまな（実際のところ無限の）異なる速度が存在する。標準タイヤを付けたときの時速78マイル、小型タイヤを付けたときの時速62マイル、大型タイヤを付けたときの時速93マイル等々である。人々が異なるサイズのタイヤを使用し始めれば、この計器は、もはやその機能を果たすこと、すなわち、速度を表示することができなくなる。この計器がある仕事を果たすために選択されてきたのは、ある特定の条件の集合（標準サイズのタイヤ）のもとでその仕事を果たしてきたから、すなわち、速度を表示してきたからである。この計器が他の条件下ではその仕事を果たすことができないという事実は、それが速度を表示する機能sを持たないということを意味しない。この事実が意味するのは、あるシステムの機能sが何であるかを決定するためには、その計器がその機能を果たすために選択されてきた条件を決定しなければならないことがある、ということである。というのは、その計器が何をするように選択されてきたか、それゆえ何をする機能を持つか、それゆえ何を表象するかは、選択が生じたときに存在する特別な（特別であるかもしれない）条件によって決まるからである。

計器の場合、われわれ（設計者と使用者）が、計器の振る舞いを左右する質のうち、計器が表象するのはどの質であるかを決定する。われわれが、その計器に機能を与えるのである。われわれは、それは速度計であるという。われわれは、同じ計器に車軸回転計の仕事を与えることで、車軸回転計にすることもできるだろう。われわれがその計器にそのような仕事を与えるならば、タイヤのサイズはその機能の遂行に無関係であり、表象の正確さには無関係であることになる。しかし、われわれはそうしなかった。われわれが第一に関心を抱いているのは、車の速度であり、車軸の回転ではない（速度を表示するものとしては別だが）。それゆえ、この計器はある仕事、すなわち、車の速度を表示するという仕事を与えられ、それによって、環境に「拘束され」るのである。計器が環境に拘束されるというのは、環境が正しくなければ、最善の働きをしたとしても、そのシステムは自らの仕事を果たすことができないという意味である。車軸回転を表示するものに、車の速度を表示する機能を与えることによって、機能不全なしに誤りうる仕方が増える。マッセン（Matthen 1988）が「正常な誤知覚」と呼ぶものの数が増えるのである。われわれは、条件等色の数や種類、すなわち、同じ表象状態を引き起こしうる異なる客観的条件の数や種類を増やすことになる。したがって、われわれは、あるシステムが最適な働きをしているにもかかわらず「誤る」仕方を増やすことになるのである。そのシステムが表示する機能を持つものを外側に、すなわち、より「遠位の」条件へと拡大すれば、計器を調べることによってその表象状態が何であるかを知ることは、いっそう困難になる。その状態が表示する機能を持つものは、そのシステムが正常に機能しているときにどのような情報を担っているかにますます依存しなくなり、特別な環境におけるその機能の遂行にますます依存することになる。

何人かの著者（Hatfield 1991, 1992；Shepard 1992）が、あるシステムと（本書の表象理解における）その表象的な営みの機能を評価するさいには、実際の歴史的条件が関係してくるという、同じ論点を提示している。ハットフィールド（Hatfield 1992）はつぎのように述べている。色視覚の機能が、たとえば緑の植物を土や岩から識別する能力を増すことにあるとすれば、「緑の植物に、そのシステムには識別不能な、物理的に可能だが現実のものではない（植物ではない）条件等色が存在するとしても、そのことにはいかなる意味もない」。機能にかんする判断は、あるシステムが何をするように設計されたかによる。われわれは、あるシステムがいましていることは、それがするはずのことであると知っているとしても、そのシステムが現在の条件のもとで実際に何を行っているかを見ることによって、そのシステムが何をするように設計されたか、設計によって何をする機能を持つか、何を表象するかをいつでも知ることができるわけではない。そのシステムの機能は、これに加えて、そのシステムが、その機能を果たすように選択されたさいの条件と似た種類の条件のもとで機能を果たしているかどうかにも左右されるのである。さきに記述した速度計が、車の速度を時速62マイルと誤表象するとき、ある意味では、この速度計はまさにするように設計されたこと、まさにするはずのことをしている。この速度計は、組み込まれたアルゴリズムに従って、車がどれだけ速く走っているかを告げるために、車軸の回転にかんする情報を用いている。問題は、計器ではなく、計器が利用される環境にある。その環境は、この計器が仕事を果たすように選択された条件ではないのである[24]。この計器が速度を計算するために用いるアルゴリズムは、それが選択されてきたさいに見られた信頼性を持って適用されない。しかし、正常に機能しているときでも、無限に多様な速度に厳密に同じ仕方で反応するということだけから、この計器は単純な客観的性質（速度）を表示する機能を持たないと推論するのは誤りだろう。この推論の前提は正しいが、このことは、その装置がその無限に多様な条件を単一の仕方で表象していないということを示していないのである。

色視覚にかんしても同じことが言える。このような考え方の論理的な帰結を追求すれば、ヒルベルト（Hilbert 1992, p. 362）の見方に至る。それは、色とは、色視覚が探知する機能を持つ何らかの性質であるという見方である。多くの異なる条件が赤経験を引き起こすという事実は、われわれが赤を経験するときに経験しているものは客観的性質ではないということを示していない。この事実が示しているのは、それがどの性質であるかは、その経験を引き起こすさまざまな条件からはもはや明らかではない、ということにすぎないのである。

5　電場を経験するものであるとはいかなることか

しかし、このことは、ツノザメあるいはコウモリであるとはいかなることかを客観的に決定できるということを、実際に意味しているのだろうか。本当に、事態はこれほど単純でありうるのだろうか。コウモリのソナーシステムがガをそこにいるものとして表象しており、そして私はそこがどこであるか（そして何であるか）を理解しており、それゆえ、コウモリにはガが厳密に言ってどこにいるように見えるかを私が知っているとすれば、私は、コウモリであるとはいかなることかを実際に理解しているのだろうか。

もちろん、事態はそれほど単純ではない。しかしそれは、ツノザメあるいはコウモリであるとはいかなることとかではなく、ツノザメやコウモリがすることのうち一つをする、すなわち電場の形あるいはガの空間的位置を感覚するとはいかなることかを考えてきたからである。たしかに、ツノザメやコウモリが経験するものは、それだけではない。彼らの環境を表象することによって、彼らがすることをすべて知るまでは、われわれは、彼らが世界をどのように経験しているかにかんして、知るべきことをすべて知ることはない。それゆえ、ツノザメあるいはコウモリであるとはいかなることかを知ることはないのである。

別の言い方をすれば、（Sが感覚する）Fを感覚するとはいかなることかを知ることと、（Fを感覚する）Sであるとはいかなることかを知ることのあいだには違いがある。Sであるとはいかなることかを知るためには、（感覚的クオリアにかんして）Sが感覚するすべての性質を知らねばならない。電場の変形を感覚するさいに、ツノザメは厳密に言ってどのような形状的な質を経験するのかを知っていても、ツノザメの現象的世界にはほかに何があるか、環境や電場の（電場の形以外の）どのような他の性質をツノザメが経験しているのかを、メアリーは依然として知らないかもしれない。ツノザメは、電場の空間的配置だけでなく、強度の違いも感覚するのだろうか。ツノザメは、誘導磁場にも敏感なのだろうか。位相関係はどうだろうか。宇宙人が、位置、サイズ、形、方向、すなわち対象を見るさいにわれわれが経験する（そしてわれわれが経験すると宇宙人は知っている）クオリアについて知るべきことをすべて知っているからといって、対象を見るとはいかなることかを知っていると結論づけるのは誤りだろう。宇宙人が色を理解せず、対象を見るさいにわれわれは（色とはじつは対象の反射特性であるとして）対象の反射特性を表象しているということを理解していなければ、対象にかんするわれわれの経験には、宇宙人が理解していない側面がある。宇宙人は、対象を見るとはいかなることかを理解していないのである。

盲人は、運動を視覚的に経験するとはいかなることかを知っているかもしれない。運動とは何かを彼が知っているとすれば、それで十分である。運動の経験は、視覚的であれ、触覚的であれ、身体感覚的であれ、それが何の経験（表象）であるかによって定義される質的性格を持つ。そして、これらの経験がすべて同じ性質についての経験であるならば、この一つの性質にかんしては、それらは主観的に同種の経験である。[25] しかし、動きを視覚的に経験するとはいかなることかを知るさいに、盲人は、対象が動いている対象を視覚的に経験するとはいかなることかを知るとは限らない。というのは、対象が動くのを見ることには、対象の動きを経験すること以外にも多くのこと、非常に多くのことが含まれているからである。われわれは、対象の形、サイズ、色、動きの方向、その他の一連の性質も経験するからである。このような理由から、二つの様相において同じもの（運動）が表象されているにもかかわらず、動きを見ることと感じることは大きく異なっている。空間的性質の場合のように、表象的な営みにおいて諸感覚が重なり合うときでさえ、それらは確定しうる諸性質の異なる範囲を表象しているのである（McGinn 1991, p. 35）。

エイキンズ（Akins 1993, p. 264）は、コウモリのソナー知覚にかんする仮想的な映画（視覚的表象）について記述するさいに、似たような論点を提出している。すなわち、洞窟のなかを飛ぶさいにコウモリが（ソナー装置によって）何を感覚するかを見るとき、われわれは、そのような動きにふさわしい付加的な「随伴感覚」を感じるわけではない。それゆえ、コウモリのソナーが環境をどのように表象するかを知っているとしても（その映画はそのことを教えてくれるかもしれない）、われわれは、コウモリであるとはいかなることかを知っているとはかぎらない。それには、コウモリが自らの環境と自身の内的状態をほかにどのような仕方で表象しているかを知ることが必要だろう。怒ったライオンはどのように見えるかを知っているからといって、私は、怒ったライオンが襲ってくるのを見ているあなたであるとはいかなることかを知っているわけではない。私は、アドレナリンの放出を感じるとはいかなることかも知らなければならないのである。

第4章　意　識

ある人々はがんがあり、それを意識している。他の人々はがんがあるが、それを意識していない。では、二つの形式のがん、すなわち、意識的ながんと無意識的ながんがあるのだろうか。

ある人々は経験を持っていることを意識している。他の人々は経験を持っているが、持っていることを意識していない。では、二種類の経験、すなわち、意識的経験と無意識的経験があるのだろうか。

この点で、経験はがんに似ている。われわれは、経験のうちあるものを持っていることを意識するが、他のものは意識しない。しかし、この違いは経験における違いではない。これは、経験する者における違い、すなわち、自らが持っている経験について何を知っているかにおける違いなのである。

この論点はいたって単純である。それは自明にさえ思われるかもしれない。結局のところ、それは、われわれが気付いているものとそれについてのわれわれの気付きのあいだの、単純明快な区別にほかならない。G・E・ムーア（Moore 1903）は、この区別と、それを無視することがもたらす壊滅的な帰結にかんして、詳細な説明を与えている。[1] それにもかかわらず、意識についての今日の説明においては、気付きの対象と気付きの作用を区別し損なうという現象が広く見られる。本章では、これらの問題のうちいくつかを明確化し、それによって、われわれの心的生活における経験の役割に、さらに十全な像を与えることを試みたい。

1　意識的存在者と意識的状態

石には意識がないが、われわれには意識がある。[2] 多くの動物も同様である。われわれには（端的に）意識があるだけでなく、さまざまな事物、対象（スープの中の虫）、出来事（ホールのなかの騒ぎ）、性質（彼のネクタイの色）、事実（彼が私のあとをつけていること）の意識がある。ローゼンタール（Rosenthal 1990）にしたがって、これらすべてを生物意識と呼ぶことにしよう。この語が適用されるのは、意識を失ったり取り戻したり、事物を意識したり事物がしかじかであると意識したりできる存在者である。

われわれは、生物意識をローゼンタールが状態意識と呼ぶものから区別しなければならない。状態意識という意味において、意識的または意識的でないと言われるのは、（意識のある存在者のあるいはそのなかの）ある特定の心的状態、過程、出来事、態度である。欲求、恐怖、経験を、意識的あるいは意識的でないと記述するとき、われわれは、存在者ではなく、その存在者のなかのある状態、条件、過程に意識を帰属させたり、帰属を否定したりしている。ある生物は、そのなかでさまざまな状態

（過程等々）が生じることによって、何かを意識したり何かがしかじかであると意識したりするが、それらの状態は、生物そのものとは異なり、何かを意識したり、何かがしかじかであると意識したりはしないのである。

議論のために、私は、他動詞として用いられるときには、「意識」と「気付き」を同義語とみなすことにしよう。あるもの（あるいは事実）を意識するとは、それに気付くことである。したがって、「意識的な気付き」や「意識的に気付く」は冗語である。[3] A・ホワイト（White 1964）は、「気付き」と「意識」の日常的な用法のあいだの興味深い違いについて述べている。彼はまた、両者が注意と異なる関係を持つことについても述べている。本章の目的のために私がこれらの表現を同義に用いることで、これらの日常的な区別のなかには、曖昧になってしまうものがあるが、これらのニュアンスを無視しても、本質的な論点は損なわれないと私は考える。

さらに、私は、見ること、聞くこと、嗅ぐこと、味わうこと、感じることは意識の特定の形式、すなわち知覚的形式であると想定する。意識は類であり、見ること、聞くこと、嗅ぐことは種である。したがって、ある人を見ることとは、その人を意識する一つの仕方である。[4] われわれは、その人を感じること、聞くこと、あるいは嗅ぐことによってもその人を意識できる。われわれは、見るもの、嗅ぐもの、聞くものに特別な注意を払わないかもしれないが、あるものを見て、嗅いで、あるいは聞いているならば、しかるべき意味において、あなたはそれを意識しているのである。

「しかるべき意味において」という語は重要である。というのは、われわれは、それがFであることに気付くことなく、それゆえ、自分がFに気付いていることに気付くことなく、Fに気付く（を見るあるいは嗅ぐ）ことができるからである（第1章第3節におけるこの点にかんする議論を参照）。われわれは、それがフレンチホルンであるということに気付かずに、フレンチホルンの音に気付く（を聞く）ことができる。われわれは、それはトロンボーンであると考えるかもしれないし、（仕事に没頭しているため）それにほとんど注意を払わないかもしれない。あとでフレンチホルンを聞いたかどうか訊ねられれば、あなたはおそらく「聞いていない」と答えるだろう。これは間違いである。フレンチホルンに気付いていることに気付いていないことは、フレンチホルンに気付いていないことを意味しないのである。あとでではなく、フレンチホルンを聞いているときにこの質問をされたとしても、あなたは（それがトロンボーンであると考えて）「聞いていない」と答えるかもしれない。これもまた、間違いである。フレンチホルンを聞くことは、フレンチホルンを意識することであり、かならずしも、それがフレンチホルンであることを意識することではない。フレンチホルンを聞き、それゆえそれに気付いているネズミは、自分が何かに気付いていることに気付くことはないし、ましてや、フレンチホルンに気付いていることに気付くことはない。

言葉遣いにかんする準備作業はここまでにしよう。私はこれまで常識的な用法を記述してきただけであることを願っている。この用法をふまえれば、われわれがある対象を意識するとき、その対象の経験はそれ自体意識的であると考えることは、自然なことに思われるかもしれない。すなわち、（対象、出来事、性質、事実のいずれであれ）何かにかんする生物意識は、その生物のうちの何らかの状態が意識的であることを必要とすると考えることは、自然なことに思われるかもしれない。ピアノが演奏されているのをわれわれが聞くとき、したがってピアノ演奏に気付くとき、ピアノ演奏の聴覚経験は、意識的経験でなければならないのである。夢や幻覚において、いかなる物的対象も現実に知覚されていない場合でも、なおある人は、その経験を特徴づけるなんらかの性質、すなわち、色、音、形、動きを意識している。これらの性質にかんする経験は意識的である。同じ理由から、ある女性が、誰かが自分のあとをつけていることに気付く（あるいはたんにそれを恐れる）ならば、誰かが自分のあとをつけているという彼女の信念（恐怖）は、意識的信念（恐怖）である。

　このような推論は「自然」だが、そこには危険がある。危険は、ある状態が意識的であるとはいかなることかにかんして、誤った考えを抱く可能性があることから生じる。多くの人が考えるように、意識的経験とは経験の一種であり、われわれはある意味でそれを意識するのだと考えるならば、われわれは、木やピアノに気付くだけでなく、木やピアノの経験に気付くこともなければ、木を見たりピアノを聞いたりすることはできないという結論を必然的に受け入れることになる。この結論は非常に奇妙なので、軽々しく受け入れることはできない。実際のところ、それは断じて受け入れることのできないものである。たしかに、われわれのなかに（われわれに）ある状態には、それなしでは木やピアノを意識できないものがある。われわれは、これらの状態を経験と呼ぶ。これらの経験によってわれわれは事物（ピアノ、木、フレンチホルン）を意識するので、これらの状態自体が意識的と記述されうる。しかし、ここから、これらの状態は意識的なのだから、われわれは当然それらを意識しているにちがいないと結論づけないように注意しなければならない。そのようなことは帰結しないのである。われわれはしばしば、自分たちがそれらの状態を占めること、すなわち、これを経験しあれを考えていることに気付く。しかし、このことは、われわれがしばしばがんに気付くことが（われわれが気付く）がんを意識的にしないのと同様に、（われわれが気付く）状態を意識的にしないのである。意識的な心的状態、とりわけ経験とは、心的状態の一種だが、われわれは、それを持つことによって意識的となるのであり、それを意識するのではない。それは、われわれを意識的にする状態であり、われわれが意識することによって意識的になる状態ではない。それは、われわれが見たり聞いたり感じたりすることを可能にする状態であり、われわれが見たり聞いたり感じたりする状態ではない。

意識にかんするこのような一般的な図式を擁護するまえに、明らかにすべき点がある。私は、いかなる経験も何らかの対象を意識させるといっているのではない。夢や幻覚のあいだにわれわれが有する経験は、いかなる対象も意識させない。(5) しかし、これらの経験は真正な経験と同様に意識的である。あるいは、意識的でありうる。ミラー（Millar 1991, p. 2）が述べているように、「われわれが何かを知覚しているとき、われわれは、それを知覚していないときにもなりうる状態にある。これほど異論の余地なく思えることはない」。

何も知覚していない、すなわち、いかなる対象も知覚していないとき、経験は、何かを知覚しているときと同じでありうる。したがって、何かを知覚しているときに経験が意識的ならば、何も知覚していないときでもその経験は意識的である。

すでに述べたように、私はこのことを否定しているのではない。ある生物に何かを気付かせる経験について語るとき、私は性質について語ろうとしているのであり、その経験によってその生物が気付く対象（そのようなものがあるとして）について語ろうとしているのではない。夢や幻覚においてわれわれは表象状態を占めるが、その表象状態は、外的対象、すなわち、その状態が表示する機能を持つ種類の対象とは（文脈的関係Cによって）「つながれて」いない。このとき、内的表象は、あるものがピンクでありネズミの形であることを「述べる」あるいは「意味する」が、（われわれが関係Cに立つ）いかなるものもピンクでネズミの形ではない。感覚的表象は、いかなるものもこれらの性質を持たないときに、これを、これらの性質を持つものとして表象$_s$する（この種の誤表象にかんしては第1章第4節を参照）。たしかに、この表象がうちで生じている人は、これらの性質に気付いている。それらは、ピンクのネズミを見ている人が気付いているのとまさに同じ性質（ピンクであること、ネズミの形であること等々）である。しかし、幻覚の場合には、これらの性質を持ついかなる対象も意識していない。[6] 望むならば、幻覚や夢を見ている人はある種の像に気付いていると言うこともできる。そう言えるのは、これらの「像」は、あるものが持つとわれわれが幻覚したり夢見たりしている性質を持つ対象ではない（ましてや心的対象ではない）、とわれわれが理解するかぎりのことである。これらの像とは、何らかの対象が持つと幻覚したり夢見たりする性質の集まりなのである。ある生物にこれらの性質を意識させるものは、ピンクのネズミを実際に見ている人にその性質を意識させるものと同じである。すなわち、何かがピンクでネズミの形であると表象する内的状態である。この表象状態がなければ、夢見る人も知覚者も、自分が経験している性質を経験しないだろう。どちらもピンクのネズミを「見る」ことはないだろう。両者の違いは、両者がどのような性質を経験しているか、すなわち、彼らが気付いている性質、（それゆえ）彼らの経験の質的性格にあるのではなく、どのような対象を経験するかにある。一方は、対象が持つと経験が表象する性質を実際に持っているある対象、すなわちピンクのネズミを見るが、他方は、そのような対象を見ないのである。

一連の講義では、この点を明示的に論じてこなかったが、痛み、くすぐったさ、かゆみ、空腹、のどの渇き、恐れ、さらには意識的と一般的に考えられている他のさまざまな感じと感情にも、同じことが言えるだろう。(7) 痛みは、われわれが意識することによって意識的となる心的出来事ではない。木の視覚経験は無意識的対象（木）の気付きであるのと同様に、痛みは無意識的な身体状態（負傷部位、緊張部位、病気の部位）の気付きである。痛み（のどの渇き、空腹、吐き気等々）を経験するときにわれわれが気付く質は、心的出来事の質ではない。それらは身体の物理的状態の性質であり、それらの物理的状態の気付きが、渇き、飢え、吐き気なのである。ものごとが正常に働いているときには、痛み、くすぐったさ、かゆみと身体の物理的状態（それらはこれらの物理的状態の経験である）との関係は、嗅覚、視覚、聴覚経験と環境の物理的状態の関係と同様である。たしかに、いずれの場合においても経験は意識的である。しかし、それは、われわれがそれらの経験を意識するからではなく、それらの経験が、われわれにしかるべき身体の状態を意識させるからである。痛み（飢え、渇きなど）を感じるときにわれわれが意識するものは、身体状態（痛み）の内的表象ではなく、この表象（痛み）が表象する身体状態である。われわれは、自分が痛んでいることに気付きうるし、たいていはそれに気付くが、痛みは、視覚経験と同様に、対象の気付きであり、われわれが気付いている対象ではないのである。

しかし、さきに述べたように、私にはこの話題を十分に考察するための時間も（自分でも認めるが）材料もない。また、喜び、絶望、恐怖、不安などの感情は、すくなくとも見たところは表象的な要素を持たないように思われるが、これらについて（説得力を持って）述べられることは何もない。それゆえ、この作業は他の人に任せることにしよう。本講義で私が論じたいのは、それよりも限定されたことである。それは、感覚経験、すなわち、（通常は）外的対象に気付かせる種類の内的表象にかんする議論である。これらの経験にかんする議論が完成したときにこそ、内的な事態についての経験に向かい、おそらくはさらに、さきに述べた、ある意味で拡散した（「拡散した」というのは、必ずしも何かに向けられていないからである）感情や感じに向かうことができるだろう。

　第1章で見たように、われわれが有する経験のタイプは、経験される対象によって決定されるのではなく（対象がある必要はない）、あるものが持つと経験が表象する性質によって決定される。表象される性質が同じであれば、ピンクのネズミを知覚している人と知覚していない人は同じ表象状態にあり、したがって同じ知覚的状態にある。（私が主張したように）どちらの状態も意識的だが、それは、それらの状態がうちで生じている生物が、それらの状態を意識しているからではなく（そうであるかもしれないし、そうでないかもしれない）、それらの状態が、生物に何かを意識させるからである。それらの状態は、それらが表象する何らかの性質をわれわれに意識させ、また、その性質を持つ何らかの対象（その表象と関係Cにある）が存在するならば、その対象を意識させるのである。もしそう言いたければ、これが意識の表象理論であると言ってもよい。意識的状態は、自然的表象、経験の場合には表象^{s}であり、思考の場合には表象^{a}である。意識のある生物とは、そのような状態がうちで生じる生物である。これを水平的理論と呼び、これから対比する垂直的理論（高階理論）と区別することにしよう。

2　状態意識にかんする高階理論

デイヴィッド・アームストロング（Armstrong 1980）は、ある例を用いて、意識的経験と無意識的経験の区別を説明する。彼はわれわれに、長距離トラックの運転手を想像するように言う。

とりわけ夜間には、長時間運転したのちに「意識を取り戻し」、しばらくのあいだ、自分がしていたことに気付くことなく運転していたことに気付くことがある。このような意識を取り戻すという経験は、われわれを不安にさせる。意識を取り戻すまえに生じていたことを、そのあいだ意識を欠いていたという言い方で記述するのは自然である。しかし、これまでに意識という語の二つの意味を明らかにしてきたが、それらの意味において、意識が存在していたことは明らかであるように思われる。心的活動は存在していたし、その心的活動の一部として知覚も存在していた。すなわち、最小限の意識と知覚的意識があったのである。このことが疑わしければ、この「無意識」の期間に成功裡になされた活動が、きわめて洗練されたものであることを考えてみるとよい。（p. 59）

「最小限の」意識について語るときにアームストロングが意味しているのは、この運転手は昏睡状態でも眠っていたのでもなかったということである。「知覚的」意識ということで彼が意味しているのは、運転手は他の車、一時停止標識、道路のカーブなどを意識していたということである。これらの対象は、感覚的レベルと（ある適切な仕方で）概念的なレベルの両者において表象されていた。この運転手は他の車、一時停止標識、道路のカーブを見ていただけでなく、それらを車として（少なくとも避けるべきものとして）、一時停止標識として（そうでなければなぜ停車したのだろうか）、道路のカーブとして（そうでなければなぜハンドルを切ったのかを説明できるだろうか）見ていた。しかし、これら二つの形式の意識を持っていたにもかかわらず、この運転手には欠けていた意識の形式がある、とアームストロングは考える。この運転手に欠けていたのは、自らの心の現在の状態や活動に内観的、知覚的に気付くことである。この運転手は、自らの知覚的活動、すなわち、自分が道や一時停止標識やカーブを見ているということに気付いていなかった。したがって、この運転手は、彼よりも注意深い状態にある運転手が持つと考えられる、ある特定のもの（自身の視覚経験）の気付きを欠いていたのである。アームストロングの結論によれば、（運転手が道路について持っている視覚経験のような）心的状態に内観的に気付いていなければ、それ（経験）は、「無意識的という語のある正当な意味において」無意識的である。経験についての高階の気付き（トラック運転手が欠いているもの）は、経験を意識的にする。疲れ切った運転手に欠けていたのは、道路の経験ではなく、道路の意識的な経験なのである。

アームストロングはここで、のちに状態意識の高階理論と呼ばれるようになった理論を提出している[8]。この理論によれば、ある心的状態（過程、態度、活動）が意識的であるのは、それがうちで生じている人（あるいは動物）が、それを（生物）意識するときのみである[9]。われわれがすでに確立した「気付き」の二つの意味におうじて、二種類の高階理論がある。高階思考理論と高階経験理論である。前者によれば、経験（われわれがここで扱っている種類の心的状態）を意識的にするのは、その経験を有する生物が、その経験を（あるいは自らがその経験を持つと）信じる、知る、あるいは何らかの仕方で概念的に表象することである。（低階の）経験を対象（思考の対象）として持つ高階思考（あるいは思考に似た状態）が存在しなければならないのである。高階思考理論によれば、トラック運転手が道路の経験を持っていることに気付いていなければ（すなわち自分がそのような経験を持っていることに気付いていなければ）、その経験は無意識的である。（道路の）感覚的表象を意識的にするのは、その表象についての高階の概念的表象である。デイヴィド・ローゼンタール（Rosenthal 1986, 1990, 1991, 1993b）は、この見方を明確に支持している。

おそらく、[10] アームストロング（Armstrong 1968, 1980）自身は、高階経験理論の支持者と考えた方がよいだろう。もう一人の支持者はライカン（Lycan 1987, 1992）であり、彼はこの理論を、状態意識の「ロック流の内的感覚」理論と呼んでいる。この変種の背景にある発想は、心的状態は、われわれがその高階知覚（それゆえ経験）を持つことによって意識的になる、というものである。われわれは、自らの目、耳、鼻を用いて外的環境を走査するのと同じ仕方で、心的な「感覚器官」によって内的環境、すなわち自らの経験や思考を監視する。道路についての運転手の経験を意識的にするのは、その経験についての何らかの高階の感覚的表象があることだが、この表象は必ずしも概念的ではない。道路の経験を意識的にするものは、道路を経験しているという高階の気付きではなく、低階の経験についての高階の気付きである。われわれは、それが何であるかを知ることなしに焦げているトーストを嗅げる（に気付ける）、すなわち、焦げているトーストの感覚的表象（すなわち経験）を持つことができる。同様に、高階経験理論によれば、われわれはそれが（道路の経験であるのはもちろんのこと）経験であると知るあるいはそう判断することなしに、すなわち道路の経験を道路の経験として概念的に表象することなしに、道路の経験に気付くことができるのである。

私の見るかぎりでは、これが高階経験理論と高階思考理論の唯一の違いである。高階思考理論は、（経験のような）心的状態を意識的にするために、それについての思考や判断という性質を持つ何らかのものを必要とする。これにたいして、高階経験理論はそのようなものを必要としない。このような理由から、高階思考理論の支持者には、動物は意識的経験を持たないと考える人もいる（たとえばCarruthers 1989を見よ）。動物は、経験（たとえば痛み）を持つかもしれないが、経験（痛み）概念を持たない。したがって、動物は、ここで必要とされている、自らがそのような経験を持つという高階思考を持たず、それゆえ、動物の経験は意識的ではありえないのである。これにたいして、高階経験理論において必要とされるのは、むしろ経験との感覚的な（すなわち非概念的な）関係という性格を持つものなので、しかるべき概念的能力を欠くということだけから、生物の意識的経験が否定されることはない。トーストに気付く（すなわちトーストを嗅ぐ）ためには、トーストが焦げていると思考し、判断し、あるいは信じる必要はない。同様に、ある特定の経験に気付くためには（そしてそれゆえその経験が意識的であるためには）、自分がその経験を持っていると思考し、判断し、信じる必要はない。したがって、高階経験理論には、（小さな子供はもちろんのこと）動物が意識的経験や意識的思考を持つ可能性を排除するものはないのである。

高階理論は、ある状態の意識の由来を、その状態についての何らかの高階表象に求める。したがって、このような理論を評価するためには、高階表象は低階の状態をどのように表象すると考えられているのかを理解することが重要である。(11) 道路についてのトラック運転手の経験が意識的であるのは、運転手が何らかの仕方でその経験に気付いているときのみであるとすれば、この経験は、運転手の気付きにおいてどのように表象されていなければならないだろうか。経験は経験として表象されなければならないのだろうか。表象として表象されなければならないのだろうか。あるいは、脳状態として表象されれば十分なのだろうか。高階理論の支持者は、典型的には唯物論者である。彼らは、個々の経験は脳あるいは神経系の状態トークンにほかならないと考える。それゆえ、道路についてのトラック運転手の経験は、彼の脳の物的状態である。では、この脳状態を意識的にするためには、運転手が（神経外科手術と鏡の助けを得て）しかるべき脳状態を見て、彼自身の経験を（非推論的な仕方で）意識すれば十分だろうか。トラック運転手が、このような仕方で、すなわち道路を意識するのと同じ仕方で、自らの道路についての経験をうわのそらで意識するならば、このことは、道路についての経験を意識的にするだろうか。

内的事態を走査する（あるいは監視するなど各自が好きな言葉を用いてよい）ことによって気付くことができるのは、神経系の活動である。結局のところ、そこにあるものはそれだけだからである。脳のなかにあるのは表象の媒体であり、内容、すなわちこれらの媒体を思考や経験にする事実ではない。思考あるいは経験そのものを見たり聞いたり嗅いだり味わったりすることによって、思考あるいは経験を思考や経験として表象することはできない、すなわち、メタ表象を形成することはできない。（どのような様相におけるものにせよ）経験についてのその種の経験がもたらすのは、脳のある部分や脳のうちにある過程の感覚的表象にすぎない。それは、経験、すなわち脳のある部分や過程を、経験として表象するわけではないのである。

高階経験理論は推論の誤りを犯しているように思われる。この理論は、心的表象（表象媒体）は頭のなかにあるのだから、心はそこにあり、それゆえ、うちを見ること、内側にあるものを経験することによって、われわれは自分が思考し経験していること（そして自分が思考し経験するもの）に気付くことができるのだと考えている。これは、語（意味を持つ記号）は本のなかにあるのだから、意味もそこにあると推論するのと同様の誤りである。暗号化された文書の意味を解読するさいに高解像度のカメラが役に立たないのと同様に、心的現象において内的スキャナは役に立たない。意味を持つ記号を経験する（すなわち見る、触れる等々）ことは、その意味（あるいはそれらが意味を持つという事実）を表象する方法ではない。そうだとすれば、意味を持つ脳状態を経験すること、すなわち、思考や経験に気付くことが、どうしてそれらを心的なものあるいは意味を持つものとして表象する方法でありえようか。しかし、そうでないとすれば、高階経験理論が考えているように、低階の経験についての高階の経験が低階の経験を意識的にするなどと、どうして考えられるだろうか。トラック運転手が自らの脳内の過程に気付くことが[12]、その過程を意識的思考にすることなど、どうしてありうるだろうか。私がその過程に気付くことは、そのような効果を持たない。なぜ彼の気付きはそのような効果を持つというのだろうか。

状態意識にかんする高階思考理論は、高階の気付きによって意識的となりうる心的状態にたいして、何らかの疑似知覚的な感覚的関係が成り立つとは主張しない。それゆえ、高階思考理論は、高階経験理論のような誤りを犯すことはない。高階思考理論は、経験についての感覚的な気付きではなく、概念的な気づき、すなわち、それは経験（おそらくはしかじかの種の経験）であるという何らかの思考または判断を必要とする。われわれは、ある経験に気付くことなく、その経験を経験として概念的に表象することができる（第2章における置換知覚についての議論を参照）。それゆえ、意識的状態についての高階思考理論によれば、経験が意識的であるためには、われわれはそれに気付く（すなわちそれを感覚する）必要はない。必要なのは、自分がそれを有していることに気付くことだけである。そしてわれわれは、ある特定の状態そのものに気付くことなく、すなわちそれを感覚することなく、自分がその状態にあることに気付くことができる。おそらく、たいていの人はこのようにして、つまりがんを知覚することによってではなく、がんであることを教えてくれる何か別のもの（X線写真？医療報告？）を知覚することによって、自分ががんであることを知る。このような可能性を考慮すれば、高階思考理論には、高階経験理論にないもっともらしさがある。

しかし、高階思考理論には二つの反論があり、私には、それらは決定的であるように思われる。第一に、発達研究が示すように、子供は三歳ごろになってはじめて（世界を表象する仕方であり、正しいこともそうでないこともある仕方としての）思考や経験の概念を持ち始める（Perner 1991；Flavell 1988；Wellman 1990）。もちろん、心の表象理論によれば、表象概念を理解し始めるのとほぼ同時に子供が心を理解し始める（Perner 1991, pp. 82, 189を参照）のは、偶然ではない。発達にかんするこれらの事実をふまえれば、三歳以前の子供は、自らを、事物を経験するものあるいは信じるものとして概念的に表象することはできない。それゆえ、そのような早い年齢で、いかにして子供がしかるべき種類の高階思考を持ちうるのかは理解しがたいことになる。経験の概念や思考の概念を欠いているとすれば、事物がFに見えるためには実際にFである必要はないという意味において、小さい子供は、いかにして事物がFに見えるという高階の思考を持ちうるだろうか。低階の思考や経験にかんする高階の信念を持つことができなければ、彼らの思考や経験のいずれも意識的でないと結論づけなければならないのだろうか。たしかに、彼らは自分たちが経験を持つことを意識していないかもしれない。しかし、問題になっているのはそのことではない。問題になっているのは、二歳児は六歳児が知っていることを知っているかどうかではなく、この事実の結果として、二歳児と六歳児の経験は根本的に異なっているかどうか、すなわち、一方は意識的であり他方は無意識的であるかどうかである。これが高階思考理論からの帰結であるとすれば、私には、これは背理法にきわめて近いものに思われる（われわれが、彼らの経験は根本的に異なるわけではないという強い直観を持つだけでなく、そのことを実際に知っていれば、これは背理法であるということになるだろう）。年上の遊び仲間と同様に、二歳児は外的な出来事や対象を知覚的に意識しているのだとすれば、いいかえれば、（高階思考理論も認めるように）彼らが同じ事物を見たり聞いたり嗅いだりしているのならば、自分は事物を見たり嗅いだり聞いたりしているという事実を子供が知らないことによって、なぜそれらの事物についての子供の経験が無意識的になるのだろうか。二歳児は自分の経験や思考についてあまり知らないのだから、彼らの経験はわれわれの経験とは異なっている、と主張することの眼目は、どこにあるのだろうか。なぜ、私がさきほど述べたように、つぎのように言わないのだろうか。すなわち、二歳児は世界にかんする自らの経験について多くを知らないが、（低い視力、耳が聞こえないこと、怪我などの）他の欠陥がなければ、彼らの経験はわれわれのものとほとんど同じである、と。われわれは、彼らの病気にかんしてはこのように言うだろう。では、なぜ経験にかんしても同じように言わないのだろうか。他の場合には、SのXについての気づきと、Sが気付いているXを区別しているのに、なぜここでは区別しないのだろうか。

動物にかんしても同様に論じられるべきである。高階思考理論によれば、動物は経験概念を持たず、それゆえ、自らが経験を持つことを知ったり信じたりしないので、動物の経験は、われわれの経験と何らかの仕方で違っている。このように考えるべき理由を、私は見出せない。もちろん、動物の経験はわれわれの経験とは異なっているかもしれない（おそらく違っているだろう）。しかし、動物が経験概念を持たないという事実が、その理由ではないことは確かである。犬は、それはかゆみであるとか、かゆみはいらいらさせるものであるといった、（高階思考理論において）経験を意識的にするためにその経験について考えるべきことを考えるために必要な、何らかの概念的道具立てを欠いている。だからといって、犬が体を掻くとき、われわれは、そのかゆみは意識的ではなく、その犬の経験はわれわれの経験とまったく異なっていると考えるべきだろうか。

もちろん、ローゼンタールはこういった難点を自覚しており、私がこれまで論じてきたことに再反論して、必要とされる高階思考は、概念的に高度に洗練されたものである必要はない、と示唆している。たとえば、Rosenthal 1991a において、彼はつぎのように述べている。低階の経験を意識的にするためには、高階思考はそれを「指示」するだけでよい。そして、（思考を持つ）人がその経験は何であるかを理解することなしに、思考は経験を「指示」できる。彼の示唆によれば、この非概念的な指示は、われわれが、視野のうちにある対象を、それが何であるか知らずに指示できるのと同じ仕方で生じる。「……同様に、しかるべき感覚野における位置によって、思考は感覚状態を指示できる」(pp. 32-33)。彼はつぎのように続ける。「意識において識別される感覚的な詳細さは、われわれの概念的資源をいとも簡単に上回ってしまう。それにもかかわらず、いかにして高階思考が感覚状態についてのものでありうるかは、このようなことによって説明されると考えられる」(p. 33)。

しかし、この議論はうまくいかない。このような説明は、ほとんどあからさまに高階思考と高階経験を融合したものである。私は、ある対象が何であるかを知ることなく、それを（私の左、あの木のとなりに）見ることができる。もしこれが、経験を経験として表象することなしに思考が経験についてのものでありうる仕方を理解するために、われわれが用いるべきモデルであるとすれば、われわれとわれわれ自身の経験の関係は、われわれとわれわれが見たり聞いたりする対象の関係と似たようなものになる。経験（および意識的となる他のすべての低階の心的状態）は、それが属している「しかるべき感覚野」のなかに存在するものとして見られなければならない。しかし、これはある状態を意識的にするものにかんする「内的感覚」理論である。われわれは、部屋一杯の人を、それぞれが誰であるかを（彼らが人であるということさえ）知ることなしに視覚的に走査できる。これと同じ仕方で、経験が何であるかを知ることなしに経験を走査し、それらに「気付く」ことのできる、内なる目を想像するように言われているのである。

高階思考理論にたいする第二の反論は、ローゼンタール自身も認めるように（さきの引用参照）、「意識において識別される感覚的な詳細さは、われわれの概念的資源をいとも簡単に上回ってしまう」

という事実に関係する。あるいは、私の好きな言い方をすれば、経験のあいだの意識的違いには、経験主体が意識しないものが存在するということに関係する。すなわち、状態意識の違いには、生物意識には対応する違いがないものが存在するのである。私は、八個の対象（すべてが完全に視野のうちにあり、すべてが見られている）の意識的経験は、七個の対象の意識的経験と異なると認めなければならないと考える。われわれがこのことを認めるのであれば、意識的経験には、ある人が知らないかもしれない違い、すなわちその人が意識していないかもしれない違いが存在すると認めることになる。言いかえれば、状態意識の違いには、生物意識において対応する違いが存在しないものがあると認めることになる。「八」と「七」という数字はいくぶん恣意的なものである。私がこれらの数を選んだのは、同時に見ることができる対象の数だが、それについては誤りを犯しうるし、実際に犯すことがあるとわれわれみなが考える数を代表させるためである。われわれは七枚のカード、七本の木、七人の人を見て、そこには八つのものがあると考える。次に、八つのものを見て、八つのものがあると考える。考えることに違いはないが、見るものには違いがあり、したがって、カードや木や人の意識的経験には違いがある。そうだとすれば、経験における意識的な違いを、経験についての高階の思考におけ る違いのなかに見出すことはできない。このタイプの議論は、Dretske 1993c, 1994 でさらにくわしく展開されている。

ダニエル・デネット（Dennett 1991）は、複数性、豊かさ、（そういいたければ）八＝性が、世界についての私の思考のなかにないとすれば、それらは世界についての私の経験のなかには存在しないと主張する。私の判断が異ならないかぎり、私の意識的経験は異なりえないというのである。

> 自己意識が高まり、自らの意識的経験のまばゆいほどの豊かさに驚かされるときに、われわれが驚かされる豊かさとは、実際には、われわれを魅惑する詳細さをそなえた外界の豊かさである。外界の豊かさは、われわれの意識的な心に「入り込む」ことはない。それは、たんに利用可能となっているだけである。(p. 408)(邦訳四八二―四八三頁)

一つの対象でも意識的な心に「入り込む」ことができると認めるつもりがある人にとっては、この主張は誤りであるように思われる。われわれを魅惑する世界の詳細は、私が目を閉じたときに存在しなくなるわけではない。この魅惑的な詳細にかんする私の経験は、私が目を閉じたときに存在しなくなる。したがって、魅惑的な詳細は、世界「のなか」だけにあるのではない。それは、世界についての私の経験「のなか」にも存在するのである。私は、この魅惑的な詳細を、あるいはその多くを実際に経験している。しかし、私が経験している詳細は、世界にかんする私の判断に(あるいは自分の経験にかんして判断を下す場合その判断に)つねに反映されるわけではない。したがって、私の判断は、世界にかんする私の意識的経験をつねに追跡しているわけではない。もしかしたら、追跡することなどないのかもしれない。そうだとすれば、いかにして、経験の意識は経験にかんする高階思考にほかならないと考えることができるだろうか。

　たしかに、高階思考理論の直観を支持するように見える仕方で、経験が意識的になると言うことがふさわしいように思われる状況もある。われわれが仕事に没頭しているときには、時計の鐘や近所の公園にいる子どもたちの声が「聞こえ」ないかもしれない。われわれが好んで言うように、われわれは、突然にそのことに気付く。実際にそれを聞いていることに（ずっと）気付かずにそれを聞いていたことに気付きさえするかもしれない。われわれは、鐘の音のいくつかは数え始めるまえにすでに鳴っていた（そしてもはや聞こえない）にもかかわらず、鐘の音の総数を数えられることさえある。（アームストロングのトラック運転手の例とともに）これを、注意深くなる時点までは無意識であった経験の事例として記述したくなる誘惑がある。その経験は、その後に意識的になったのである。その経験がなぜ意識的になったかの説明として、自分がその経験を有していることを意識するようになったという説明よりも、よい説明があるだろうか。

あるいは、何年も会っていなかった旧友と話しているとしよう。彼は口ひげを生やした（あるいは新しい眼鏡をかけた等々）が、私は口ひげが加わったことに気付かない。あとでわれわれが交わした会話について考えるときに、私は口ひげを見たことを思い出す。すなわち、そのときには見ていることに気付かなかった何かを見ていたことを思い出すのである。私は、ある特定の種類の経験、口ひげ経験とでも呼ぶべき経験を持っていたことに気付くが、それを持っていたときには、それを持っていることには気付いていなかったのである。これらの経験は、私がそれらを有していたときには無意識的だったのではないか。そうだとすれば、この事実は、これらの経験を有しているときに私はそれらを有していることに気付いていなかったという事実によって説明されるべきではないのか。

たしかに、このような現象はありふれており、私はそういった現象が生じることを否定しようとは思わない。われわれは、ある経験が生じているときにはそれを有していることを意識しないが、そのことをのちに意識することがある。われわれが有する経験には、有していることを決して意識することがないものさえある。[13] 動物や小さな子供の経験は、そのようなものにちがいない。しかしこれは、それらの経験そのものがわれわれの知っている経験と異なると考えるべき理由にはならない。私はときどき、ポケットのなかにあることに気付いていなかったコイン（ネクタイのシミ等々）を意識する。コイン（シミ）は依然として同じものである。違うのは私である。私は、以前には知らなかった何かを知っているのである。われわれは、われわれ、すなわち知る者における違いを、われわれが知る対象に投射してはならない。心的事態の場合には、混同の可能性がいっそう高まるので、このことにとくに気をつける必要がある。Xの意識をわれわれが意識するXと注意深く区別しなければ、生物無意識、すなわち、ある人がXを意識していないという事実が、状態無意識、すなわちXそのものが無意識的であるという事実と容易に混同されてしまう。時計の鐘を聞くこと、一連の出来事の聴覚経験を持つことは、自分が時計の鐘を聞いていること、しかじかのタイプの聴覚経験を有していることを知ることや、そのことに気付くことを必要としない。ネズミは時計の鐘を聞くことができるが、自分が時計の鐘を聞いていることには気付いていないし、実際のところ、そもそも何かを聞いていることには気付いていない（わたしはここで、ネズミは聞くという概念を持たないと想定している）。しかし、ネズミもわれわれと同様に鐘を意識しているのである。われわれが「目覚め」て、自分は長いあいだ何かを見たり聞いたりしていたと気付いた（ネズミは決して「目覚め」てこれに気付くことがない）あとで生じることは、生物意識における変化であり、状態意識における変化ではない。われわれのいかなる状態も、無意識的状態から意識的状態に変化しない。われわれが、以前は意識していなかったある特定の経験を意識するようになる（自分がそれらを有していることを意識するようになるという意味で）

のである。生物意識におけるこのような変化、すなわち、われわれが何を意識するかにおける変化は、状態の変化（以前に有していなかった信念の獲得）を含むが、われわれが意識する状態における何らかの変化を含むとはかぎらないのである。

八個の対象の経験と七個の対象の経験は、異なる意識的経験である。しかしそれは、両者が異なることにわれわれが気付いているからではなく、これらの経験が、異なるもの、すなわち、一方では八個の対象、他方では七個の対象に気付かせる経験だからである。鐘が鳴っていること（あるいは自分がそれを聞いていること）に気付くことなしに鐘を聞くことには、意識的な聴覚経験が含まれる。なぜならば、この経験によって、ある人（それらの経験がうちで生じている人）は鐘に気付くからである。その人は鐘に気付くのであって、それらが鐘であることや、自分が鐘を聞いていることに気付くのではないということに注意しなければならない。事物の意識的経験を持つためには、高階思考は必要ない。必要なのは事物の経験だけである。意識的状態とは、われわれに事物を意識させるものなのである。

3　意識の機能

ここで提案された仕方で意識について考えることには、利点が一つある。それは、意識の機能あるいは目的にかんするいくつかの問いにたいして、この考え方は、説得的で自然な答を与えてくれるということである。[14] 心的状態や心的過程のうち、あるものは意識的であり、他のものは意識的でないとすれば、われわれは、ラッグ（Rugg 1992, p. 275）とともに、意識的なものは無意識的なものよりも有用なのだろうかと問うことができる。意識的な状態や過程を持つことの眼目、その生物学的な利点とは何だろうか。意識的な状態や過程は、無意識的なものと、何らかのしかるべき仕方で異なっていなければならない。そうでなければ、デイヴィーズとハンフリーズ（Davies and Humphreys 1993, pp. 4-5）が結論づけているように、意識にとっては気の毒なことになる。「心理学理論はこの話題にかかわる必要はない」ことになるからである。

状態意識にかんする高階理論は、意識の機能にかんする問いを解答困難にしてしまう。あるいは、もっとひどいことに、その解答を明白なものにしてしまう。機能などない、というのがその解答である。E（何らかの経験）を意識的にするものは、S（その経験がうちで生じている人）が何らかの仕方でEに気付いているという事実だとすれば、（Sの因果的な力とは対照的に）Eの因果的な力は、それが意識的であるという事実には影響されないことになる。（私の因果的な力と対照的に）岩の因果的な力は、私が岩を観察しているという事実や、私が岩についての思考を持っているという事実によって変化したり増したりすることはない。思考や経験の因果的な力にかんしては事情が異なる、と考える理由などあるだろうか。心的状態や心的過程の意識とは、それらについての高階経験あるいは高階思考であるということになれば、意識は随伴現象的になる。[15] 心的状態や心的過程の役割が厳密に言って何であるとわれわれが考えるにせよ、無意識的であるとしても、それらはその役割を同じくらい効果的に果たすことができるだろう。意識の高階理論によれば、心的現象における意識的状態の機能について問うことは、医学において意識的な病気、すなわち、われわれが知っている病気の機能とは何かを問うようなものだ、ということになるだろう。

しかし、ある心的状態の所有者がその心的状態を意識することによってではなく、ある心的状態が所有者に他の何か、すなわち、その状態が表象する何らかのものを意識させることによって、その状態が意識的になるのだとすれば、意識的状態や過程の価値は、それが所有者に意識させるものにあることになる。そして、このように考えた場合、意識の生物学的機能にかんする問いにたいする答は、明白であるように思われるだろう。動物が、環境にある対象を見たり聞いたり嗅いだり味わったりできなければ（すなわち、あらゆる種の意識を欠いていれば）、食料や配偶者を見つけたり、捕食者を避けたり、巣を作ったり、網を紡いだり、障害物を避けたりすることなど、さらに一般的な言い方をすれば、生存し子孫を増やすためにしなければならない無数のことをすることなど、どのようにしてできるだろうか。敵に気付いている動物、すなわち、敵がどこにおり何をしているかに気付いている動物と、気付いていない動物を競争させてみよう。結果は明らかである。気付いている動物が圧勝するだろう。もちろん、それが、動物が意識的である理由なのである。本書で論じている理論によれば、意識的状態を取り去れば、知覚を取り去ることになる。そして、知覚を取り去ってしまえば、あとに残るのは植物なのである。(16)

このような議論は拙速だ、という声があがるかもしれない。問題は、知覚の進化的な利点ではなく、感覚知覚、すなわち経験の進化的利点とは何かである（あるいは、そう考える人がいるかもしれない）。結局のところ、捕食者を避けて配偶者を発見するという仕事において重要であるのは、飢えたライオンを見る（飢えたライオンを感覚的に表象する）ことではなく、それが飢えたライオンであることを知る（見る）こと、それがどこにおり、どこに向かっているかを知る（見る）ことである。すなわち、飢えたライオンを、行動に関連する何らかの仕方で（飢えたライオンとして、危険なものとして、こちらに向かってくるものとして等々）概念的に表象することである（と考える人がいるかもしれない）。飢えたライオンを見て、それを黄褐色の対象あるいは大きな毛むくじゃらの猫として表象すること（二歳児がするかもしれないこと）は、ライオンの晩ご飯になりかねない人には、あまり役に立たない。生存競争において重要なのは、何を見ているかではなく、見ているものについて何を知っているかである。毒キノコを見たり嗅いだりすることは、それが有毒であることを見たり嗅いだり（それゆえ知ることが）できない人にとっては、何の助けにもならない。生殖というゲームにおいて重要なのは、自分を受け入れてくれる仲間のたんなる感覚知覚ではなく、ある動物が、他の動物を自分を受け入れてくれる仲間として表象することである。長い経験からだれもが知っているように、性的な活動に同意している（あるいは場合によっては同意していない）異性のメンバーを見ることは、特別な芸当ではない。特別な芸当であるのは、どれがどれかを見分けること、すなわち、同意しているものは同意していると、そうでないものはそうでないと知ることである。性的な競争において、ある者を際立った存在にするのは、この技能であり、これは認知的な技能である。経験が、知覚される対象について誤った信念をつねに（あるいはしばしば）生み出すとすれば、よい視力、識別力の高い耳、敏感な鼻は競争において助けにならない。重要なのは結論、すなわち信念や知識であり、通常そのような知識を生み出す経験ではない。そうだとすれば、なぜわれわれは経験を持っているのだろうか。なぜわれわれは、行動に関連する諸対象についての事実、（たとえば）目の前にライオンがいること、そのライオンはわれわれに向かって来ていることなどだけでなく、対象とその性質、たとえばライオンやその色、形、位置、動きを意識するのだろうか。なぜ、われわれはみな、各感覚様相において盲視患者のような存在ではないのだろうか。すなわち、周囲の対象を経験する（見る）ことなしに、（それらの対象にたいする統計的に有意な振る舞いによって示されるように）適切な行為を決定するために必要な情報を得る（ように見える）ことがないのだろうか。[17] 適切な行為を決定するために必要な情報を、経験なしに手に入れることができる人がいるとすれば、[18] なぜわれわれは同じことができないのだろうか。波長の識別とは、色を知覚できる人々においてのみ通常見出される種類の識別だが、人々が色経験なしに波長を識別できるとするならば（Stoerig and Cowey 1992）、なぜ誰もがそうしないのだろうか。経験なしに同じ仕事（適切な行為を決定するために必要な情報の処理）を達成できるとすれば、認知における経験の用途とは何だろうか。

これらはもっともな問いである。そして、これらの問いには、哲学的な解答ではなく科学的な解答がふさわしい。しかし、すくなくとも大筋では、解答は明らかなように見えるだろう。意識がなければできないことが多くある。一例を挙げれば、意識していない世界の部分にかんしては、意図的行為を開始できない（Marcel 1988）。ハンフリー（Humphrey 1970, 1972, 1974）は、（七年間も！）ヘレンという一匹のサルを研究した。視覚皮質全体が外科的に切除されたことによって、ヘレンの正常な視覚能力は破壊されていた。当初、ヘレンはものを見ることすらあきらめたが、ある種の視覚能力を取り戻した。

> のちの数年間で著しく改善されたので、最終的には、彼女は、部屋一杯の障害物を巧みに避けて動き回り、床に落ちている小さな果実を拾い上げることができた。彼女は、通り過ぎるハエに手を伸ばし、捕まえることさえできた。彼女の三次元空間視覚と、大きさや明るさの異なる対象の識別は、ほとんど完璧になった。(Humphrey 1992, p. 88)

それにもかかわらず、六ヶ月経ったあとも、彼女は、もっとも身近な事物(たとえば一本のニンジン)さえ同定することができないままだった。彼女の形や色を認識する能力は回復しなかったのである。一九七七年にハンフリー (Humphrey 1992, p. 89) がヘレンについて記述しているように、

> ヘレンは、われわれ、すなわちあなたや私が視覚感覚と呼ぶものを取り戻すことはなかった。ヘレンには、環境にかんする情報を得るために自分の目を用いることができることが結局わからなかったのだと、私は示唆しているのではない。彼女は賢いサルである。訓練が進むにつれて、自分はどこかから「視覚的」情報を拾い上げており、そして自分の目はそれに関係しているのだと、彼女が徐々に考えるようになったことは、疑う余地がない。私が示唆したいのは、視覚的情報を得るために自分の目を用いることができることに気付いたとしても、ヘレンは、その情報がどのように彼女にもたらされるかを、もはや知ってはいなかったということである。目のまえに果実があれば、ヘレンは自分がその位置を知っていることに気付くだろうが、視覚的感覚がないので、それをそこにあるものとして見ることはないのである。……目を通じて彼女が得る情報は、「純粋な知覚的知識」

であり、その知識のいかなる実質的な証拠にも、視覚的感覚という形では気付いていないのである。

……

ハンフリーに従って、われわれも、ヘレンはある対象がどこにあるかを見てとる（それをそこにあるものとして概念的に表象する）ことは依然としてできるが、その対象がそこにあるのを見ることはできないのだ、すなわち、その（視覚的）経験を持たないのだと考えることにすれば、経験の機能とは何かにかんする（すくなくとも）示唆が得られる。経験の機能とは、対象の同定と再認を助けることである。Sから感覚を取り除いても、Sは、ものがどこにあるか依然として知ることができるかもしれないが、それが何かを知ることはできないだろう。すくなくとも、ヘレンにはそれができなかった。これが、経験の目的、なぜ（人間を含む）動物は知覚において諸対象やそれらの諸性質を意識するのかにかんする、もっともな経験的推測である。あるいは、もっともな経験的推測であるかもしれないものである。

これらの乖離現象は注目を集めたが、それらに苦しむ人々がつねに「深刻な障害を持つ」（Weiskrantz 1991, p.8）ことは明らかである。ヘレンと異なり、人間の患者の場合には、サルと多少なりとも同じ程度まで視覚が回復することは決してない。人間の患者は、さまざまなことをやれる「はず」であるよりもはるかにうまくやることができるが、それでも、とてもうまくやれるわけではない（Humphrey 1992, p. 89）。盲視の被験者は、選択を強制される状況では、街灯があるかないかを推測することができるが、街灯にぶつかることは避けられない。さらに、「これらの被験者は、反応できる対象の他のあり方を思考したり、想像したりする能力や、空間内や時間内でそれらを相互に関係づける能力を欠く。これらの障害は大きな害をもたらしうる」(Weiskrantz 1991, p. 8)。これが事実だとすれば、感覚経験の機能、すくなくとも一つの機能にかんしては、真の経験的な問題と言いうるものなど存在しないように思われる。感覚経験の機能、すなわち、動物が諸対象やそれらの諸性質を意識する理由とは、感覚経験を持たないものにはできないあらゆることを可能にすることである。実際のところ、きわめて多くのことが可能になる。われわれが、経験を持つ人にはできるが経験を持たない人にはできないことが数多くあると想定するならば(これらの研究からは、そのように想定するのはもっともであると思われる)、それこそが、経験の機能とは何かという問いにたいする、申し分のない解答である。そのような理由から、われわれや他の多くの動物は、事物を意識するのである。意識がなくても、何か他のものによって同じことができるかもしれないが、このことは、経験は機能を持たないことを示すわけではない。このことが示すのは、猫の皮をはぐ方法は一つではない、すなわち、ある仕事を果たす方法は一つではないということにすぎない。このことは、その仕事を果たすあるメカニズムがその仕事をする機能を持たないことを示すわけではないのである。

この話の教訓は、意識の生物学的機能を探求するときわれわれが探し求めるべきものは、生物意識の生物学的機能だということである。意識的状態とは、われわれを意識的にする状態にほかならないのだから、動物が周囲で生じていることに気付くことに生物学的な目的、なんらかの競争上の利点があるとすれば、状態意識にも何らかの生物学的な目的があるということになる。それはすなわち、生物意識の目的と同じ目的である。意識的状態の機能とは、生物に、何であれ生存し繁殖するために意識する必要のあることを意識させることである。見ること、嗅ぐこと、聞くことの利点にかんして問題が存在しないとすれば、意識的状態や過程の機能にかんしても、問題は存在しないのである。

第5章　外在主義と付随性

ジャン・ニコ講義（第1章から第4章）は、ジョニー・マーサーが作詞した歌にあるように、肯定的な側面を強調するためのものだった。今度は、否定的な側面を消し去る番である。

一連の講義における私の戦略は、志向性、自己知、主観性、クオリア逆転の可能性、感覚と認知の区別といった、ともすれば人を困惑させるさまざまな現象に、心にかんする自然主義的な理論がどのようにして満足な説明を与えるかを示し、それによって、心にかんする自然主義的な理論、とりわけ経験の自然主義的な説明を推し進めるというものだった。しかし、偽であることが知られている理論は、何も説明しない。そして、表象理論は偽である、すなわち、思考について
の表象理論は偽ではないとしても、経験についての表象理論は確実に偽であることがわかっている、という噂が行き交っている。この理論は、われわれの心的生活の質的側面にかんする正しい説明ではありえないというのである。もちろん、これが事実だとすれば、この理論は何も説明しないことになる。これまでの四つの

章は、空虚な試みとなってしまうのである。いまや、この噂に立ち向かい、可能ならば、それを打ち消すときである。

表象理論は不適切ではないかという疑いの多くは、感覚についての外在主義的理論は不適切ではないかという、さらに一般的な疑いから生じている。経験の質、経験主体には事物がどのように見えるか、その経験主体であるとはいかなることかは、内的出来事が外的事態に関係付けられる（関係付けられていた）仕方には還元できないという主張を、私はくりかえし目にしてきた。(1) 思考と同様に、経験は頭のなかにあるが、それだけではなく、ある思考をそのような思考にするものとは異なり、ある経験をそのような経験にするものも、そこにあるというのである。

私は、このような反論の一つを第2章で扱った。経験が関係的性質（その経験が表示する体系的機能を持つもの、すなわち、その経験が表象$_s$するもの）によって同定され、個別化されるという事実は、経験を有している人が、自分がどのような種類の経験を有しているかを知ることの妨げとならない。あなたの心のなかで生じていることがあなたの頭のなかにないとしても、あなたの心のなかで何が生じているか、あなたがどのような感覚を経験しているかを知るには、あなたは私よりよい位置を占めているのである。

しかし、これは外在主義にたいする反論、すなわち、現在論じているタイプの表象的説明にたいする反論の一つにすぎない。この種の問題を扱うことができることを示すのが、この最終章の課題である。ときおり私は、心についてのもっともらしい理論はすべて同じ問題を抱えており、それゆえ、これらの問題は私の問題ではないのだ、と言いたくなる。しかし、そう言うだけでは十分でない。私の考えによれば、心についてのもっともらしい理論は本質的に外在主義的なものだけなので、いま述べたことは真かもしれない。しかし、これはたいした弁明にはならない。批判者はすかさず、そのように考えれば、心についてのもっともらしい理論はすべて偽であると認めることになる、と指摘するだろうからである。

1　見えと付随性

表象主義テーゼは心についての外在主義的理論である。このテーゼによれば、心的事実は表象的事実にほかならず、表象は頭のなかにあるが、それらを表象にする事実は頭のそとにあり、それゆえ、それらを心的なものにする事実も頭のそとにある。脳状態が経験であるのは、脳状態が世界をある特定の仕方で表象するときのみであり、ある状態が世界をそのような仕方で表象するのは、その状態がしかるべき情報運搬機能を持つときのみである。これが私の主張であった。（体系的であれ獲得されたものであれ）機能は、それを持つ状態やシステムの歴史と関係するので、心的事実は、頭のなかにあるものには付随しない。脳Aと脳Bのなかにあるものは、物理的に識別不可能であるかもしれないが、両者の灰白質はしかるべき点で異なる歴史を有してきたために、一方は表象システムだが、他方はそうではない。一方は思考と経験の座だが、他方はそうではない。一方は、それを持つ人に世界を意識させるが、他方はそうしないのである。

たいていの哲学者にとって、これは好ましくない帰結である。これはまだ好意的な言い方である。

なぜならば、多くの哲学者にとって、この帰結は、感覚についての外在主義的理論にたいする背理法となるからである。「意味は脳のなかにない」ことにかんしてパトナム（Putnam 1975）に同意し、思考の社会的性格を示すタイラー・バージ（Burge 1979, 1982）の例（一種の外在主義）は説得的だと考え、それゆえ、思考（あるいは思考のうちのあるもの）[2]は外的要因によって決定される内容を持つという考えを受け入れるとしても、感覚について同じことを言おうとする人はほとんどいない。二人の人が物理的に同じであるならば、両者が違う場所に住むという事実、両者が異なる個人的歴史を有してきたという事実、あるいは両者が異なる仕方で進化してきたという事実は、たしかに彼らの現在の経験には無関係である。一方が頭痛を持つならば、他方も持つ。一方が（真正な経験にせよそうでないにせよ）演奏されているピアノの聴覚経験を持つならば、他方も持つ。思考はわれわれが存在する（存在した）環境に左右されるとしても、感じは左右されない。このことを否定する理論は、もっともらしくないだけでなく、偽なのである。唯物論にとって魅力的な帰結を持つことは、ある理論にとってたいへん好ましいことである。他の条件が等しければ、それは、唯物論者がその理論を受け入れる理由になるだろう。その理論が真であるとすれば、さまざまな事実が説明されることになるだろう。しかし問題がある。これは、もしその理論が真であるならば、という仮定のもとでの話なのだ。表象主義テーゼによれば、ある人がいまここで経験するものは、昨日あるいは遠い過去に生じたことに、因果的にだけではなく（これは誰も否定しない）、論理的にも依存することになる。そうだとすれば、このテーゼは真ではありえない。以上のように思われるのである。

表象主義テーゼによれば、ある人が何を思考したり感じたりするかが外在的に決定されることになるだけでなく、その人が思考したり感じたりすることも、同様に、環境や歴史的環境に制約されることになる。スティーブン・スティッチ（Stich 1983）の置き換え論法は、この事実を劇的に表現している。思考し感じを持つある存在、たとえばあなたを、あなたの歴史だけでなく、情報提供システムにしかるべき生物学的機能や学習理論的機能を与えるような一切の歴史を欠く[3]「人」に置き換えたと考えてみよう。そのような存在者は、（その「目」、「耳」、「鼻」を通じて）あなたが得るのと同じ情報を得るだろうが、それらのシステムは適切な歴史を欠いているので、情報を提供する生物学的機能を持たないことになるだろう。すくなくとも、（ここで理解されているように）生物学的機能はある特定の選択過程の産物であると考えられるのであれば、そのような機能を持たないことになるだろう（第1章第2節参照）。したがって、あなたの複製の「諸感覚」（われわれがそれらを依然としてそう呼べるとして）は、表象を生み出さないだろう。たしかに、それらのシステムは、あなたの行動を模倣するような仕方で運動プログラムを作動させるのに必要な情報を提供するが、そこには、情報の対象についての内的表象は存在しないだろう。それゆえ、それらの対象の経験、それらの対象についての信念、それらの対象にたいする欲求は存在しないだろう。クオリアは存在しないだろう。

パトナムの双子地球の例によって、心的なものは物的なものには付随しない、すくなくとも局所的には付随しないと、多くの人が信じるようになった。すなわち、思考はそれを持つ人の物理的構成には付随しないのである。フレッドと双子フレッドは（いかなる内在的な観点においても）物理的に識別不可能だが、一方は自分が見ている液体は水であると考え、他方はそう考えないことがありうる。思考の内容、すくなくともわれわれの常識的な素朴心理学において理解されるような内容は、ある人の脳のなかで現在生じている出来事とその人の物的環境とのあいだに存在する因果的関係と、両者のあいだに存在していた因果的関係によって決定される。後者は前者と同じくらい重要である。（フレッドと双子フレッドが異なる環境で育った、あるいは進化したとすれば）二人の脳が現在識別不可能であるときでさえ、これらの因果的関係は異なりうるので、思考（思考されるものとして理解された思考、すなわち思考内容）は、「頭のなかにはない」。物理的に識別不可能な頭は、異なる思考を持ちうるのである。

　私は、この種の外在主義を当然のものとして受け入れることから、外在主義の擁護、経験についての表象理論の擁護を開始しよう[4]。私は、だれもがこの決断を快く思うわけではないということを承知している。端的に外在主義を退ける人もいる。しかし、われわれはどこかから出発しなければならないので、私はここから出発しよう。私が議論する相手は、思考についての外在主義的な理論は正しいかもしれないが、経験についての外在主義的な理論は真ではありえないと考える人々である。私は逆のことを論じたい。思考についての外在主義的な理論が真であるならば、経験についての外在主義的な理論も真でありうるということである。あらゆる形式の外在主義を否定する人々、すなわち、物理的に区別できない存在者はすべて同じ心的状態になければならないと考える人々にたいしては、論じるべきことはない。私は戦闘に勝とうとしているのであり、戦争に勝とうとしているのではないのである。

　感覚にかんする外在主義を認めようとしない態度は、われわれは自分たちの経験がどのようなものであるかをどのようにして知るのかにかんする、ある特定の伝統的な見方から生じているように思われる。このよく知られた見方によれば、経験とは、外界を（間接的に）知覚するさいに心が直接的に気付く、主観的な代替物（感覚与件、パーセプト、何と呼んでもよい）である。自分たちは赤いボールを見ているように思われると記述するときに、われわれが記述しているつもりの経験は、内的イメージ（感覚与件）にほかならないか、心がこのイメージに気付くことにほかならない。この与件または内的イメージが赤くて膨らんでいるならば、それを引き起こした外的対象（があるとしてそれ）もまた、おそらく赤くて膨らんでいる。それはトマトかもしれない。ある対象が赤く見えることは、心の劇場に赤い与件が現れることを引き起こすことである。この劇場における唯一の観客である心は、この与件や、その色と形に直接に気付き、それを引き起こした外的対象の諸性質には、間接的に（「推論的に」）のみ気付く。経験についてのこのような考え方においては、対象が赤く見えることは、赤い内的対象、すなわち感覚与件を、直接的かつ不可謬な仕方で意識することからなる。

これが、何かが赤く見えることの内実だとすれば、フレッドと双子フレッドが同じ物理的状態にあるときに、何かがフレッドには赤く見え、双子フレッドには緑に見えることがいかにして可能かは理解しがたい。というのは、それがフレッドには赤く見えるならば、フレッドは、何らかの赤い内的なものに直接的に気付いていなければならない。それに対して、双子フレッドは、何らかの緑のものに気付いていなければならない。両者は異なるものをうちに有しているのだから、同じ物的状態にあることは不可能である。すくなくとも、唯物論が正しいとすれば、それは不可能である。両者が同じ物理的状態にあるならば、ものは両者にとって同じように見えていなければならないのである。

この議論は、思考にかんしては成り立たない。というのは、思考は、（思考される）対象が持つとされる性質を持つものとは考えられていないからである。ｋは赤いと考えること自体は赤くない。ｋは緑だと考えることは緑ではない。実際のところ、異なる思考であるために、思考の内在的性質がどのように異なっていなければならないかは、それほど明らかではない。思考は発話のようであるかもしれない。（たとえば異なる言語の）二つの発話が同じ（同じ音からなる）でありながら、まったく異なる命題を表し、まったく異なる主張を行うことは可能である。思考もこのようなものかもしれない。二つの頭のなかで同じ物的「発話」が生じるが、両者は「異なる言語」に属するならば、異なる思考であり（異なる内容を持ち）うるのである。しかし、赤の経験と緑の経験はそのようなものではない、と言われるだろう。両者は内在的に異なっていなければならない、というのである。なぜだろうか。赤の経験と緑の経験は、赤についての思考と緑についての思考とは異なり、内的なイメージあるいは与件の意識によって構成されており、そのイメージあるいは与件こそが、経験の対象である色であるからである。異なる色を経験するときにわれわれが経験するイメージあるいは与件は、主観的であり、それゆえ内的であるから、識別不可能な存在者においては、異なる色の経験は生じえないのである。

われわれが、感覚経験についてこのような仕方で考えるならば、すなわち、われわれが、現象的な現れとはものが持つように見える性質を実際に持つ内的な対象である（あるいは内的な対象の気付きである）と考えるならば、経験にかんする外在主義的理論は整合的でない、と考える理由が理解できるだろう。しかし、われわれがよく知っているように、ある人にとっての前件肯定式は、別の人にとっては後件否定式である。この議論は、知覚にかんする感覚与件理論と同じくらい不完全なものなのである。実際のところ、それはきわめて不完全である。誰一人として、すくなくとも私の論争相手は誰一人として、知覚にかんする感覚与件理論と両立しないという理由では、経験にかんする表象的説明に反対しないだろうと考えられるからである。

しかし、これは議論ではない。これは、考えられる動機にかんする推測にすぎない。言いかえれば、これは、思考にかんする外在主義的説明には抵抗を示さないのに、経験にかんする外在主義的説明には抵抗する哲学者がいるかもしれないのはなぜかにかんする推測にすぎないのである。私の考えでは、この抵抗の源泉をたどれば、感覚経験にかんする作用=対象的な見方、すなわち、異なる経験とは異なる内的対象の経験であるという経験観に、彼らが暗黙のうちに荷担していることに行き着くかもしれない。それが本当に抵抗の（一つの）動機だとすれば、それをあらわにするだけで、すなわち、それを明示化するだけで、消し去ることができるだろう。異なる感覚経験が異なる内的対象の経験でないとすれば、内的に同じ人々は異なる経験を持ちえないと考えるべき理由などあるだろうか。彼らは、内的に異なることなしに、異なる思考や欲求はもちろんのこと、異なる両親、妻、友人を持つことができる。なぜ、異なる経験を持ちえないということがあるだろうか。

しかし、考えられる動機についてはもう十分だろう。議論についてはどうだろうか。フレッドと双子フレッド、すなわち、物理的に識別不可能であるにもかかわらず、異なる歴史を持つために、現在は異なる思考を持つ人々について考えることからはじめよう。フレッドは、あそこにあるものはイケていると考えるが、双子フレッドは、それ（同じもの）はシケていると考える。[5] 私が示そうとしていることからすれば、この場面設定は容認できるものだろう。このように場面を設定するならば、フレッドがそれについて考えるとき、自分は何を考えていると考えるだろうか。それは、双子フレッドがそれについて考えるとき、自分（双子フレッド）が考えていると考えることと同じだろうか。彼らが自らの思考に内観的に接近できるとしたら、フレッドには自分が考えていることがどのように見えるかと、双子フレッドには自分が考えていることがどのように見えるかは、同じだろうか、異なるだろうか。これは認識論的な問いではない。すなわち、彼らは、自分たちが考えていると考えるものが異なることを、どのようにして知りうるか（あるいはそもそも知りうるか）という問いではない。これは、自分（フレッド）が考えているとフレッドが考えることは、自分（双子フレッド）が考えていると双子フレッドが考えることと同じであるか、異なるかという問いなのである。

（第2章第3節からの帰結についてはいうまでもなく）少しのあいだ考えてみるだけで、自分（フレッド）が考えているとフレッドが考えるものは、自分（双子フレッド）が考えていると双子フレッドが考えるものとは異なると確信できるだろう。彼らの心的状態は物理的に識別不可能だが、この意味で、彼らには違って見える（すなわち見えdる）[6]のである。フレッドの低階の思考は、kはイケているというものである。彼の高階の思考は、自分がkについて考えていることはそれがイケているということだ、というものに違いない。というのは、自分がkについて考えていることを表す概念で、フレッドが利用できるものは、kについて考えるために利用できる概念とまさに同じものだからである。（われわれが想定するように）フレッドが**シケている**という概念を持っていないとすれば、彼はきっと、自分はkがシケていると考えている、と考えることはできないだろう。また、自分はkがイケていると考えているのか、あるいはそれがシケているのか、と考えることもできないだろう。

何かがシケていると考えることができなければ、何かがシケていると考えている、と考える（あるいは疑う）ことはできないのである。したがって、フレッドは、自分はkがイケていると考えている、と考えるだろう。まったく同じ理由から、双子フレッドは、自分（双子フレッド）はそれがシケていると考えている、と考えるだろう。したがって、自分が考えていると彼らが考えることは、異なるのである。

二人の人が同じ音を発していると考えてみよう。どちらもkはチケているというのである（「チケている」は、kがどのようであるかを述べるときに二人が発する音である）。一人は「チケている」によってイケているを意味し、もう一人はシケているを意味するとしよう。前者に何と言ったのか聞いてみよう。彼は、自分はそれが「チケている」と言ったのだ、と言うだろう（これが、kがどのようであると言ったのかを述べるさいに、彼が発するであろう音である）。後者に何を言ったか聞いてみよう。彼は、自分はそれが「チケている」と言ったのだ、と言うだろう（これが、kがどのようであると言ったのかを述べるさいに、彼が発するであろう音である）。自分が言ったと彼らが言うことは、異なっているだろうか。異なっている。自分が言ったことを告げるさいに発する音は同じだが、これらの音を発するさいに彼らが言うことは異なっている。前者は、自分はそれがイケていると言ったと報告し、後者は自分はそれがシケていると言ったと報告しているのである。フレッドと双子フレッドが持つ、自らの信念についての信念にかんしても、同じことが言える。脳内の活動からは明らかでないが（それらは同じであるとわれわれは想定している）、自分が考えていると彼らが考えていることは異なっている。フレッドの高階信念は、彼はそれがイケていると信じていると「言い」、それにたいして、双子フレッドの高階信念は、彼（双子フレッド）はそれがシケていると信じていると「言う」。

それゆえ、フレッドと双子フレッドは、同じものについて異なる信念を持つだけでなく、自らの信念についても異なることを信じている。彼らには、kが違って見え$_{d}$る（kの知覚が彼らのうちにkについての異なる信念を生じさせる）だけではない。自分自身の心的過程がどのように見え$_{d}$るかについて彼らが話すことができるならば、彼ら自身の思考も、彼らには異なって見え$_{d}$る。フレッドには、フレッドはkがイケていると信じているように見え$_{d}$るのにたいして、双子フレッドには、双子フレッドはkがシケていると信じているように見え$_{d}$るのである。

ここまでの議論は驚くべきものではない。ここまでわれわれは、（一階の）思考内容における違いが高階の思考へと分岐していく仕方について検討してきただけである。フレッドと双子フレッドが、kについて異なることを信じており、自らの信念についての信念を有しているならば、彼らは、自分たちは異なることを信じていると信じるだろう。（一階の）心的状態におけるこのような違いは、自らの（一階の）心的状態について信じたり述べたりすることにおける違いに「現れる」だろう。われわれが想像している種類の事例（双子地球状況）では、このことは、そとから（われわれにとって）も、うちから（彼らにとって）も、明らかではないだろう。それにもかかわらず、それは真であろう。

しかし、ここでは主要な問題、すなわち経験の現象的質、フレッドと双子フレッドに事物がどのように見え$_{p}$るかは論じられていない。事物が（どのように見え$_{d}$るかではなく）どのように見え$_{p}$るかは、われわれが、経験するkについて何を信じているか（あるいは信じる傾向があるか）には左右されない。思考的な意味でフレッドにはkがイケているように見え、双子フレッドにはシケているように見えるということ、すなわち、kは両者が違うことを信じるよう促すということは、それだけでは、彼らにはkが現象的に違って見えるということを意味しない。そして、われわれがいま関心を抱いているのは、現象的な見え、すなわち、彼らの信念の内容ではなく、経験の質なのである。

この双子たちのkについての経験の質には違いがあるかどうか、あるいはありうるかどうかを問うまえに、フレッドと双子フレッドがその質について考えることは異なるだろう、ということに注意しておくことが重要である。フレッドは、kについての自分の経験は、イケているものについての自分の経験とまったく同じである、と考えるだろう。そして、これは正しい考えである。したがって、フレッドは、自分にはkはイケているように見えpる、と考えるだろう。これもまた正しい考えである。他方、双子フレッドは、自分にはkはシケているように見えpる、と考えるだろう。彼は、kはシケているものが正常な条件下で自分に見えてきたのと同じ仕方で見える、と考えるだろう。これも正しい考えである。したがって、双子たちは、自らの信念にかんして異なる信念を持つだけでなく、自らの経験にかんしても異なる信念を持つだろう。彼らの現象的経験がそれぞれにどのように見えdるかは、異なるのである。

このようなことは帰結しないように思われるかもしれない。イケているものはシケているものではないということは、それだけでは、イケているものはシケているもののように（現象的に）見えないことを意味しない。バブズとベッツィは同一人物ではないが、双子なのでそっくりに見える。ある人がバブズだと信じることは、その人がベッツィだと信じることと同じではないが、kはバブズのように見えpると信じることは、kはベッツィのように見えpると信じることと同じである。なぜならば、バブズとベッツィは同じに見え$_{p}$るからである。同じ理由から、kはイケているように見え$_{p}$るというフレッドの信念は、kはシケているように見え$_{p}$るという双子フレッドの信念と、じつはまったく同じなのである。kはイケているように見えるとフレッドが考えており、kはシケているように見えると双子フレッドが考えているならば、kの見え$_{p}$についてフレッドと双子フレッドが考えていることは同じである。以上のように思われるかもしれないのである。

しかし、これは誤りである。実際にはバブズがベッツィのように見えるとしても、kはバブズのように見えるという信念は、kはベッツィのように見えるという信念とは異なる信念である。じつはバブズはベッツィであるとしても同様である。そして、われわれはいま、バブズの見え$_{p}$とベッツィの見え$_{p}$（それらは同じであるかもしれない）にかんする主張を行っているのではなく、バブズのように見え$_{p}$るという信念と、ベッツィのように見え$_{p}$るという信念にかんする主張を行っているのである。明らかに、これらは同じではない。私は、一方の信念を持つことなしに、他方を持つことができる。それゆえ、kについての経験にかんして双子が持つ信念、kがかれらに見え$_{p}$る仕方についての信念は、異なっているに違いない。kについての知覚の結果として、フレッドは、kについてイケているように見え$_{p}$るという信念を持つよう促されるのにたいして、双子フレッドは、同じkを見るとき、シケているように見え$_{p}$るという信念を持つよう促される。したがって、両者には、kについての現象的経験は違って見え$_{d}$る。両者の経験は、kについての自らの経験にかんして、異なる信念を持つことを促すのである。したがって、両者がkについての同じ現象的経験を持つとしても、それは彼らにとって同じものには見え$_{d}$ないだろう。

（経験の外的対象の質に接近する場合とは異なり）われわれが自らの経験の質に接近するときには、経験についての思考を持つために有している概念を通じてのみ、その質に接近できるのである。

　すでに論じたように（第2章と第4章を参照）、われわれは、水たまりを経験するのと同じ仕方で（水たまりについての）自らの経験を経験することはない。それゆえ、水たまりの経験はこの質を持つと信じる以外には、すなわち、何かがその質を持つように見え^{p}ることに気付く以外には、水たまりについての経験の現象的性格に気付く方法はない。水たまりを経験する（たとえば見る）ことによって、**水**概念を持つことなしに、（それゆえ）水たまりが水のように見え^{d}ることなしに、われわれは、水たまりの水的な質に気付くことができる（すなわちそれは水のように見え^{p}る）。しかし、われわれは、**水**概念なしに、水たまりの水的な見え^{p}に気付くことはできない。というのは、自分の経験についての経験など存在しないとすれば、水たまりの水的な見え^{p}の気付きとは、水たまりは水のように見え^{p}ることの気付き、すなわち、自分がこの種の経験を持っていることの気付きでしかないからである。そして、これには**水**概念が必要なのである。

　このことが意味しているのは、Sにはkが F に見え^{d}ないとすれば、それがFに見え^{p}るとしても、Sはこの事実に気付かないだろうということである。さらに、kがFに見え^{d}ない理由は、SがFについてのいかなる概念も持たないために、いかなるものもSにはFに見え^{d}ることがありえないからだと想定すれば、何かが依然としてSにはFに見え^{p}るとしても、Sがこの事実に気付くことはありえない。F概念がなければ、Sは現象的経験のF的な側面には「盲目」なのである（もちろん、経験の外的対象のF的な側面にたいしては盲目ではない）。彼は、それを意識することができない。彼の経験はこの質を持ちうる、すなわち、彼には事物がFに見えうるが、彼はそれに気付くことができないのである。カントをもじって言えば、概念がなければ、われわれは自らの直観にたいして盲目なのである。[7]

この重要な帰結について説明するために、まずは、SにはkがFに見え$_p$、SはF概念を持つ（それゆえkはFである、あるいはFに見え$_p$ると信じることができる）が、いかなるものもSにとってFに見え$_d$ない、という事例について考えてみよう。[8] あなたが七本指を立てれば、私は七本すべてを見る。七本すべてを見るのに十分な時間があっても、すべてを数えるのに十分な時間がなければ、私は誤って八本あると考えるかもしれない。それが、自分が見たと考える数である。何本の指があるように見えたか問われれば、私は八と答える。それが、そこにあると私が考えた数である。それゆえ、それが私にあるように見え$_d$た数である。しかし、私には何本あるように見え$_p$たのだろうか。何が現象的事実なのだろうか。八本の指を見たと信じているので、（質問を理解できれば）私は、現象的な見えを数「八」を用いて記述するだろう。それ以外にはやりようがない。八本の指があるように見え$_p$たと考えたのでなければ、どうして八本の指を見たと、それゆえ八本の指があったと考えるだろうか。私が見た指は、八本の指が通常私のうちに引き起こす経験を、私のうちに引き起こしたのだと考えなければならないのである。しかし、この場合には私は誤っている。私は七本の指だけを見たのだとすれば、何本の指があるように見え$_p$たかにたいする正しい答は、「七」である。

現象的なレベルでは、（まさに）八本の指を見ることと（まさに）七本の指を見ることと同じではない。どうして同じでありえようか。一本の指を見ることと二本の指を見ることのあいだに違いがあるのと同様に、八本の指を見ることと七本の指を見ることのあいだには違いがある。唯一の違いは、数が大きくなるにつれて、違いを把握したり探知したり気付いたりすることが難しくなるということである。数が大きくなるにつれて、事物は見え$_p$るようには容易に見え$_d$なくなる。したがって、ある経験は別の経験と異なるのだから、私の現象的経験には、私が意識していない事実があるということになる。それは、私には七本の指があるように見え$_p$るということである。もちろん、数の数え方を知っている、すなわち、七という概念を持っているので、私は、指を数えることによってこの事実を意識する（すなわち知る）ようになることはできる[9]。そのとき私は、指についての自分の意識的経験は、（数えるまえに）私が考えていたものとは異なることを意識するだろう。それは七本指経験であり、（そのときに私が考えていたように）八本指経験ではない。したがって、事物の見え$_p$方と事物の見え$_d$方が異なるときには、必然的に、経験主体は事物がどのように見え$_p$るかを意識していないことになる。事物がSにとってFに見え$_p$るならば、Sはそうであることを意識していないのである。

つぎに、Sがしかるべき概念を持たない場合、すなわち、Sにはkが持つように見え$_p$る性質をkが持つように見え$_d$るために必要な概念を、Sが持たない場合を考えてみよう。われわれは、ある交響曲を聞いているとしよう。あなたはいま転調[10]があったと思うが、確信が持てないので、私に向かって、そのように聞こえなかったか尋ねるとしよう。私は音楽にはうとく、転調とは何かを知らないし、転調がどのように聞こえるかも知らない[11]。それゆえ、私はあなたの質問に「聞こえなかった」と答える。私には、それは転調のように聞こえなかったのである。じつを言えば、どんなものも私には転調のように聞こえない。私、すなわち、転調とは何かを知らず、転調がどのように聞こえるかを知らない人に、何かが転調のように聞こえると想定するのは、ある魅力的な若い女性が、私にはあなたの妹のように見えると想定するようなものである。私は誰があなたの妹かを知らないとすれば、あるいは、彼女がどのような外見かを知らないとすれば、私に誰かがあなたの妹のように見えることなど、いかにして可能だろうか。

　音楽にかんするこのやりとりにおいて、私は、事物が自分にどのように聞こえ$_d$るか、聞くことに基づいて自分が聞いているものについて何を信じているあるいは通常信じるかを記述している。このことは明らかである。しかし、あなたの質問は、音楽が私にとってどのように聞こえ$_d$るかにかんする問いではなく、それが私にどのように聞こえ$_p$るかにかんする問い、すなわち、私の聴覚経験にかんする問いであると考えるならば、答はそれほど明らかではない。転調がどのように聞こえるかを知らないので、私は、その音楽が私にどのように聞こえ$_p$るかにかんする権威ではない。**転調**は、自分の聴覚経験を記述するために私が利用できる概念ではない[12]。したがって、その音楽が、まさに転調が私に聞こえる仕方で聞こえ$_p$るとしても、私は、これが転調であることに気付かないだろうし、気付くことができない。しかるべき概念を持たないので、私は、その質を聞くことができても（私は転調を聞き、それゆえ経験することができる）、自分がそれを聞いているという事実、この種の経験を有しているという事実を「聞きとることができない」。ある人が、kはFに見え$_p$るあるいは聞こえ$_p$ると言わず、そう考えず、おそらくはそれを否定さえするという事実は、kはFに見え$_p$ないあるいは聞こえ$_p$ないことを示すわけではない。この事実が示すのは、その人は、それがこのように見え$_p$るあるいは聞こえ$_p$ることに気付いていない、ということだけである。私、あるいはあなたの妹に会ったとのない人は、自分がいま見ている女性が自分にとってあなたの妹のように見えるかどうか、その女性が自分のうちに、あなたの妹が正常な視覚条件のもとで引き起こす（あるいは引き起こすであろう）経験と似た経験を引き起こしているかどうかを、どうして知ることができるだろうか。おそらく、私には彼女があなたの妹のように見えpるかどうかを知るには、あなたは私よりもよい位置を占めているのである。このことは、妹や転調といった概念だけでなく、事物の見えp方を記述するすべての仕方に当てはまる。赤であるとはいかなることかを知らないとすれば、私は、何かが私には赤く見えpるという事実、私の経験はこの質的性格を有しているということに気付きさえない。こういった概念がなくとも、依然として事物は私に赤や緑に見えpるだろう。依然として、私はこれらの色に気付くだろう。私は、（間違って八本あると考えたときに）七本の指に気付いたり（さきの例を参照）、（転調が指示する音の質を理解できないときに）転調に気付いたりするのと同じ仕方で、それらの色に気付くだろう。しかし、私は自分がそれらに気付いていることには気付かないだろう。私には、自分がそれらに気付いていないかのように見えdるだろう。

これは、経験される違いを表す正しい呼び名や語を知っているかどうかというだけの問題ではない。ある識別力が欠けているという問題なのである。われわれはときとして、kやhの見えpをどのように記述すべきかを知ることなしに、二つのものの見えp方の違いに気付く（kとhは違って見えp、われわれはこれに気付く）。Sは、コークとペプシの違いを味わうことができるが、どちらがどちらであるかを知らない。彼は、これらの清涼飲料について聞いたことがなく、それゆえ、これがペプシ味であれがコーク味だということを知らないかもしれない。彼は違いがわかり、ペプシとコークを一貫して識別できるが、これがペプシ味であれがコーク味だということを知らない。それにもかかわらず、Sが一方の味にたいして反応するのと違う仕方で他方の味にたいして反応する（彼は反応しないことを選択するかもしれないので、反応できると言うべきかもしれない）とすれば、われわれは、味のタイプにかんする萌芽的な知識をSに認めることができる。そして、現在の目的にとっては、味のタイプにかんしてそのような識別能力があれば、Sには、それらの液体はどのような味がす$_{p}$るかについての萌芽的な知識が十分認められるかもしれない。Sには、コークとペプシはSにとって違う味がす$_{p}$るだけでなく、違う味がす$_{d}$る。もちろん、コークやペプシとしてではなく、この（これをP味と呼ぼう）液体やあの（これをC味と呼ぼう）液体としてであるが。コークとペプシを表す語や概念を持つことは（P味やC味を表す概念を持つことさえ）、これには無関係である。鍵となる問いは、Sが液体を味におうじてグループ分けしたり分類したりするかどうかである。そういったことをするならば、それを引き起こす質は何であれ、Sにはコークとペプシが持つように見え$_{d}$る質なのである。しないならば、Sが違いを味わ$_{p}$うとしても、彼はそれを味わ$_{d}$うことはないだろう。つまり、「ああ、これはあれと同じで、これら二つは異なっている」という形式の思考を彼が持つことはないだろう。これがまさに、音楽を聴いているときに私が置かれると想像した状況である。転調を聞いたとしても、私はそれを（心的にさえ）グループ分けしたり分類したりしないだろう。転調という聴覚的質を持ったさまざまな音を聞くことの結果として、それらがある点において同じであると私が考えたり、信じたり、判断したりすることはない。それゆえに、私には転調が「聞こえな」いのであり、たんに、自分の聞く違いを記述するための語を持たないから聞こえないのではないのである。そのような理由で、転調は、私にとって転調のように聞こえdることなしに、転調のように聞こえpたかもしれないのである。

この議論は、フレッドと双子フレッドにかんして、どういう帰結をもたらすのだろうか。この議論は、彼らが水たまりについての異なる経験を持つこと、水たまりが彼らにとって違って見えpることを示していないし、それを示すことを意図したものでもない。それは私の目的ではない。私の戦略は、経験が外的なものに根ざしていることではなく、根ざしうることを示し、これを否定する見方は、思考と経験の関係にかんする誤った図式に由来することを示す、というものである。クオリア、すなわち経験的な質は、心のディスプレイとでも言うべきものに陳列されたものではないことを示すことによって、私はこれを示そうとしてきた。（自分は赤さ、イチゴの味、転調を経験しているという）現象的質の気付きは、直接的な内向きの内観過程、すなわち、経験の外的対象の質に気付くのと同じ仕方で経験の質に気付く過程によって成し遂げられるのではない。現象的性質、たとえばあるものが赤く見えpることとの気付きは、それよりもはるかに間接的な過程であり、何かが赤い（あるいは赤く見えpる）と考えるのに必要な概念を所有し、それを使用することを必要とする過程である。照明が正常で、赤い対象が目のまえにあるとき、私は、目を開けるだけで赤色に気付く。赤を見るためには、赤概念は必要ない。しかし、赤という質に気付く、すなわち、自分がこの種の経験を有していることに気付くには、この概念が必要である。そうだとすれば、（諸経験を相互に識別する質として理解された）クオリアは、それに気付くための概念的道具立てを獲得するまでは、「隠され」、接近不可能なままである。（七という概念なしに七本の指に気付くことができるのと同様に）赤概念なしに赤色に気付くことはできるが、この概念なしに赤という質に気付くことはできない。というのは、赤という質に気付くということは、自分が赤という種類の経験を持っていることに気付くことであり、これは、赤いとは何を意味するかを理解することなしには、気付くことができないことだからである。

したがって、（われわれが想定しているように）フレッドと双子フレッドが異なる概念を用いて知覚する対象を分類し同定するのだとすれば、彼らがkについての同じ現象的経験を有しているとしても、彼らは依然として、それを同じ経験にしている経験の質に接近できないに違いない。彼らは、その質に気付くことができないのである。フレッドの経験がフレッドにとってどのように見え^{d}るかは、双子フレッドの経験が双子フレッドにとってどのように見え^{d}るかとは異なるだろう。彼らに自らの経験が見え^{d}る仕方がこのように異なるにもかかわらず、両者の経験が同じである（たとえばどちらもQ的な種類であるとしよう）とすれば、質Qは、フレッドも双子フレッドも気付くことができない質であることになるだろう。彼らは、彼らの経験を同じ経験にしている経験の側面に、内観的に盲目であるということになる。私が現象的な転調に気付かない（さきの例を参照）のと同様に、彼らは現象的質Qに気付くことはないだろう。主観的観点からすれば、あたかも（水たまりについての）彼らの経験はQではないかのようであるだろう。

私の考えでは、概念的外在主義者（すなわち信念にかんする外在主義者）がこの結果を喜んで受け入れるとすれば、その人は屈服したことになる。その人は、もはや現象的外在主義（すなわち経験にかんする外在主義）に抵抗すべき理由を持たないことになるのである。というのは、われわれがこの一連の推論の結論を受け入れるならば、物理的に同一な人々において同一であるに違いないとされる経験の質は、それらの人々が概念的に異なるとすれば、気付くことのできない質であることになるからである。フレッドと双子フレッドの概念が異なるにもかかわらず、両者が水たまりについて同じ経験を有しているならば、彼らの経験において同じである点（それをQと呼ぼう）は、彼らが気付くことのできる経験の質ではない。それは彼らが気付くことのできるものでないとすれば、なぜそれが同じでなければならないと考えるのだろうか。

この結論はつぎのように表現できる。一方で、現象的経験は思考と似た実体、すなわち可能的信念（Armstrong 1969）、抑圧された信念の傾向性（Pitcher 1971）、ミクロな判断（Dennett and Kinsbourne 1992）といったものにほかならず、思考は外的なものに根ざした性質を持つとすれば、感覚も同様の性質を持つという結論が、当然のこととして帰結することになる。他方で、（現在論じているように）現象的現れ（すなわち事物の現れ$_p$方）が思考から（事物の現れ$_d$方から）区別されるとすれば、以下のようになる。経験が思考から区別され、何かがFであると信じる、あるいは信じる傾向を持つことなしに（すなわち何かがあなたにとってFに見え$_d$ることなしに）、kがあなたにとってFに見え$_p$ることがありうるとすれば、われわれは、（音楽が転調しているように聞こえ$_p$るという事実に私がまったく気付かないのと同じ仕方で）自らのクオリアにまったく気付いていないかもしれないことになる。多くの哲学者と同様に、質的状態は本質的に知りうるものであると考えるならば、信念同様、現象的経験も外的なものに根ざしているのでなければならない。これにたいして、知りえないクオリアという考えを甘受しようという場合、物理的に同一な存在者においてクオリアは同じでなければならないと考えるべき理由はあるだろうか。じっさい、フレッドと双子フレッドの経験が彼らにとって違って見えるのはなぜかということに、両者は実際に違っているのだということ以上によい説明があるだろうか。

2　置き換え論法とクオリア欠如

廃車置き場に雷が落ちた。その衝撃でナットやボルトが集まると、なんと、双子ターセル、すなわち、私の一九八一年型トヨタターセルの厳密な複製ができあがった。雷には、このような素晴らしい力があるのだ。双子ターセルは、私のターセルを同定するあらゆる特徴を備えている。後ろのフェンダーについた小さくさびたこすれ跡、裂けた室内装飾、フロントガラスのなかの石片、へこんだバンパーなどである。エンジンに刻印された製造番号さえも同じである。家に帰って手早く確認してみるだけで、それが本当に複製であり、電気的な異常現象によって、不思議なことに私自身の車が廃車置き場へ移されたわけではないことがわかる。

さらに注意深く調べれば、わずかな違いがあることがわかる。ターセルの燃料計は働くが、双子ターセルのものは働かない。少なくとも、それは働かないと言う人がいる。他の人々はそれほど確信が持てない。誰もが同意するのは、双子ターセルの燃料計の針は、ターセルの針とは異なり、タンクのなかのガソリンの量に反応しないということである。彼らが同意しないのは、これを「働かない」と記述すべきかどうかである。双子ターセルの燃料計はガソリンの量を記録するはずであると誰が言えるだろうか（と懐疑的な人が訊ねる）。実際のところ、それは燃料計だと誰が言えるだろうか。「E」と「F」は、本当に「空」と「満タン」を意味するのだろうか。たとえそうだとしても、それらがガソリンの量を指示するとなぜ考えるのだろうか。計器の配線が誤っているのかもしれない。この計器は、マスターシリンダーのなかのブレーキ液の量、あるいは、フロントガラス洗浄タンクのなかの溶剤の量を示しているかもしれないのである。われわれは、この計器に対応するターセルの計器が燃料計であることを知っている。われわれは、それが何をするように設計されたかを知っているし、それがガソリンの量を記録しなければ「働く」ことにならないということを知っている。われわれは、その記号が何を意味するかを知っている。しかし、双子ターセルを設計した人は存在しない。誰かがそこに記号「E」や「F」を記したわけではない。そうだとすれば、なぜそれらが何かを表すと考えるのだろうか。そうかもしれないが、誰にわかるだろうか。双子ターセルは、『スタートレック』に出てくるクリンゴン星人の宇宙船、1932 クリンゴンスペースシャトルにも似ている。われわれが、双子ターセルの排気システムの正常に機能している部品と考えるものを、クリンゴン星人は、機能不全を起こしている推進装置の部品と考える。クリンゴン星人にとっては、双子ターセルにおいて正しく働いているものは、われわれが「燃料計」と呼ぶものだけである。

　双子ターセルの部品は何かをするように設計されていないだけでなく、何かをするように設計されたものの複製品、模造品、復刻品でもない。それゆえ、双子ターセルの部品がするはずであることなどない。すなわち、それがし損ねることによって「正しく働いていない」とみなされることなどない。もちろん、われわれは双子ターセルの部品に機能を与えることができる。ターセルの対応する部品が持つのと同じ機能である。しかし、そうするまでは、双子ターセルにおいて正しく働きうるものは何もなく、それゆえ、誤って働きうるものも何もない。双子ターセルには、（私のターセルの対応する部品にできるように）何かを誤表象しうるものは何もない。私のターセルの計器がそのような仕方でふるまえば、その計器は壊れていることになるだろう。その計器は、正しく働いておらず、タンクのなかのガソリンの量を誤表象していることになるだろう。こういったことはいずれも、双子ターセルの部品にはあてはまらない。双子ターセルの「燃料計」は正しく働いていないと考えること、双子ターセルがそもそも計器を持つと考えることは、人気のない浜辺の砂に、風と波が"anser"と描き出したときに、ある語が間違って綴られたと考えるようなものである。私がその跡を残したのだとすれば、それは綴り間違いであったかもしれない。しかし、その跡の由来を考えれば、それは綴り間違いではない。綴り間違いではありえないのだ。計器や装置とは機能、すなわち、それらがするはずであることを持つ対象であるとすれば、双子ターセルは、計器や装置を持たない。つまり、私のターセルの装置にできるように、速度やガソリンの量やオイルの圧力を表象できるものを持たないのである。

燃料計のこと（ターセルと双子ターセルが唯一違う点）はしばらく忘れることにすれば、双子ターセルは、トヨタ車向けチューリング・テストに苦もなく合格するだろう。結局のところ、双子ターセルは、ターセルと物理的に、それゆえ機能的に識別できないものである。あなたは両者を見分けることができない。このように見分けられないにもかかわらず、双子ターセルの表象的な心のうちは暗闇である。双子ターセルは、トヨタゾンビなのである。[13] ターセルは、サーモスタットによって制御されたファンを持ち、冷却水の温度が高くなりすぎていることをセンサーが告げると、このファンがラジエーターを冷却する。このような構造の結果として、ターセルは、いわば、自らが熱くなっていると考える（自らを熱くなっているものとして表象する）とき、自らを冷却するのである。ターセルは、自らが熱くなっていても、そうでなくても、これを行う。同じ理由から、ターセルはシートベルトが締められていないと「考える」とき、大きな甲高い音を発する。ターセルには、冷却水の高い温度と締められていないシートベルトを探知し、適切な反応を開始する機能を持つ「センサー」が備わっている。双子ターセルも同じ仕方でふるまう。冷却水の温度が上がったときにラジエーターを冷却し、シートベルトが締められていないときに大きな高い音を発するのである。しかし、双子ターセルがこれらをするのと同じ「理由」から、これらのことをするわけではない。双子ターセルには、冷却水の温度を記録する機能を持つものや、締められていないシートベルトを探知するはずのものは何もない。したがって、双子ターセルには、実際にふるまうようにふるまうことを引き起こす条件を表象するものは何もない。このような理由から、ターセルは「だまされ」うるが、双子ターセルがだまされることはありえない。ターセルは、温度が正常であるときにさえ、ラジエーターを冷却するだろう。温度が高すぎると「考える」ときには、そうするだろう。温度が正常であるときに、双子ターセルが同様にラジエーターを冷却する状況も存在するが、双子ターセルは、温度が高すぎると「考える」からそうするのではないだろう。双子ターセルのうちには、(ターセルのうちにあるように)実際には温度が高すぎないときに温度が高すぎることを意味するものは、何もないのである。

これは、経験が表象的でないということを示しているにすぎない、と言う人もいるだろう。双子ターセルが廃車置き場から姿を現したのと同じ仕方で、双子フレッドが沼から姿を現したのだとすれば、双子フレッドは、フレッドとまさに同じ思考や経験を持つことになるだろう。フレッドが暑いと感じたので自らを扇ぐとすれば、双子フレッドも同じ理由、すなわち、暑いと感じたから自らを扇ぐのだろう。本書のような仕方で（すなわち歴史的なものに根ざしたものとして）表象を理解すれば、物理的に識別不可能であることは、表象として等価であることを含意しないことになるかもしれない。ターセルと双子ターセルはこれを説明する。しかし、物理的に識別不可能であることは、経験が等価であることを含意する。したがって、経験は表象的ではないのである。経験の質、ある経験を持つとはいかなることかは、経験主体の物理的組成と何らかの関係がある。もしかしたら、それと完全に連動しているかもしれないではないか。物理的組成を同じに保てば、経験も同じになるだろう。このように言う人もいるだろう。

私の考えるところでは、これは、双子ターセルにかんする私の話にたいする広く共有された反応だろう。この反応は非常に広く共有されているので、名前を付けるに値する。これを内在主義者の直観と呼ぶことにしよう。内在主義者の直観は、経験（すなわち経験の質、その経験を持つとはいかなることか）は経験主体の構成に付随するという確信の表れである。そして、経験主体の構成とは、物理主義者にとっては物的構成のみを意味しうる。フレッドと双子フレッドが物的に同じだとすれば、彼らは同じ経験を持つに違いない。自然主義的な表象理論によれば、双子ターセルが表象を生み出す計器を持たないのと同様に、（双子ターセルが廃車置き場から姿を現したように、沼から自然に姿を現した）スワンプフレッドはいかなる感覚器官も持たない、すなわち、経験をもたらすものを何も持たないということになるのだとすれば、このことは、（双子ターセルと同様に）スワンプフレッドの心のなかは「まっ暗」だということを示すわけではない。このことが示すのは、自然主義的な表象理論は経験についての満足な理論ではない、ということだけである。内在主義者の直観は、このように語るのである。

　双子ターセルの寓話は、内在主義者の直観に真っ向から挑むものではない。この寓話は、この判断が偽であることを示すわけではないし、もっともらしくないということを示すわけでさえない。そのような意図はないのである。この寓話を持ち出した意図は、まか不思議な出現や瞬間的な置き換えにかんする日常的な直観がどれだけあてにならないかを、明らかにすることにある。そのような奇妙な事例にかんして何を言うことが意味をなすか、何を言うことが真であるかにかんするわれわれの判断は、深く反省してみればまったく無関係であることがわかるような要因に影響されている。たとえば、われわれは部品の見かけや配置[14]が驚くほど類似しているということに影響される。しかし、私の戸止めがあなたの文鎮のように見え、たまたま紙のうえに置かれている（そして紙を押さえている）からといって、それゆえそれは文鎮であるという人はいないだろう。あるナットがあなたの結婚指輪のように見えるということは、それだけでは、あなたがそれをなくさないように指にはめたら、それがあなたの結婚指輪になるということを意味しない。しかし、これらよりも複雑な対象、たとえば自動車にかんする判断を下すように問われたときには、われわれは、部品の機能を決定するには、見かけと配置における類似性は（仮定からして）まったく偶然的であり、それゆえ無関係であるという事実を、軽率にも無視してしまう[15]。われわれは、この事実を無視し、類似と配置に基づいて機能を割り当てようとするのである。われわれは、私がペイリー症候群[16]と呼ぶもの、すなわち、類似と配置に基づいて目的や設計を帰属させようとする、抵抗しがたい傾向性に駆り立てられているように思われる。もちろん、ペイリー症候群に不合理なところはない。通常の状況では、それはしごくまっとうな形式の類推である。わたしが砂漠のど真ん中で双子ターセルを見つけたならば、それは（おそらく私の一九八一年型ターセルを設計したのと同じ人によって）設計されたものであり、したがって、（動かない燃料計を指して）これは正しく働いていないと推論するだろうし、合理的な人々であれば、私と同様にそう推論するだろう。これはまことに合理的である。合理的でないのは、双子ターセルの場合のように、部品は設計されていない、すなわち、それらはいずれも何らかの目的のために作られ、配置されたものではないと事前に言われているときに、同じ推論をすることである。それらを計器や装置と呼ぶとき、われわれは、（非明示的にせよ）それらに何としても目的を与えようとしている。これは不合理な態度である。

　双子ターセルの話をはじめて耳にするときには、ほとんどの読者が、双子ターセルは壊れた燃料計を持つと言うことは完全に意味をなすだけでなく、正しいと考えるだろう。私はこのように想定してきた。ペイリー症候群は、われわれの推論実践の一部をなす習慣なので、それが当てはまらないことを「知っている」ときにさえ、われわれは、さまざまな事例についての直観を生み出すことに、それを用いてしまう。計器であるためには何が必要であるかや、双子ターセルの部品はその必要なものを有しているかどうかについて考えたのちには、これらの直観や前反省的な判断は変化しはじめる。すくなくとも、それらはそれほど「直観的」ではなくなる。このような変化は、哲学的な思考実験のさいに、すなわち、日常生活で見慣れた規則性から大きく異なる状況にかんして判断を下すように問われるさいに、典型的に見出される。直観は、思考の習慣化したパターンによって生み出されるが、その思考のパターンはまさに、哲学的思考実験に特徴的である奇妙な状況には当てはまらないのである。

哲学的思考実験を行うときこそ、直観を留保し、即座の判断を信じないようにすべきときである。哲学的思考実験とは、直観がもっとも信頼できない場面なのである。

これもまた、議論ではなく、方法論的な注意の申し立てでしかない。しかし、注意深くなることには別の理由もある。われわれが扱っているのは、認識論と形而上学におけるもっとも複雑な諸問題を結びつける事例である。われわれが双子ターセルについて明晰判明な直観を有しているとしても、雷がトヨタ車のない廃車置き場ではなく、廃車置き場に停めてある私のターセルを直撃したとしたら、われわれは何と言うだろうか。その結果生じる二台のトヨタ車のうち、どちらが私のターセルで、どちらが複製だろうか。あるいはどちらも複製ではないのだろうか。元のターセルがアメーバのように二台のターセルに分裂したのであり、どちらも元の車の歴史を有している（それゆえ計器や装置を有している）のかもしれない。われわれは、ありとあらゆる中間的な事例を想像できる。燃料計であるには何が必要かについて明晰判明な直観を持っているとしても、これらの事例それぞれにおいて、結果として生じるトヨタ車のどれが燃料計を持つかどうかにかんして、われわれは明晰な考えを持てるだろうか。

したがって、スワンプマン（ドナルド・デイヴィドソンの分身）がどこかの沼から姿を現したときに何が成り立つかにかんしては、注意深く判断を下すほうが賢明だろう。われわれには、双子ターセルにかんするもとの判断よりも、内在主義者の直観のほうが信頼できるとみなされるべきであるのはなぜかを問う権利がある。なぜスワンプマンは、ドナルド・デイヴィドソンと同じ思考や経験を持たなければならないのだろうか。実際のところ、なぜスワンプマンは、何らかの思考や感覚を持たなければならないのだろうか。この判断は、思考や経験の本性についての何らかの深い洞察に基づいているのだろうか。あるいは、端的な直観や形而上学的公理、すなわち、心にかんする推論において前提として利用できるが、決して結論としては利用できない種類の事実にすぎないのだろうか。端的な直観そのものはおおいに結構なものである。われわれはどこかから出発しなければならない。すべての前提が結論ではありえないからである。しかし、通常の予想や背景的な想定に反する、空想的な状況に適用されるときには、そのような前提は疑わしいものとなる。キッチンにいる私の妻とそっくりに見え、そっくりに行動する見知らぬ人が、私の家の庭をうろつき回っているとき、この人が感じや経験をすべて欠いている（すなわちゾンビである）のではないかと考えるのは、馬鹿げたことだろう。これはハリウッドSF映画の題材であって、日常生活の一部ではない。しかし、このように考えることが、ガレージのなかの車とそっくりに見え、そっくりに行動する車が我が家のドライブウェイに停まっているとき、この車が本当にキャブレター、ブレーキ、速度計を持つかどうか考えることよりも馬鹿げていると考えるべき理由は、私には見出せない。どちらの可能性も馬鹿げたものに聞こえるのである。しかし、第二の事例では、ばかばかしさの源泉は、これらの部品を欠くが物理的に識別不可能な車が不可能であることに由来するのではなく、このような車が停まっているという帰結をもたらす出来事（自然な出現）がありそうにないことにある。第一の事例のばかばかしさは別物だと考えるべき理由はあるだろうか。

そうだとすれば、直観的な魅力、すなわち、われわれが誤って信じるべきではない魅力を別にすれば、スワンプマン（および似たような「置き換え」）の思考実験において記述されている異常な状況に、内在主義者の直観が妥当すると考えるべき理由はあるだろうか。

私は、内在主義者の直観が真であると考えるべき二つの理由をすでに論じ、それらを退けたものと考えている。第一に、自己知からの議論がある。自らの経験の質は外的な要因によって決定される（それゆえ複製は異なる経験を持ちうる）とすれば、内観によって、すなわちうちを見ることによって、これらの経験を有するとはいかなることかを知ることは不可能になるだろうという議論である。（第2章において）この反論にたいして私が与えた応答は、われわれは自らの経験の性格についての特権的な情報を持つが、それを得るためにうちを見るわけではない、というものである。自らの経験についての知識は、自らの経験を経験することによってではなく、たんに知ろうとしている経験を持つことによって得られるのである。経験そのものは、通常は外的対象の経験だが、その経験がどのようであるかを知るために必要なすべての情報を担っているのである。経験は外的に構成されえないという直観の源泉として、二番目に考えられるものは、前節で論じられた。われわれが経験を作用と対象という言葉を用いて、すなわち、心が内的対象や質を意識することとして考えるならば、唯物論者は、フレッドと双子フレッドが異なる経験を持つと考えることができなくなる。異なる経験とは異なる内的事物に気付くことだとすれば、経験にかんするこのような考え方においては、異なる経験が生じている生物は異なっていなければならない。フレッドと双子フレッドは異なる経験を持ちえないのである。外在主義にたいするこの偏見を振り払う方法は、いたって簡単である。（ほとんどだれもがすでに捨て去ったように）感覚経験にかんするこの奇異な考え方を捨て去ればよいのである。

次節では、フレッドと双子フレッドは同じ思考や経験を持たねばならないという直観の三番目の源泉となりうるものに目を向けよう。それは、心を持つ生物がなすことは、それらが考え経験することによって引き起こされるので、双子が異なる思考や経験を持っているならば、この違いは異なる行動に表れるだろうという考えである。すくなくとも、違いは表れうるはずである。しかし、フレッドと双子フレッドは物理的に識別不可能なので、異なるふるまいをすることはできない。したがって、彼らが考えることあるいは経験することの違いとされるものは、完全に随伴現象的でなければならない。すなわち、彼らが言うことあるいはすることには決して現れないことになるだろう。しかし、双子が言いうるあるいはなしうるどのようなことも、心的な違いとされるものを明らかにできないのならば、そのような違いが存在すると言うことには、どのような眼目があり、どのような意味があるだろうか。論理実証主義者は、違いをもたらさない違いはそもそも違いではない、と好んで語った。これは言い過ぎかもしれないが、たしかに、ある違いが、それがうちで生じている人にとってさえ違いをもたらしえないとすれば、それは真の違いではない。あるいは、仮にそれが違いであるとしても、それは、心についての理論が気にかける必要のあるものではない。

私には、内在主義者の直観を支持するもので、これら三つの主題の変種ではないものは思いつかない。それゆえ、内在主義者の直観は、端的な直観であり、思考や経験の本性にかんするいかなる擁護可能な主張によっても正当化されないと結論づけよう。このことは、外在主義は真であり、したがって、物理的に識別不可能な存在者は異なる経験を持ちうるということを、示しているわけではない。このことは、内在主義、とりわけ経験にかんする内在主義はもっともらしくないということさえ、示していない。もっともらしくないなどということはない。たいていの哲学者は、それはきわめてもっともらしいので、議論の必要もないと考えているのである。議論はどこかで止まる必要がある。そして、この地点は、他の地点に劣らずよい終着点であるように見える。正直に言えば、私自身も内在主義者の直観には魅力を感じている。じっさい、この直観を退けなければ、（私にとっては）それよりも自明な事実が退けられなければならなくなるということがなければ、私がこの直観を問題にすることはなかっただろう。この直観よりも自明な事実とは、すなわち、心のなかで生じていること、われわれが考え、感じ、経験することは、脳のなか、すなわち思考、感じ、経験が存在する場所のどこにも見出されず、そしてそれゆえ、思考、感じ、経験の識別に用いられる質も、脳のなかには見出されない、という考えである。意識的経験にかんする問題は、われわれを非常に困惑させるものである。それゆえ、正しい答を見出すことが可能だとすれば、正しい答えは、われわれが心身関係にかんして持っている何らかの根本的な確信を放棄することを要求するだろうというのは、もっともな予想だろう。われわれは、何をあきらめるかにかんして難しい選択を下さねばならないだろう。私の選択は、内在主義者の直観をあきらめることである。

3　説明上の関連性

外在主義には異論の余地があると考えるべき理由のうち、まだ論じていないものは、外在主義は心を随伴現象的にするように思われる、というものである。因果性は局所的な現象であると言われる（e.g. McGinn 1989 ; Fodor 1991）。ある出来事の因果的効力は、その内在的性質（そしてもちろん、この出来事が生じる環境）にある。同じ種類の出来事、すなわち、同じ内在的性質を持つ出来事を、同じ環境のもとに置けば、同じ結果が生じる。これが、物理的な複製、たとえばフレッドと双子フレッドが同じ仕方で行動する理由である。彼らの行動を生み出す内的出来事は、内在的に同じであり、したがって、それらは厳密に同じ身体運動を生み出すのである。フレッドの腕が運動Mを遂行することを引き起こす内的出来事と内的過程は、双子フレッドの腕が運動Mを遂行することを引き起こすものと厳密に同じである。これらの因果的過程は同じなので、彼らの腕が動くことを引き起こす出来事のあいだにどのような外在的な（たとえば歴史的な）違いが存在するとしても、それは、彼らの腕が実際に動いたように動いた理由とは因果的に無関係であるに違いない。心的なものは外在的であり、経験や思考にかんする表象理論では明らかなように、心的なものはフレッドと双子フレッドの現在の物理的構成に付随しないとすれば、心的なものはフレッドと双子フレッドが実際に行動したように行動した理由とは無関係であるということになる。表象主義テーゼによれば、あなたが考えることや感じることは、あなたがすることには無関係、因果的に無関係になるのである。

おそらく、人々が内観主義者の直観を持ち出す背景のどこかには、このような議論がある。クライドは痛いのでうめく。彼はビールが欲しいので冷蔵庫に向かう。これはビールであればケチャップだと考えるので、彼はあのボトルではなくこのボトルを手に取る。痛み、思考、経験がこれらの行動をどのように説明するかを理解するには、痛み、思考、欲求はうちにあり、それらに結びついた身体運動を引き起こす助けになると考えるほかないように思われる。外在主義は、心的なものを身体のそとに位置づけ、われわれが思考し、欲求し、感じるものはわれわれの歴史に根ざすと考えることによって、行動にかんするこのような日常的な説明を、魔法のようなものにしてしまうのである。

　この推論にはいくつかの混乱がありそうである。最も重要なものは、行動と身体運動の混同である。思考、欲求、感じが説明するのは、なぜ（あなたが腕を意図的に動かしたときに）あなたの腕が動いたかではなく、なぜあなたはあなたの腕を動かしたかである。ひとたび行動と身体運動の違いを明確にすれば、心にかんする外在主義的理論が随伴現象説によって脅かされることはないことも明らかになる。心的内容は、身体運動を引き起こす神経生理学的な出来事や過程に付随することなしに、行動を説明できる。心的なものは、外在的であることによっては、説明上の関連性を奪われないのである。

　しかし、この論点を詳しく論じるまえに明らかにすべきことがある。歴史的出来事、すなわちある人に生じた物事、それゆえその人の現在の状態にとって外在的な物事は、たしかにその人の行動に因果的な違いをもたらすことがある。ジミーは幼児のときに頭から転落したので、吃音が見られる。われわれは転落を遠因と考えることができる。それがジミーのうちに永続的な神経学的状態Nを生み出し、この状態が、現在ジミーの吃音の近因として働いている。われわれは、同じ神経学的状態のもとにあるが、頭から転落したことはない双子を想像することができる。レンガがジョニーの頭に落ちてきたことによって、ジミーが苦しんでいるとの同じ神経学的状態がジョニーにも生じた。近因は同じだが、遠因は異なっている。ジミーの転落は、他の原因によっても生み出されうる近位の条件（神経学的損傷）を通じて、ジミーの行動に影響を与えている。この事実は、転落がジミーの行動の原因に含まれないことを示すわけではない。この事実は、なぜジミーが吃音症状を示すのかを理解することには、遠位の出来事にかんする知識は無関係であるということを示すわけではない。この事実が示すのは、異なる原因が同じ結果を持ちうるということ、すなわち、異なる（遠位の）説明が同じ近因を持つ行動を説明しうるということでしかない。

したがって、歴史的に遠位の条件が現在の行動の原因として働くことには、いかなる形而上学的な問題もない。外在的な事実、すなわち、あるシステムの現在の状態に付随しない条件が、そのシステムの現在の行動を説明すると考えること自体には、問題はないのである。遠位の原因は、より近位の出来事を通じて結果を引き起こすが、それでもなお原因である。したがって、フレッドと双子フレッドの行動に異なる説明を考えることには、特別な問題はない。ジミーの転落は、なぜ彼が吃音症状を示すかを説明するが、同じような転落が、同じような神経学的状態を持つ人が吃音症状を示すことを説明するとはかぎらない。そうだとすれば、（物理的に識別不可能な）フレッドと双子フレッドが、ある行動について同じ近位の原因を持つとしても、フレッドの行動の説明と双子フレッドの行動の説明は大きく異なるかもしれないという考えを受け入れることには、特別な問題はないだろう。

したがって、表象主義テーゼにたいする反論は、このテーゼによれば、外在的（すなわち歴史的）事実がある人の行動の説明に関連することになる、というものではないはずである。そこには何ら問題含みなことはないので、それは反論にはなりえないのである。論点はむしろ、表象主義テーゼは、経験や思考が持ついまここの（すなわち近位の）説明上の関連性を、何らかの仕方でそのときのそこの（すなわち遠位の）説明上の関連性にしてしまうということである。ホーガン（Horgan 1991, pp. 88-89）が述べているように、このことが問題なのは、信念、欲求、感じ、すなわち、われわれが行為する理由は、われわれの意図する行動に「直接的な」因果的／説明的関連性を持つという「動かし難い」確信を、われわれは（すくなくともホーガンは）持っているからである。心の因果的／説明的関連性を（時間的に）遠位のものにすることによって、表象主義テーゼは、この基本的な直観を否定してしまうのである。

あることにかんしては、ホーガンはたしかに正しい。信念、欲求、経験、すなわちある人の現在の行動を説明する心的諸状態は、それらが説明する行為の時点で存在していなければならない、ということである。あなたがうめくその時点で痛みを感じているのでなければ、痛みを感じることは、なぜあなたがうめくのかを説明しないだろう。ビールを一杯欲することが冷蔵庫に向かうことを説明できるためには、冷蔵庫に向かうその時点で、その人の頭のなかにその欲求が存在していなければならない。信念、欲求、経験がいまここの行動を説明できるためには、それらは、いまここの信念、欲求、経験でなければならない。これは現在争点になっていることではない[17]。争点になっていること、（ホーガンのゆるぎない確信にもかかわらず）それほど明らかでないことは、心的状態に同一性をもたらす事実、すなわち信念の内容や経験の質を決定する事実にかんすること、すなわち、これらの事実はいまここの事実でなければならないのかどうかである。これらの事実は、これらが説明する行動の時点と場所において存在していなければならないのだろうか。

わたしはそうは思わない。そしてその理由は、理由（いまここの信念と欲求）が引き起こす出来事は、理由（そのときのそこでの内容）が説明する行動ではない、ということである。わたしはこの論点を別の場所でながながと論じた[18]。ここにわたしが示すのは、議論の概略といくつかの例である。応答のおおまかな流れを示すには、それで十分だろう。

ある植物、スカーレット・ジリアは、夏のあいだに色を変える。これは植物行動、すなわち、この植物がすることである。植物は、思考、欲求、経験、感じなどを持たないが、いろいろなこと、ときにはとても興味深いことを行う。植物学者は、なぜ植物が実際にすることをするのかを説明することに関心がある。なぜスカーレット・ジリアはこうする、すなわち、毎年七月のなかごろに、赤から白へ色を変えるのだろうか。

わたしはこの例をペイジとウィタムの論文（Page and Whitham 1985）からとったのだが、彼らが提出した説明は、この植物は受粉媒介者を引きつけるためにそうするのだ、というものである。夏の初めにはハチドリが主な受粉媒介者であり、ハチドリは赤い花に引き寄せられる。夏の終わりにはハチドリは渡ってしまい、スズメガが主要な受粉媒介者となる。スズメガは白い花を好む。この花は、環境内におけるこのような季節的な変化を利用する「ために」色を変えるのである。色を変えることによって、この植物はいっそう多くの果実を実らせることができるのであり、ペイジとウィタムの言葉を借りれば、これがこの植物がそうする理由である。

この植物の行動にかんする説明は、そのときのそこでの事実、この植物の進化的な歴史において、はるか昔に（おそらく）遠い場所で生じた出来事に訴えるものである。しかし、この植物の行動をこのような仕方で説明することは、この植物の色の変化に遠因を与えることではない。これは、吃音を説明するためにジミーの転落に言及することとはまったく異なっている。ジミーの転落は神経学的状態Nを生み出し、この状態がジミーの吃音を引き起こしている。植物が色を変えることに適応的な「目的」を与えることとは、植物内部の化学的活動を近因として持ち、染料の変化をその結果として持つ因果連鎖に含まれる、より遠位の原因を記述することではない。進化的過程が説明するのは、植物の行動、なぜそれが色を変えるかである。これは季節の変化が引き起こすことではない。季節の変化は、染料の変化を生み出す植物内部の化学的活動を引き起こす。自然選択は、染料の変化を引き起こす植物内部の化学的変化を引き起こすのではない。植物が色を変えることを（いまここで）引き起こすのは季節の変化（日が長くなること、暖かくなること、生物時計が「鳴ること」、そのほか何らかのこと）であり、自然選択は、いまここにおける季節にかんする出来事の遠位の原因ではない。自然選択が説明するのは、いわば、いまここで何が起きているかではなく、いまここで起きていること（季節の変化）は、なぜいまここにおける別の出来事（色の変化）を引き起こすのかである。因果的なパターンは、

(A)自然選択→暖かい日々→化学的活動→色の変化

ではなく、むしろ

(B)自然選択→[暖かい日々→化学的活動→色の変化]

である。

(B)における括弧は、自然選択が引き起こすのは暖かい日々で、その暖かい日々が色の変化を引き起

こす、というわけではないことを示すためのものである。自然選択はむしろ、暖かい日々が色の変化を引き起こすことを引き起こすのである。自然選択は、いわば、あるもの（暖かい日々）が別のもの（色の変化）を引き起こすことの原因である。自然選択が引き起こすものは、植物の化学的組成における変化である。そしてその変化が、なぜその植物が実際にふるまうようにふるまうのか、なぜ夏に色を変えるのかを説明する条件なのである。これは、色の変化を引き起こすこととはまったく異なっている。

ここで、スカーレット・ジリアの分子レベルの双子であり、物理的に識別不可能な植物を考えてみよう。この双子はまったく異なる環境で進化してきた。その環境では、花咲く季節のただなかに、赤い花に引き寄せられて貪欲な甲虫がやってくる。この選択圧の結果として、ゆっくりとした変化が生じた。この植物は、花を咲かせる時期ごとに、そのなかばで赤から白に色を変えるという形式に進化したのである。この甲虫は白い花を嫌う。甲虫は双子植物を避け、双子植物は繁栄したのである。

双子植物はスカーレット・ジリアと物理的に同一であり、それゆえ厳密に同じ仕方でふるまうが、なぜそれがこのようにふるまうかの説明は大きく異なる。スカーレット・ジリアはスズメガを引き寄せるために色を変える。双子植物は甲虫を避けるために色を変える。われわれがこれら二つの植物を何年も顕微鏡で観察し、現在の物理的組成にかんして知るべきことをすべて知ったとしても、それらが実際に行動するように行動することには大きく異なる「理由」があることには、決して気付かないかもしれない。色の変化は純粋に物理的な出来事であり、それは植物内部のよく知られた化学的変化によって生み出されるが、植物の行動の説明、なぜそれが色を変えるかの説明は、これら内的原因の記述からなるわけではない。それはむしろ、これらの内的出来事に外的変化を引き起こさせた出来事や過程の記述からなるのである。この説明を与えるためには、植物のそとに向かうこと、この植物の歴史（あるいはこの種の植物の歴史）において生じたものに向かうことが必要である。植物のいまこでの行動を説明するために、そのときのそこでの事実にこのような仕方で「退却する」のは、われわれ（あるいは植物学者）が、現在の出来事の遠位の原因を欲しているからではない。そうではないのだ、ということをわたしは強調したい。というのは、この場合、適応的な説明は、現在の出来事の遠位の原因を与えるものではないからである。適応的説明がもたらすのは、現在の行動の説明、なぜ現在の出来事が植物の色に変化を引き起こすのかの説明なのである。

植物内部のどのような物的出来事が色の変化を引き起こすかを知っているとしても、あなたは、その植物がなぜ色を変えるのかを知っているとはかぎらない。というのは、スカーレット・ジリアと双子植物における変化は、どちらも、厳密に同じ化学的変化によって生み出されているからである。しかし、両者は同じ理由から色を変化させたのではない。植物を含むあるシステムがなぜ実際にふるまうようにふるまうのかを探るとき、われわれが探し求めているのは表面的な変化の内的原因ではないことがしばしばある（スカーレット・ジリアの場合には、われわれはすでにそれを知っている）。われわれは、なぜその表面的な変化が引き起こされるのかを明らかにしようとしているのである。われわれは、AがBを引き起こしていることを知っている。われわれが知りたいのは、その理由である。

われわれは、第三の植物であるスワンププラント、すなわち、前二者と識別不可能だが、色を変える理由を持たない植物を想像することもできる。スワンププラントは、雷が苗木畑に落ちたときに

（都合のよいことに鉢に入って）姿を現した。（スカーレット・ジリアや双子植物とちょうど同じように）七月のただなかにスワンプブラントは色を変える。なぜか。なぜスワンプブラントは白くなるのか。甲虫を追い払うためにそうするのだろうか。スズメガを引き寄せるためだろうか。そうではない。スワンプブラントは、他の二つの植物と物理的に同一であり、それゆえ、他の二つの植物と同じ仕方でふるまうが、このようにふるまう理由は同じではない。この植物は、このようにふるまういかなる理由も持たないのである。

スワンプブラントは、心的状態なしに何かをする動物の、植物における類比物である。いびきをかいたりしゃっくりをしたりするとき、私は何かをしている。スワンプブラントが七月に色を変えるのと同様に、私は何かをしている。しかし、スワンプブラントにも私にも、このように行動する理由はない。これは、われわれの行動には因果的説明が存在しないということではない。私の事例には、いかなる合理的、目的的、心理学的説明も存在しないと言っているだけである。スワンプブラントの場合には、その行動はいかなる適応的な目的も、目的論的な説明も持たない。しかし、目的を持たないにもかかわらず、スワンプブラントは植物版チューリング・テストに合格できるだろう。スワンプブラントは、「知的な」植物、すなわちスカーレット・ジリアや双子植物が行動するのと、厳密に同じように行動するだろう。しかし、これら二つの植物とは異なり、スワンプブラントがこのようにふるまうことには、いかなる目的もないだろう。スワンプブラントは植物版ゾンビである。スワンプブラントは色を変える理由を持たない。その色の変化が、さまよう甲虫を追い払ったり、スズメガを引きつけたりするとすれば、それはただの幸運、偶然の一致である。それらは、スワンプブラントが色を変える理由ではない。植物版のチューリング・テストは、本家のチューリング・テストと同様に、しかるべきもののテストになっていない。われわれが知りたいこと、すなわち、その行動が（植物の場合）何らかの目的のためのものであるかどうかや、（動物の場合）信念や欲求によって説明されるかどうかを教えてくれないのである。

私はこれらの植物を自由に記述してきた。劇的な効果を与えるために、私はこれらの植物が実際にするように行動する理由を有していると語ってきた。私は、それらの行動を、目的を持つものとして記述してきた。もちろん、これらの植物は、われわれが理由を持つのと同じ意味で理由を持つわけではない。これらの植物は、思考、欲求、意図を持たない。それらは心を持たないのである。それにもかかわらず、行動の説明にかんする論点を示すために、わたしはこのような語り方を用いてきた。あるシステムの行動を説明するさい、われわれが、外的変化（E）の物理的原因（C）をそのシステムのうちに探し求めないことも多くある。それは、（植物の場合）化学や（動物の場合）神経生物学の仕事なのである。われわれはむしろ、CにEを引き起こさせた内的構造を形作った出来事や環境を、そとに見出そうとする。われわれは、わたしが別の場所（Dretske 1988）で行動の起動原因ではなく構築原因と呼んだもの、すなわち、Eの原因ではなく、CがEを引き起こすことの原因を探し求めているのである。

ベルが鳴ると、古典的な仕方で条件付けられた犬は、条件付けられた仕方で行動する。この犬は唾液を流すのである。おそらく、条件付けの過程をふまえれば、ベルを聞いたとき、この犬は唾液を流さざるをえない。この行動は自発的なものではないが、行動であり、われわれはその説明を見つけ出すことができる。ベルが鳴り（R）、これが犬のうちにある特定の聴覚経験（E）を生み出す。犬はベルが鳴るのを聞く。条件付けの結果として、これらの感覚的な出来事が、犬の口のなかに唾液が分泌されること（M）を引き起こす。では、犬が唾液を流すことを引き起こすものは何だろうか。ある意味では、鳴っているベルが、犬が唾液を流すことを引き起こしている。少なくとも、犬がある特定の聴覚経験を持つことを引き起こすことによって、ベルは、犬の口に唾液が分泌されることを帰結する過程の引き金となっている。鳴っているベルは、行動の起動原因なのである。これはたしかにその通りだが、このことは、なぜこの犬は実際にしていることをいましているのかを教えてくれるだけで、なぜ実際にしていることをしているのかを教えてくれない。われわれが知りたいことは、なぜ犬は唾液を流しているのかである。なぜこの犬は、たとえば飛び跳ねていないのだろうか。他の（別の仕方で訓練された）犬は、ベルを聞いたときに飛び跳ねる。（訓練されていない）犬のなかには、目立ったことは何もしないものもいる。では、なぜこの犬は唾液を流しているのだろうか。なぜこの犬はこのように行動しているのだろうか。このように問うとき、われわれはこの犬の行動の起動原因を求めているのではなく、構築原因を求めているのだということは、明らかである。それは、あるものが他のものを引き起こすことの原因を求めること、なぜ聴覚経験は唾液腺の分泌活動を引き起こすのかの説明を求めることである。他の犬では、聴覚経験はそのようなことを引き起こさない。なぜか。またしても、この問いにたいする答は、過去に、すなわち訓練のあいだにこの犬がさらされていた偶然性（鳴っているベルと食べ物が与えられることのあいだの相関）と学習理論家が呼ぶものにあるように思われる。唾液の分泌は（たんにこの犬にあるいはこの犬において生じる腺の出来事としてではなく）この犬がすることであると考えられるのならば、いいかえれば、それが行動と考えられるのならば、その因果的説明は、行動を引き起こす刺激にではなく、この犬の過去の経験にかんする事実にあることになる。[19] スカーレット・ジリアと双子植物は、色を変えることにまったく異なる理由を持つ。同様に、犬と双子犬は、唾液を分泌することにまったく異なる理由を持つかもしれないのである。

したがって、心的なものの因果的効力にかんする問いは、心的なものは何を因果的に説明するはずであるかに決定的に左右される。思考、欲求、経験は、身体の運動や変化、すなわち犬の口のなかにおける唾液の分泌のような出来事を説明するはずだとすれば、物理的に識別不可能な動物の行動にいかにして異なる原因がありうるのか、たとえば、犬と双子犬は唾液を分泌することにいかにして異なる理由を持ちうるのかは、たしかに理解しがたいことになる。腺の活動の内的原因、すなわち神経生理学的な過程は、どちらにおいても同じであろう。しかし、心的なものが説明するよう求められていることが、なぜ犬の口のなかで唾液が分泌されているのかではなく、なぜ犬がベルを聞いたときに唾液を流すのかだとすれば、犬と双子犬がまったく異なる理由から唾液を分泌していることは容易に想像できる。そして、まったく同じ理由から、フレッドと双子フレッドがまったく異なる目的から腕を動かすことも容易に想像できるのである。[20]

したがって、あるシステムの行動に因果的に関与するためには、心的なものはそのシステムの物理的組成に付随しなければならないのか、という問いにたいする答は、われわれが何をそのシステムの行動と考えるかによるのだ、というものになる。行動とは身体の運動や変化ではなく、身体の運動や変化を帰結させる因果的過程にほかならないと考えるならば、心的なものが因果的に関与するためには、付随しなくてもよいことになる。これが行動にほかならないとすれば、すなわち、これが心的なものが説明するはずのものだとすれば、内在主義者の考えとは逆に、思考の内容と経験の質は、ある動物の物理的組成にではなく、その動物の現在の制御回路を形作った歴史的な出来事や過程に付随することになる。表象主義テーゼによれば、心的なものは、まさにそれらに付随するのである。

4　進化的起源

表象主義テーゼによれば、意識的状態は表象状態、すなわち、ある特定の情報提供機能を持つ状態にほかならない。知覚経験の場合には、この機能は体系的である。すなわち、ある状態の機能は、それが属している知覚システムから派生したものである。ある状態がFについての意識的経験である（それゆえそれを持つものにFを感覚的に気付かせる）のは、その状態が、そのシステムと適切な文脈的関係（C）に立っている対象のFさについての情報を提供するという自然的（体系的）機能を持つときである。したがって、さまざまな状態は、ある確定しうる性質Fにかんして、しかるべき仕方で関係する対象についてFの確定した値を表示するという機能を獲得することによって、意識的になる。このような状態は、進化的過程を通じて体系的機能を獲得する。そして、ここでは進化的過程とは自然選択であると考えられているので、自然選択は意識的経験の源泉であり、創造主にほかならないのである。

おそらくここで、自然選択は何も作り出すことがないのではないか、という反論がなされることだろう。自然選択は、すでに何らかの形で存在している特徴のあいだで選択を行うだけである。個々のキリンがさらに長い首を持つことによって競争で優位に立つならば、それに続く世代では、長い首を持つキリンがさらに多く見出されるだろうとわれわれは予想できる。そして、この利点が数世代にわたって続き、各世代にたまに平均より長い首を持った個体がいれば、数世代のあいだに、自然選択によってかなり長い首が生み出されるだろう。しかし、いかなる世代においても、自然選択は首を長くするわけではない。自然選択はむしろ、連続する各世代において、いっそう多くの長い首を生み出す（すなわち長い首の割合を高める）のである。自然選択は長い首の創造主ではない。自然選択は、長い首を原材料として、さらに多くの長い首を作り出すのである。意識も同様である。はじめに少数の意識を持つ存在者が与えられれば、自然選択は、のちに続く世代のなかで、意識を持つ存在者の数を増やすことができる。自然選択はいわば、誰かが意識的であるときに、全員を意識的にすることができるものなのである。しかし、自然選択は誰かを意識的にすることはできない。誰も少しも意識的でないとすれば、誰一人として、意識的であることの利点をわずかなりとも享受できない。誰も意識的であることの利点を享受できなければ、意識は選択されることができない。意識は進化できないのである。このような理由から、自然選択は意識的な存在者を作り出すことができず、意識の起源にはなりえない。自然選択は、生物に、祖先が有していなかったものを与えることはできないのである。意識がどこからやってきたのかを知りたければ、われわれは、どこか別の場所に目を向けなければならないだろう。このように論じられるかもしれないのである。

しかし、この反論は、表象主義テーゼが自然選択に割り当てる役割を誤解している。自然選択は意識を選択するはずのものではない。説明は、そのようには進まないのである。自然選択が選択するのは、何か他のもの、選択されることによって意識となるものである。たとえば、ある可変抵抗がボリュームになる過程について考えてみよう。私はアンプを組み立てており、ボリュームとして使える可変抵抗が欲しい。電子部品店に行ったとき、私はボリュームを探すわけではない。私はボリュームのあいだで選択をしているのではない。私は可変抵抗、すなわち、まだボリュームではない（しかしそうなるかもしれない）電子部品のあいだで選択を行っているのである。ひとたび選択をすれば、すなわち、ある可変抵抗を選び、それを私のアンプに取り付ければ、それはボリュームになる。しかし、選択によってそれがボリュームになったという事実は、それがそのように生を受けたこと、すなわち、何らかの仕方ですでにひそかにボリュームであったということを意味しない。選択が、あるものをボリュームにするのである。しかるべき原材料を与えられれば、選択はボリュームを作り出すことができる。この選択過程によってどのようにしてボリュームが存在するようになったかを理解するためには、ボリュームから出発する必要はないのである。

同様に、自然選択の過程を経てどのようにして意識が存在するようになったのかを理解するためには、われわれは意識から出発する必要はない。自然選択が原材料として出発するものは、さまざまな必要と、それらの必要を満たすためのさまざまな道具立てを持つ有機体である。われわれが必要を持つためには、意識的でなくともよい。植物でさえ必要を持つ。植物は日光と水を必要としている。ある動物が生存し繁殖するためにＮを手に入れなければならないとすれば、その動物はＮにたいする必要を持つ。そして、必要を満足させる仕方で行動できる生物にとっては、情報の恩恵は明白である。

行動を環境に合わせて調節し、必要を満足させる帰結を引き起こすためには、外的（そして内的）事態についての情報が必要である。何も追いかけてきていなければ、隠れることに意味はない。捕まえるべきものが何もなければ、追いかけることに意味はない。自然選択がこの原材料を用いて行うことは、情報を担うシステムを発達させ、適切に方向付けられ、タイミングが調整された行動によって必要を満足させることのできる作動体メカニズムが、このシステムを利用できるようにすることである。必要な情報を提供するために、ひとたび表示子システムが選択されれば、そのシステムは、その情報を提供する機能を持つことになる。そのとき、このようなシステムが情報にかんする仕事を果たすことによって諸状態が生み出されるが、それらの状態は、それらが知らせる（体系的）機能を持つ条件の表象となる。その結果、それらの状態がうちで生じる生物は、内的表象が表象する対象や性質に気付くことになる。その生物は、事物を見たり聞いたり嗅いだりするのである。選択という過程を通じて、その生物は、周囲で生じていることを知覚的に意識するようになるのである。[21]

一言注意を述べておこう。一連の講義を通じて、私は、（説明のために）自然的機能と規約的機能を対比し、そしてそれゆえ自然的表象と規約的表象を対比してきた。知覚的意識の起源にかんする本章の説明を理解するさいには、人工的選択と自然的選択を混同しないことがきわめて重要である。両者を明確に区別することが重要である理由は、選択されるアイテムが効果的に機能することがまったくなくても人工的選択は生じうるが、それでは自然的選択は生じえないということにある。たとえば、あるものがまったくボリュームを調節できないときでさえ、私はそれをボリュームとして選択（あるいは設計）する（そしてそれにその機能を与える）ことができる。無知あるいは不注意から、私はある可変抵抗をボリュームとして選択し、それを自分のアンプにつなぎ、なぜそれは私が課した仕事をしないのだろうかと考える。人工的選択と意識的な設計は機能をもたらす活動だが、これらの活動は、するように設計あるいは選択されたことを対象ができることを前提としない。このような理由から、自らの仕事を果たすことができない規約的表象、すなわち、表示する機能を持つものを最適な条件のもとでさえ表示できない規約的表象を持つことが可能なのである。悪い設計、誤った製造過程や設置過程、愚かな選択からは、そのようなことが帰結しうるのである。

自然選択はまったく異なっている。人工的選択の場合と異なり、あるアイテムは、それが実際にXをしないかぎり、Xをするように自然選択されえない。あるアイテムがXしなければならないのは、それが選択されるには、それがXを遂行することが、それがうちで生じている動物の生存と繁殖の成功に、何らかの仕方で貢献する必要があるからである。あるシステムが選択されるときに、そのシステムにある機能を与えるのは、このような仕方で繁殖の成功に貢献することであり、そのことが与える機能とは、そのシステムが実際にしたことのうち、適応度を高めたこと（この場合には情報を提供すること）をすることである。あるシステムが実際に情報を提供しなければ、それが情報を提供することは選択されえなかっただろう。それゆえ、それは情報をもたらす機能を獲得しえなかっただろう。ある可変抵抗が、何らかの自然な仕方でボリュームに進化するためには、すなわち、自然選択がボリュームを作り出すためには、その抵抗（正確にいえばこの抵抗タイプのある祖先トークン）は、実際にボリュームを調節したのでなければならないだろう。私は、ある要素をそれができないことのために選択することができるが、自然には、それができないのである。ひとたびある装置のタイプがボリュームを調節する機能を持てば、その現在のトークンは、自らの機能を維持するために、実際にボリュームを調節する必要はない。今後まったくそうしなくともよい。しかし、それ（すなわち、あるタイプののちの時点における例化）が遂行する機能を持つ仕事を、それ（そのタイプのまえの時点における例化）が実際にしたのでなければ、いかなる自然なやりかたによっても、その機能を獲得できなかっただろう。

そうだとすれば、情報をもたらすシステムが情報をもたらす自然的機能を獲得するためには、すなわち、それが自然的表象を生み出すためには、それがもたらす情報は、実際に何かをしなければならない。その情報は、適応に、積極的な因果的貢献をしなければならない。その情報は、それが提供される生物が利用できるものであり、実際に利用されなければ（あるいは利用されたのでなければ）ならない。そうでなければ、この情報を提供するシステムが選択されることはありえないだろう。われわれは、情報をもたらす（規約的）機能を持つにもかかわらず、その情報を用いて何もしないシステムを作ることができるが（測定装置はこのようなものである）、自然はそのようなシステムを作ることができない。ある情報によって何も有益なことがなされなければ、自然のなかのいかなるものも、その情報を提供する機能を獲得できないのである。(24)

露骨な身内びいき行為として、私は、怠け者のいとこであるウォーリーを雇って、無用な情報収拾作業をさせることができる。私は彼に賃金を払って、毎日私の机に積み上げられるファイルの数を数えさせる。それによって、ウォーリーは情報収集の仕事を得る。それは、私が彼に与えた規約的な仕事である。自然界にはこの種の仕事は存在しない。自然界には、誰かに、あるいは何かにこのような仕事を与えることのできるものは存在しない。このような理由から、自然界にはウォーリー感覚やウォーリー経験とでも言うべきものは存在せず、無用な情報を供給する機能を持つものは存在しないのである。[25] そのようなものが存在しないのは、あるシステムは、有機体が必要とするあるいは有益であると考える情報を提供することによってのみ、その情報を提供する機能を獲得できるからである。

計器や装置が感覚経験のよい類比物ではないのは、このような理由による。計器や装置は、それが提供する情報を用いて何かをすることはない。遺伝物質を複製し、子孫の車に伝達する自動車を想像することはできるが、なぜそれらが現在の形に進化したのかを理解することは困難だろう。そのような車の計器や装置は何のためにあるのだろうか。これらの計器はその自動車にとっていかなる有益な役割も果たさないので、それらが担う情報が必要とされることはないだろう。これらの装置が供給する情報が、たとえばギアをシフトすることやブレーキをかけること、すなわち、この車の繁殖の成功に何らかの仕方で貢献する行動に、何らかの仕方で用いられるときにのみ、われわれは、これらの「センサー」はあることのために選択されたのであり、それゆえ、その車に情報を提供する機能を発達させたのだと想像できるだろう。そしてそのときにのみ、その自動車は、自らの速度、オイル圧、燃料レベルを感覚しはじめるだろう。

ものは、その機能を何世代にもわたって徐々に獲得する。このことは、意識は段階的に現れるということを意味するのだろうか。このことは、生物は徐々に意識的になるということを意味するのだろうか。そうであるとも、そうでないとも言える。答がどちらであるかは、タイプとトークン、種と個体のどちらについて語っているかによる。たしかに、われわれ人間が意識的になった過程は、段階的な過程である。それは一夜にして生じたのではないし、生じうるものでもない。私の遠い祖先は意識的でないが、私は意識的である。そしてこの変化を生じさせた進化の過程は、段階的で、一歩一歩進む過程であった。しかし、トークンレベル、個体のレベルでは、さきの問いにたいする答は否である。個々の人間、あなたや私は、何らかの段階的な仕方で意識的になるわけではない。もちろん、われわれが自分たちについて多かれ少なかれ意識的であるとか、ゆっくりと意識を取り戻しつつあるとか、次第に意識を失いつつあるなどと言いうる意味がある。しかし、意識的存在者としてのわれわれの地位、意識的であるわれわれの能力は、われわれが徐々に獲得する地位や能力ではない。この（傾向的な）意味では、各個体は意識的であるか意識的でないかのいずれかである。それは妊娠していることと似たようなものである。

しかし、私が意識的であり、私の遠い祖先は意識的でないとすれば、私のそれほど遠くない祖先は、いつ意識的となり始めたのだろうか。あなたが小銭をあげ続けるうちに、貧しい人が金持ちになるのと同じ時点においてである。

注

序

(1) ジェリー・フォーダーが教えてくれたことによれば、この「適当な修正を加えたもの」という単純な文言は、わずらわしいあら探しを避けるという驚くべき効果を持っている。

第1章

(1) 状態も表示（情報提供）機能を持つが、ここではシステムの話に集中することにする。情報と表示について語るさい、私はもっぱら Dretske 1981 と 1988 に依拠している。いくつかの重要な点で洗練が加えられた（とくに経験と思考が区別された）ことを別にすれば、表象にかんして本書で行う説明は、Dretske 1986 と 1988 に見出すことができる。私は以前の著作に依拠しているが、本書における説明を自己完結したものにするよう努めた。

(2) 以下では「たんなる」という言葉を省略する。したがって、私が表象にかんする事実について語るときには、表象にかんする事実のうち、表象的事実ではないものを意味していると考えてもらいたい。

(3) 私は、自然選択が自然的機能の唯一の源泉であるとは思わない。学習もまた源泉の一つである。信念についての私の説明（Dretske 1988）は、この考えに基づいている。すぐあとで、表示機能が体系的である（系統発生的な）表象状態と、個人的な学習のあいだに機能が獲得された（個体発生的な）表象状態を区別するさいに、この点に立ち戻ろう。

(4) 私はたまたま、ゴッドフリー＝スミス（Godfrey-Smith 1994）が「機能の近代史理論」と呼ぶ生物学的機能の説明を支持している。これにかんしでは、Kitcher 1993も参照。しかし、本章の説明は、自然的機能にかんする特定の理論や、自然的機能が厳密に言って何に由来するかには依存していない。ティム・シュレーダーが示唆してくれたように、脳内の解剖学的結合や脳に至る解剖学的結合は、個人が成熟する過程で確立されるので、この過程こそが発達しつつある知覚システムの諸機能の源泉であるということが判明するかもしれない。自然的機能の正しい理解がどのようなものであれ、自然的機能が存在するのであれば、私の自然主義的なプロジェクトにはそれで十分である。しかし私は、この本では、自然的機能はつねに自然選択（システムの場合）や学習（状態の場合）のような何らかの歴史的過程によって獲得されると仮定しよう。この話題と、それが経験の表象理論にもたらす問題には、第5章で立ち戻ろう。

（5）もちろん、厳密に言ってなぜそうなのであり、また、どのような意味でそうであるのかにかんしては、私には語るべき事が多くある。生物学的システムと人工的システムをこのような仕方で区別することにたいする懐疑論にかんしては、Rey 1988を参照。

（6）すべての自然的表象システムが心的なわけではない。たとえば、恒常性メカニズムやその他の制御メカニズムは、血中のグルコース濃度や視床下部の温度などを表示することを生物学的機能とする「センサー」に頼っている。もし、これが本当にこれらのセンサーの生物学的機能であるとすれば、自律神経系のなかには、ここで定義された意味において、いかなる意味でも心的ではない自然的表象が存在することになる。すくなくとも、それらは意識的ではない。表象主義テーゼはこのことを否定しない。このテーゼは、すべての心的事実は表象的であると主張するものであり、すべての表象は心的であると主張するものではないし、すべての自然的表象は心的であると主張するものでさえないからである。

（7）網膜（鼓膜）がピアノからの光（音）によって刺激されるだけでは不十分である。これらの信号が大脳皮質に伝えられることでさえ十分ではない。（たとえば）脳に大きなダメージがあるときには経験が生じないように、経験が生じないかぎり、何も見られないし、聞かれないのである。

（8）たいていの哲学者は、思考（判断、信念、等々）と感覚（経験）のあいだに明確な区別を認めているが、この違いが結局何に帰着するかにかんする意見は、人によって異なる。ある人々（たとえばArmstrong 1969；Dennett 1969, 1991；Pitcher 1971）は、経験を認知的語彙によって分析し、それを、事物があるあり方をしている（あるいはそう見える）という「抑圧された」、「潜在的な」、「ミクロな」あるいはその他の無意識的な判断であると考えようとしている。他の人々（ごく少数の名前を挙げれば、たとえばBlock 1995；Crane 1992；Davies 1992；Dretske 1969, 1981, 1993；Evans 1982；Jackendoff 1987；McGinn 1989；Millar 1991；Peacocke 1992；Perkins 1983）は、概念的な事柄と感覚的な事柄を明確に区別している。焦げているトーストの臭いを嗅ぐことは、信念あるいは判断の一タイプではないのである。信念や判断とは異なり、それは、（臭いを嗅いでいる動物の側には）気付いているものを表現するさいに用いられる概念を必要としない。Fの経験と、それはFであるという信念のあいだの違いは、（Dretske 1990, 1993において）私がものの気付きと事実の気付きのあいだの違いと呼んだものであり、（Dretske 1969において）非認識的な知覚（ピアノが演奏されるのを聞く）と認識的な知覚（ピアノが演奏されていることを聞く）の違いとして記述したものである。私の考えでは、現象的意識とアクセス意識のあいだにブロック（Block 1990b, 1993）が設けた区別は、この違いを別の仕方で記述したものである。

同じ区別は認知心理学にも見られるが、両者の違いを記述するために用いられる言葉は、それぞれ異なる目的に用いられている。「経験」という語の代わりに、パーセプト、表象の初期レベル（たとえばMarr 1982）、感覚属性の前カテゴリー的表象（van der Heijden 1992）、像的および反響的情報貯蔵（Neisser 1967；Eysenck 1990）、感覚記録（Shiffrin and Atkinson 1969）、特徴バッファ（Mewhort et al. 1981）等々の言葉によって、同じ現象が記述されているのが見出される。ジャッケンドフ（Jackendoff 1989, p. 294）は、マーの用語法を用いて、視覚的気付き（前概念的様態の気付き）は2 1/2Dスケッチによって決定されるものであるのにたいして、視覚的理解（視覚的気付きの「内容」あるいは「意味」と彼が述べているもの）は3Dスケッチとそれに関連する概念的構造によって決定されると述べている。ハンフリー（Humphrey 1992, p. 44）は、二種類の表象を対比している。一方は「主観的感じのクオリア」（私が経験と呼ぶもの）に関係するものであり、他方は「認知と客観的知識の志向的対象」（信じられるものあるいは知られるもの）に関係するものである。

(9) 私はこれを論理的あるいは概念的含意ではなく、会話的含意であると考えるが、私の目的にとっては、いずれであっても違いはない。混乱が生じる可能性は同じだからである。

(10) 長いあいだ、ネコは行動において色を識別しないので、色視覚を持たないと考えられてきた。しかし、現在では、ネコは色を知覚的に識別することが知られている。ネコは色を知覚し、色視覚を持つ。しかし、特別な訓練なしには、ネコは知覚された違いに反応することができないのである。行動的識別と知覚的識別の違いにかんしては、McFarland 1987に収録されている、ジェフリー・ホールによる「識別」にかんする項目を参照。

(11) ゴッドフリー＝スミス（Godfrey-Smith 1989, pp. 542-543）が指摘しているように、自然選択の過程にさらされるのは、システムが生み出す諸状態ではなく、（諸状態を生み出す）システムである。

(12) 発達上の個人差は、ある経験が何を表象sするかに影響を及ぼしえないが、ある経験が何を表象aするかを変えうる。私は、学習によってものの見え方、聞こえ方、感じられ方が変わるということを否定しているわけではない。ものがどのように見え、聞こえ、感じられるかについて述べるとき、われわれはしばしば、感覚的な見えと概念的な見えの両者を合わせたものについて述べているのである。この問題には第3章と第5章で立ち戻る。

(13) 規約的な表象について語るさいには、機能と表象に付けられた〝a〟という添字は、「割り当てられた（"assigned"）」と読むことができる。

(14) われわれは、時速50マイルを表示する体系的機能を持つ状態に時速60マイルの機能を割り当てることさえ想像できる。製造過程における何らかの欠陥のために、この装置がつねに速度を低く記録するとすれば、これは望ましいことかもしれない。これは、赤と感覚するが緑と信じるという逆転スペクトルの一例である。この話題には第3章で立ち戻ろう。

(15) 第5章第4節において、なぜ経験がもたらす情報は、(認知システムを介して) 制御メカニズムが利用可能なものでなければならないかを考える。それは、経験が情報を提供するという機能を獲得する唯一の方法なのである。

(16) Dretske 1981 において、私は、情報がコード化される仕方を用いて、感覚と認知の関係について述べた。それによれば、アナログ表象が経験となるために満たさなければならない条件とは、その表象が提供する機能を持つ情報が、デジタル化（すなわち概念的な処理）に利用可能でなければならないということである。そして、概念的過程とは、表象a、すなわち、(欲求とともに) 行動の制御と調整に用いられる表象の構築と使用に含まれる過程にほかならないのである。

(17) したがって、この説明によれば、ハエ、カエル、サナダムシといった食べ物の専門家（McFarland 1981, p. 210）、すなわち、自らが必要な栄養素のそれぞれについて、別個の探知システムを持ち、それぞれにたいして柔軟さを欠く（学習によって変化しない）反応を持つ生物は、探知機が探知する食べ物についての経験を持たない。これらの生物は、探知機が役立てられる認知システムを持たず、個体の必要や環境におうじて再調整を行う方法を持たないので、これらの生物が持つ食べ物の表象は、食べ物の経験とは言えないのである。これにたいして、食べ物にかんする非専門家（ibid.）、すなわち、遺伝的に組み込まれた食べ物の再認メカニズムを持たない（われわれのような）生物は、経験を通じて、何が食べ物で何がそうでないかを学習しなければならない。われわれの場合には、食べ物の表象は食べ物の経験であると言えるのであり、われわれが経験しているのは食べ物であるということをわれわれが学習する以前においてさえ、そう言えるのである。

(18) 知覚経験の二種類の性質を区別する必要を強く示唆する考察として、「感覚的」性質にかんするピーコック(Peacocke 1983)の議論と、彼がのちに(Peacocke 1992b)提出した「原命題的」内容という概念を参照。また、Millar 1991も参照。

(19) ベレント・エンク、ピーター・ゴッドフリー＝スミス、デイヴィド・ヒルベルト、モハン・マッセン、デニス・スタンプ、ティム・シュレーダーは、この節の題材にかんして有益な議論をしてくれた。

(20) もしわれわれが、(私のように)ある表象が表象する性質(その表象が描くものがある場合にそれを描く仕方)を、その表象がそれについてのものであるもの(の一部)に含めれば、表象は(したがって経験は)つねに何かについてのものであるということになる。対象が存在しない場合(たとえば丸い四角)には、経験は、対象が持つと(誤)表象する性質(丸さと四角さ)についてのものであることになる。このタイプの誤表象については、以下を参照。

(21) 私は、この関係Cがどのようなものであるかについては述べずにおこう(Evans 1982；McDowell 1986；Recanati 1993, p. 116, n. 9を参照)。これがたんなる因果関係以上のものであることは、明らかである。ある表象(たとえば経験)と因果関係を持つもののなかには、その表象の対象ではないもの(われわれが経験する対象ではないもの)も多くある。Dretske 1981, pp. 153-168において、私は、この関係を知覚者と対象のあいだの情報的関係として定めようと試みた。私は今でもこの説明は有望であると考えている。諸感覚の知覚的対象を特定するさいの諸問題にかんする洞察に富んだ議論としては、Perkins 1983, pp. 99-101, 244, およびそれ以降の頁を参照。たとえば、暑くなっていると感じるときにわれわれが感じているのは、空気の温度だろうか、あるいは皮膚の温度だろうか(あるいはどちらでもないのだろうか)。

(22) クリステンセン(Christensen 1993, p. 760)によれば、事物についてのわれわれの知覚は「客観的である」または「意識を超越する」とフッサールが述べたのは、この理由からである。知覚される対象は、知覚されたとおりである必要はないし、そもそも存在する必要がないのである。

(23) 経験と思考のアスペクト的特徴には一つの違いがあるが、ここでは、私はこのようなややこしい点は無視しよう。私はまた、(表示機能を用いて語られた) 表象にかんして語ることによって、アスペクトは十分に詳細に「切り分け」られるのかという問いも無視しよう。たとえば、FとGが必然的に(あるいは法則的、論理的、形而上学的に) 等価な性質であるとき、表象にかんする話によって、kのFとしての表象とkのGとしての表象を区別できるだろうか。私はできると考えているが、問題点をきちんと理解するには、Fodor 1994 を参照。

第2章

(1) 内観についての類似の見解としては、Shoemaker 1986, 1994 や Evans 1982, とくに pp. 224-235 を参照。

(2) もちろん、「内的」や「外的」(「内側」と「外側」) ということで私が意味しているのは、(身体ではなく) 心にとって内的 (外的) ということである。私の言葉遣いによれば、自分の舌で欠けた歯を感じることは、外的対象を知覚することである。内視鏡 (身体内部の器官を見るための医学的な道具) は、便利な内観的装置ではない。ハンフリー (Humphrey 1992, p. 97) は、自らが「見ている」ことを聞くことのできる人について述べている。すくなくとも、その人は、自らが目を開けて諸対象を見たときに血液が視覚皮質に流れ込むのを聞くことができるのである。これは内的出来事や過程の知覚と考えられるかもしれないが、本書の用語法では、内観とは考えられない。

(3) 標的となる事実、すなわちkはFであるということは置換されているが、認識上の媒介となる事実、すなわちhはGであるということはそうではない。Dretske 1969 において、私はこれを「二次的」(認識的) 知覚と呼んだ。

（4）厳密に言えばこれは正しい言い方ではないが、ここでの目的にはこの言い方で十分である。hがGであることによってkがFであることを見るとき、われわれはkを知覚しているかもしれない。肝心な点は、kがFであることを教えてくれるのは、kの現れ方ではなく、hの現れ方であるということである。ケーキから引き出した爪楊枝を見てケーキが焼き上がったことを見ることとは、そのとき私がたまたまケーキも見ているとしても、置換知覚と考えられる。

（5）通常は、自分の体重がどれだけかを「教える」体重計の性質（たとえば針位置）の概念的表象も存在する。自分が178ポンドであることを見るためには、「178」を指す針を見るだけでは不十分である。針が「178」を指していることを見なければならない。

（6）私は、これらの認識論的に微妙な点を無視することにする。もちろん、kが（おそらく）Fでないかぎりhは G でないだろうと（正当化や知識なしに）想定するだけで、hがGであることを見ることによってkがFであることを知ることができる、ということを否定する哲学者もいるだろう。

（7）どのようにして写真（絵画的表象）にこれが可能であるか、あるいはそもそも可能であるか、すなわち、写像関係が写像可能かどうかは、明らかでない（Perner 1991 を参照）。クライドとクライドの写真の写真、つまり、クライドが彼の肖像写真の隣に立っている写真は、肖像写真をクライドの写真として写しているわけではない。この写真は、クライドが双子の弟の写真の隣に立っている写真であるかもしれないし、クライドと、木枠の内側に立っている双子の弟の写真（したがってそもそも表象の写真でさえないもの）であるかもしれない。

（8）私は、信念を含む知識はつねに概念的であると想定している。

（9）ある人（すなわち自分自身）の感覚的状態についての知識のモデルとするために、計器の体系的な表象的性質、すなわち、その針がkについて表象$_s$するものについて考えることにしよう。

（10）このことを、この計器が14 psi であると表象する何らかのものがあるということと、注意深く区別する必要がある（第1章第4節を参照）。

(11) もちろん、それが高度計、ひどい設計の風力計、あるいはいかなる表示機能も持たないものではなく、圧力計であるということを、われわれはどのように知るのかと問うこともできる。これはもっともな問いなので、以下と第3章第5節で立ち戻ることにしよう。

(12) 商業的な計器の場合のように、計器に語や、機能を明らかにするその他の記号を印刷することによって、誰か(たとえば製造者)がそれを「教えて」くれないかぎりは、そう言える。

(13) マッセン(Matthen 1988, p. 13)は、「正常な誤知覚」(と彼が呼ぶもの)が存在すると指摘しているが、これはもっともなことである。これは、システムの正常な機能の一部である誤表象であり、不完全なメカニズム(ある時点で利用できる最良のもの)が表示機能を果たすように選択されたことの結果である。そのようなメカニズムは可能なかぎり正常に機能しているが、ときとして、Fが持たない値を持つと記録する。正常な速度計(針位置は工場で調整されている)は、小型タイヤが用いられたときには車の速度を誤表象する。それは速度計の落ち度ではない。速度計は設計された仕方で、可能なかぎりよく機能している。これが、マッセンの言う意味での正常な誤表象である。同様に、主観的輪郭(Kanizsa 1976)、見かけの運動(Ramachandran and Anstis 1986)、ベンサムのコマ(変調する白色光から他の色の経験を産み出す装置。Gregory 1987, pp. 78-79)や、その他の一連の感覚的な「錯覚」は、正常に機能しているときに感覚が誤表象する力を持つことを示している。

このように論じるかぎりでは、この論点は正しい。第3章第5節で、自然的機能の源泉と、機能不全なしにFを誤表象する状況があるときに、あるメカニズムがFを表示する機能をいかにして持つことができるのかという問題について議論するときに、この論点に立ち戻ろう。現在のところは、あるシステムが正常に機能している、すなわち、設計されたとおりに働いていると言うときには、そのシステムがFを表示するよう設計された対象に(適切なC関係によって)接続されていることも含まれているとだけ述べておこう。小型タイヤの付いた車で（事前に調整された）速度計を用いるならば、この計器を、それが速度を表示する機能を持つ種類の対象に接続しているとは言えない。この計器は、通常サイズのタイヤを付けた車の速度を表示する機能を持つ。それが、その計器が実際にされた仕方で調整された理由であることは明らかである。機能するよう設計されていない状況においてその計器を使えば、設計通りに働かないことになる。同様に、（私の考えでは）点滅するナトリウム灯の単色光を見つめる（そしてピンクを経験する）ことや、素早く交代する点を（見かけの運動として）観察することは、視覚システムの色探知器や運動探知器を、それらが機能するよう設計された状況において用いることではない。それらが、これらの正常ではない状況において機能するよう設計されたかどうかは、それらのシステムの選択の歴史による（第3章第5節を参照）。

(14) デイヴィドソン（Davidson 1987）もまた、そのような批判にたいして有名な応答を行っている。しかし、現在論じている（表象的な）種類の外在主義は、デイヴィドソンのものよりもバージとヘイルが擁護しているものにずっと近いので、私はバージとヘイルの議論に集中することにしよう。さまざまな種類のバージ＝ヘイル的な立場にかんしては、Shoemaker 1994, p. 260 and n. 7; Lepore and Loewer 1986; Evans 1982, p. 204; Davidson 1988, p. 664; Noonan 1993; Wright 1991; Stalnaker 1990も参照。バージ＝ヘイル的立場にたいする批判にかんしては、Bilgrami 1992を参照。

(15) 最近（一九九四年一一月に）交わした会話において、バージはこのことを認めた。自分が示していると彼が考えていることは、これだけなのである。

(16) この事実によって、知覚的知識の完結性が成り立たなくなる。なにものも物的対象であることなしにトマトではありえないということを知っているとしても、Sは、kが物的対象であることを見てとることなしに、kがトマトであることを見てとることができる（kが物的対象であることを見てとることをできないとしても、それを見てとることができる。もちろん、Sはkが物的対象であることを知っているかもしれないが)。Dretske 1969 において、私は、そのような知覚的主張において前提されている知識(トマトに見える対象は物的対象であるという知識)を、「原知識」と呼んだ。内観的知識の場合にも、同じ理由から完結性が成り立たない。Sは、自らがFを経験しているということを内観によって知ることなしに、さらには知ることができることさえなしに、自らが経験しているのはFであると内観によって知ることができる。Sが内観によって知ることができるのは、それが心にあることではなく、何が心にあるかである。

(17) 内観によってわれわれは何を知ることができ、何を知ることができないかにかんする有益な議論を、私は、頑固で洞察力に富んだ懐疑論者であるスヴェン・バーネッカーに負っている。Bernecker 1996 を参照。

(18) エヴァンズ(Evans 1982, pp. 224-235)も似たような主張をしている。経験についての内観的知識は、経験についての情報だけでなく、経験という概念も必要とする。彼はとくに適切な例を示している。木を見ている人(そして前方に向いた目を持つ他の何らかの動物)は、自分は木に面しているという、自らについての情報を得ている。このことは、その人がそのことを知っていることや、そう信じていることを意味しない。

(19) クイントン(Quinton 1977)が似たような主張をしている。彼によれば、知識を非推論的にするのは、推論がないことではなく、推論が不可謬なことである。

(20) この点は、さまざまな哲学者や心理学者によって論じられてきた。たとえば、Dennett 1991a; Harman 1990; Hebb 1969; Lyons 1986, p. 96; McGinn 1982a; Rosenthal 1990, 1991a; Shoemaker 1986, 1994; Tye 1992 を参照。

第3章

(1) この定義は循環的ではない。原初的な用語は「同じに見える」と「違って見える」である。Fのように見え$_p$るは、Fが通常見えるのと同じに見える（そしてある範囲のFでないものと違って見える）こととして定義される。これは、さまざまな長さ（1メートル、10メートル）を、他の（基準となる）対象と同じ長さであることや、それよりも十倍長いことによって定義することと似ている。

（2）それらが決して対比集合に含まれないということではない。われわれは、本物のフレンチ・プードルを偽物と見分けようとしている場面を想像することができる。この文脈では、ある犬がフレンチ・プードルのように見えるということは、それを偽物から識別できるということを含意する。

（3）私の考えでは、見え^{p}と見え^{d}の区別は、ミラー（Millar 1991）によるFタイプ経験（現象的）とFがそこにあるという見え（思考的）の区別と密接に関連している。Peacocke 1983も参照。チャーチランド（Churchland 1979, p. 14）による主観的志向性と客観的志向性の区別も、類似のものである。

（4）Lettvin et al. 1959からEwart 1987にいたるこの話題に関連するデータの要約にかんしては、Lloyd 1989, chapter 5を参照。

（5）私がひどく混乱していれば、それはブルゴーニュの赤であるという信念が引き起こされるかもしれないという点に注意が必要である。すなわち、私にとって、そのワインはブルゴーニュの赤のような味がす^{d}るかもしれない。

（6）すぐあとで言及する諸問題を別にしても、知覚的識別を、ある感覚システムがどのような性質を表象しているかの規準として用いることには、技術的な困難がある。クラーク（Clark 1993, p. 59）は、二つの刺激が識別不可能であるというだけでは、それらが観察者に同一のクオリアを提示しているということを示すには不十分であると指摘している。Q_1から識別不可能だがQ_2からは識別可能なQ_iが存在するならば、Q_1とQ_2が識別不可能であるとしても、両者は異なった仕方で「与えられ」ている（すなわち表象されている）はずである。それゆえ、あるシステムが二つの条件を「局所的に」識別できないということだけでは、そのシステムが二つの条件を同じものとして表象しているということを示すのには十分でない。必要なのは、クラークが「全面的な」識別不可能性と呼ぶものである。私は、ここではこういった複雑な要因を無視する。そういった要因は、私が以下で主張する論点には影響しない。

(7) 標準的な定式化にたいして与えられる反論を避けるために、私は「逆転スペクトル」の問題にこのような少し新しいひねりを加えた。たとえばハーディン (Hardin 1988) やヴァン・ギューリック (Van Gulick 1993, pp. 144-145) は、哲学者が想像するほとんどの逆転は、質空間に備わる高度に構造化された組成を乱してしまい、それゆえ、探知可能な結果をもたらす(すなわち識別能力の違いをもたらす)と論じている。私が想像している事例では、質空間が乱されることがあるとしても、それはきわめてわずかである。

(8) レイ (Rey 1992, pp. 59-51) やライカン (Lycan 1987, p. 297) は、行動主義者と機能主義者にとって逆転クオリアの問題が生じる仕方には大きな違いがあると論じている。

(9) 表象理論が持つこの利点は、ハーマン (Harman 1990)、タイ (Tye 1991, 1992, 1994)、ディヴィーズ (Davies 1991)、ライカン (Lycan 1987, 1990)、マッギン (McGinn 1991) によって評価されてきた。私はこれらの哲学者をみな「表象主義者」(シューメイカー (Shoemaker 1990b) は彼らを「志向主義者」と呼んでいる) に分類するが、私が唱える自然主義的な表象主義を支持する人は多くないだろうし、内観的に接近可能な質はすべて志向的である (すなわち表象された性質である) ということに同意する人は、ほとんどいないだろう。この点にかんしては、Shoemaker 1994, p. 22 を参照。

(10) たとえばShoemaker 1975, 1991。しかし、Lycan 1987, p. 60 を参照。「入力・出力関係にかんしてのみ逆転しているスペクトルが可能であるということは、様相にかんするしっかりと確立された直観であり、尊重すべきものだが、私はこれを否定しうると考える。また、入力・出力関係および、逆転を支持する人々が問題にするにふさわしいと感じる、何らかの抽象度の低いレベルにおける内的機能的組織にかんして逆転したスペクトルが可能であるということは、自明とは言い難く、直観的に説得力のある付随性テーゼのいくつかとも衝突する」。付随性にかんする諸問題は、第5章で取りあげる。

(11) 私は、「コード化された」ベルにかんするやっかいでややこしい論点を無視している。コード化されたベルとは、たとえば、叔父のクライドだけが、ベルを鳴らすときに「ヤンキー・ドゥードゥル・ダンディ」を演奏するというようなものである。私はまた、ドアのベルがキツツキやうっとうしいリスなどによって鳴らされる可能性も無視している。

(12) ダマシオとダマシオ(Damasio and Damasio 1993, p. 57)は、脳の特定部位の損傷は、色知覚の喪失(色盲)だけでなく、色を想像する能力の喪失も引き起こすと指摘している。脳の他の部位や視覚過程の初期段階の損傷は、同じような欠陥を引き起こさない。そのような損傷を持つ人は、色を見ることはできないが、依然として色を想像できるのである。ある意味では、色概念(私ならば色を表象する能力と呼ぶだろう)は脳のこの領域に依存する、と彼らは結論づけている。私の想像では、スーザンの脳のこの部分は働いている。損傷を受けたのは、脳のこの部分に色にかんする情報をもたらすことにかかわる、視覚システムのある部位なのである。

(13) あるシステムは、本来はそのシステムにとってとくに「興味深く」ない性質を表象する(すなわちそれについての情報を提供する機能を持つ)かもしれないということを思い出すことが重要である。第1章第3節における、明示的な表示機能と「含意された」表示機能の区別を参照。

(14) 実際には、それはむしろ77.5(およびそれ以下)でも78.5(およびそれ以上)でもないことを意味するが、そのようなややこしい詳細を無視しても、論点は十分に明確だろう。

(15) ビロ(Biro 1991, p. 121)はまた、次のように論じている。持ち運び可能な視点(われわれが相互に交換できない視点)が持ち運び可能であることが、それらがわれわれの視点であるということからの、取るに足らない帰結にすぎず、私の散髪は本質的に私の散髪であり、それゆえあなたの散髪とは異なるのと同様のことだとすれば、持ち運び可能な視点にかんしてとくに心的なものはない、というのである。

私には、これは説得的であるように思われる。もっとも単純な装置でさえ、この（持ち運び可能な）意味での視点を持つ。（両者が温度を98°として表象するとしても）この温度計がXの温度をどのように表象するかは、あの温度計がXの温度をどのように表象するかとは異なる。なぜならば、この温度計はあの温度計ではないからである。

(16) この例は、あまりに単純すぎるので現実的とは言いがたい。ダニでさえ、三つの刺激に反応する感覚システムを持っている。(1)散乱光（ダニは目を持たない）、(2)酪酸の臭い、(3)熱である。McFarland 1987, p. 449を参照。

(17) これらは例にすぎないので、ここではツノザメや寄生虫が経験を持つかどうかは気にしないことにしよう。すでに（第1章第3節で）述べたように、ある表象sが経験であるためには、表象a的（概念的）システム、すなわち、学習を通じて表示状態の情報機能を再調整できるシステムの役に立たなければならない。ここでは、ツノザメや寄生虫の場合に、この条件が満たされるかどうかは、気にしないことにしよう。

(18) 私の例の選び方からすれば、蚊（Grier 1984, p. 447）は .002℃、魚は .02℃という小さな温度の違いに敏感であると言われているということは、述べておく価値があるかもしれない。さらに、これらの質にかんして「絶対階調」を持つ動物もいる。齧歯類、ハチ、魚は、以前の温度との相対的な違いによらずに、ある特定の温度を選択するように訓練することができる。

(19) ジョージ・レイは、（私信において）そのように述べている。実際のところ、ジョージは、このような上品な言い方をしていなかったと思う。彼の発言は、「これはばかげている」に近いものだった。しかし、私には第一の言い方が好ましい。なぜならば、これから示そうとするように、ばかげているというのは見かけ上のことでしかないからである。

(20) これは、正方形を見るとはいかなることかを知っていることと同じではない。正方形を見ることにおいては、四辺を持つこと以外に多くの性質が表象されており、われわれは、これら他の性質を知らないかもしれない。この点には第5節で立ち戻る。

(21) クラーク (Clark 1993, p. 206) は、似たようなパターンの識別テストが、(コウモリの場合) コウモリであるとはいかなることかという問いにたいする (「ある種の」) 答を明らかにすると述べている。彼が言うには (p. 207)、われわれは、コウモリであるとはいかなることかにかんする「客観的」特徴づけ「に見えるもの」を手にする。クラークと私が意見を異にする唯一の点は、表象にかんする目的論的な見方をとれば、留保 (「ある種の」や「に見えるもの」) は不要になるということである。

(22) ジャクソンの議論にたいして、多くの哲学者がこの論点を提示している。すなわち、事実がきわめて詳細に個別化されれば、その結果、これ (私の見ている唯一のもの) は緑であるという私の知識と、私の見ているものは緑であるというあなたの知識は、別の事実にかんする知識であると考えられることになる。しかし、そう考えるのでないかぎり、(他の生物の経験にかんして) メアリが知りえない事実などない、という論点である。Davies and Humphrey 1993, pp. 16-17; Evans 1984; Horgan 1984; Loar 1990; Lycan 1990; Papineau 1993; Rey 1993; Shoemaker 1991, p. 508; Tye 1986; Van Gulick 1993, p. 142 を参照。

(23) 現在ある立場の手頃な概観としては、Thompson et al. 1992 を参照。

(24) 新しい環境において刺激を一貫して「誤解釈する」パターン認識装置という、コリン・マッギン (McGinn 1989, pp. 77-78) の例と比較せよ。

(25) どれだけ信頼できるかわからないが、メルツォフとボートン (Meltzoff and Borton 1979) は、新生児の感覚間の等価性にかんする証拠を提示している。生後一ヶ月の新生児が、口に入れられた二つのおしゃぶりのうち一つに慣らされる。一つにはなめらかな乳首が付いており、もう一つは乳首に突起のあるでこぼこしたものである。慣らされたのちに二つのおしゃぶりの視覚的なレプリカを見せられると、赤ん坊たちは、以前に口で知覚していたほうに信頼できる程度の視覚的な選好を示すのである (Eysenck 1990, p. 261 から転載)。

第4章

(1) ムーアの主張によれば、観念論者は、われわれが経験するもの(心的かもしれないし心的でないかもしれない)と、それについてのわれわれの経験(確実に心的である)を混同している。そこから、われわれが気付くものはすべて心的であるという考えが帰結するのである。

(2) わたしはここで、意識に関連する名辞の傾向的な意味は無視する。すなわち、われわれが、誰かあるいは何かを意識のある存在者として記述するとき、(生起的な意味では)それに意識がないとしても、意識がある存在者であると言いうるが、このような意味は無視する。傾向的な意味では、たとえば、夢のない眠りのあいださえ、私は意識のある存在者である。

(3) デイヴィッド・ローゼンタールは、「意識」と「気付き」を同義に用いるとしても、意識的な気付きは必ずしも冗語にはならないと私に指摘した。何かに意識的に気付くことは、あなたがそれに気付いていることを意識することを意味するかもしれない。これは、あなたがそれに気付いていることからは含意されないことである。たしかにこの指摘は正しい。ローゼンタールの読みを念頭に置くときには、私はつねにそれを明示的にすることにしよう。

(4) 私はここで、われわれは、何らかの厳密な意味で実際にその人に気付いているのか、あるいは(嗅ぐ場合には)その人から発せられている臭いに、(聞く場合には)その人の声またはその人がたてる音に気付いているだけなのか、ということにかんする論争は無視する。私は、知覚的対象(があるとすればそれ)はつねに物的対象または状態であると考えるが、これがどの対象あるいは状態であるかは問題にしないことにする。私の考えでは、これは経験的問題である。その答は、ある表象が情報を提供する機能を持つのはどのような性質であるかにかかっている(第1章第4節を参照)。Perkins 1983 に、知覚的対象を特定するさいの(私のような実在論者にとっての)諸問題にかんするよい議論がある。

(5) 私は、夢や幻覚の感覚与件による分析は偽であると想定している。すなわち、私は、ある人がピンクのネズミを幻覚しているとき、その人はピンクでネズミの形をしているいかなる対象にも気付いていないと想定している。この想定は、その人がある特定の性質、すなわち、ピンクのネズミを見ている人が気付いているのと実際に同じ性質（ピンクであること等々）に気付いていることを否定するわけではない。この想定は、その人は、これらの性質を持ついかなる対象にも気付いていない、すなわち、ピンクでネズミの形であるいかなるものにも気付いていない、と言っているだけである。

(6) 夢の場合には、このことが意味するのは、夢を見る人はある意味で無意識的だが、別の意味では（夢を見ているあいだ）意識的だということである。Nikolnakos 1994, p. 96 と比較せよ。彼は、これらの理由から、急速眼球運動状態では夢は意識的であると示唆している。

(7) すなわち、それらについては、アームストロング（Armstrong 1968）、ピッチャー（Pitcher 1970）、マイケル・タイ（Tye 1991, 1992, 1994, 1995）が述べていることの多くが言えるだろう（しかし、すべてが言えるわけではないことも確かである）。とくに、痛み（のどの渇き、かゆみ等々）は、われわれが気付く感覚、すなわち心的個物ではない。痛みは気付きの対象ではないのである。痛みとはむしろ、対象の気付き、すなわち身体状態の気付きなのである。

(8) 高階理論は状態意識、すなわち、ある状態を意識的状態にするものについての理論であり、意識の理論ではない。（すくなくとも私が見てきたかぎりでは）高階理論は、低階の状態の生物意識を構成するものが何であるかについては、何も語っていない。

(9) 私は、「心的状態を意識するならばそれは意識的である」という言葉を加えなかった。というのは、典型的な高階理論は、低階の経験を意識的にするには、この高階の気付きはしかるべき仕方で「非推論的」でなければならないと付け加えるからである。たとえば、精神分析医に告げられることによって、自分は父親を憎んでいると信じる（そしてそれゆえ気付くようになる）としても、この憎しみは意識的にはならない。(自分がそのような憎しみを持っているという) 高階の信念は、しかるべき仕方で直接的とはいえないからである。私は、高階理論が持つこのような側面を無視することにする。というのは、高階理論にたいする私の批判は、この特徴とは無関係だからである。

(10) わたしが「おそらく」と述べたのは、(知覚とは信念を持つことあるいは獲得することであるという) アームストロングの知覚にかんする見方は、思考と経験の区別を曖昧にし、それゆえ、高階思考理論と高階経験理論の区別を曖昧にするからである。この点を指摘してくれたことにかんして、グーヴェン・ガゼルダレーに感謝したい。

(11) この点についての有益な議論にかんして、私はグーヴェン・ガゼルダレーに感謝している。Güzeldere 1997 を参照。この講義原稿を書き終わってから、私は、シドニー・シューメイカー (Shoemaker 1994) による内観の知覚モデル批判を目にした。彼は、私が第2章と本章で行っている批判の多くと同様の批判を展開している。Evans 1982 も参照。「……内的状態 [低階の経験、ドレッキによる補足] と世界の状態が関係するのと同じ仕方で内的状態と関係する情報状態 [すなわち高階の経験、ドレッキによる補足] は存在しない」(228)。

(12) 近年考案された映像化技術、たとえばＰＥＴ (陽電子放射断層撮影) やＭＲＩ (核磁気共鳴画像) を介して。

(13) 口ひげを見ていることを (決して!) 思い出さないということは、それを見なかったということ、すなわちそれを意識していなかったということを意味しない。それが意味するのは、たんに、われわれは、自分がそれを意識していること (その経験を持つこと) を決して意識することがないということである。

私はさらに奇妙な諸現象も念頭に置いている。たとえば分離脳患者である。彼らは (右脳で) さまざまなものを意識する (左側にあるものを見たり感じたりする) が、(すくなくとも左脳、すなわち言語的な側では) それらのものに気付いていることに気付いていないように見える。この現象にかんする議論としては、Milner 1992, p. 153；Rugg 1992, p. 275；および Young and DeHaan 1990 を参照（最後の文献は分離脳と盲視の違いについて述べている）。Dretske 1981 で論じた、いわゆる「アイコン的」記憶（この用語にかんしては Neisser 1967 を参照）にも言及しておくべきだろう。短い視覚的呈示を用いたスパーリングの実験（Sperling 1960）や、エイバーバックとコリエルの実験（Averbach and Coriell 1961）は、被験者は、同定できるあるいは報告できるよりも多くのものを見ている（そしてそれゆえそれらを意識している）ということを示している。

(14) これは近年盛んに論じられている論点である。Velmans 1991；Humphrey 1983；Rey 1988；Van Gulick 1989 をはじめとする多くの文献を参照。

(15) デイヴィド・ローゼンタールの指摘によれば、高階思考理論では、E（何らかの経験）は、意識的であることによっていかなる付加的な因果的な力も得ないが、それにもかかわらず、Eが意識的であることによって達成される目的があるかもしれない。この目的は、意識的なEがもたらす結果にではなく（意識的なEと無意識的なEの結果には違いがない）、Eを意識的にする高階思考がもたらす結果にある。これはもっともらしく聞こえるが、このように議論を進めれば、意識的な病気にも何らかの機能や目的を与えることになる、と言っておくべきだろう。意識的な病気は医者により迅速に報告される、といったことである。

(16) これは、意識はつねに有利だということではない。ジョージ・レイが思い起こさせてくれたように、主体が詳細をおおむね意識していないときに、もっともうまく遂行できる課題もある。ピアノを演奏すること、言語を発話すること、素早いスポーツをすることなどである。それにもかかわらず、このような場合でさえ、さらに遠位の対象の意識は不可欠であり、詳細はそれらの対象を捉えることに貢献している。

(17) 盲視にかんする詳しい話は、Weiskrantz 1986 と Milner and Rugg 1992 を参照。ここで私は、ある被験者が（自ら告白するように）視覚的経験を持たないということは、対象を見ることができないこと、いかなる視覚的経験も持たないと主張することに等しいと想定している。盲視が引き起こす問いとは、盲視患者は何も見ることなしにXが何か（誰か、どこかなど）を見てとることができるとすれば、なぜわれわれは、同じことを見てとるためにXを（あるいは場合によっては他の何かを）見なければならないのか、という問いである。

(18) 行動を制御する反射的「感覚」（Walker 1983, p. 240）には、刺激の気付きを含まないものも多くある。たとえば、異なる距離の対象にたいする目のレンズの調節、内的な形式の刺激にたいする消化システムの反応、周辺で見られた対象への視線の方向づけである。ミルナー（Milner 1992, p. 143）の示唆によれば、これらの「知覚」は、おそらく、カエルにおける補食行動やネズミやサルにおける方向付け反応を媒介する過程と同様に、中脳の視覚運動系によって達成されている。盲視にかんしてわれわれを当惑させるのは、われわれが自分では気付いていない情報を持っているということではなく（これらの反射的感覚はすべてそのような事例である）、盲視の場合には、（強いられれば）この情報を熟慮のうえでの意図的な行為、すなわち、通常は気付きを必要とする行為を制御し導くことに用いることができるように見える、ということである。

第5章

(1) たとえば、Davies 1991 ; Horgan 1991 ; Fodor 1980, 1987 ; McGinn 1989 ; Seager 1991 ; Sterelny 1990 ; Lloyd 1989 ; Tye 1995 ; および、その他数多くの文献において。

(2) たとえば、自然種を含む思考である。しかし、見えと実在の区別が成り立ついかなる概念も（完全には）脳のなかにないという見解を支持する、説得的な双子地球タイプの議論を与えることができると私は考えている。言うまでもなく、ここにはたいていの概念が含まれる。以下（たとえば注5）を参照。

(3) つまり、その「人」は実験室で合成されたか、あるいはデイヴィドソンの論文（Davidson 1987）に登場するスワンプマンのような仕方で生を受けたのである。

（4）私は、Dretske 1981, 1988 で、信念と欲求にかんする外在主義的な理論を展開し、擁護した。

（5）議論の焦点を明確にしておくために、双子フレッドは、よその環境で育ったのちに、まか不思議な仕方でフレッドの環境に移されて、同一の対象kを見ているのだと想定しよう。見ているものについて彼らが考えることの違いは、見ている対象（信念の対象）の違いによってではなく、信じていることの違い、すなわち視覚的信念の概念的内容によって決定されるのである。

また、説明のために、イケていることやシケていることは、フレッドと双子フレッドそれぞれの環境内の対象が持っている、遠位の性質（あるいは種）であると想定しよう。これらがどのような種類の性質であるかは重要ではない。それらが自然種である必要もない。この議論にとって重要なことは、イケていることが外的であることである。つまり、イケていないものをイケているものとまったく同じに見えるようにできる、すなわち、イケていないものはイケているものと同じ近位の入力を生み出しうる、ということである。私の考えでは、思考にかんする外在主義理論を説明するためには、最低限この条件が必要である。この条件が満たされれば、フレッドと双子フレッドのあいだに双子地球タイプの状況を構成することが可能だろう。すなわち、双子フレッドにおいてイケていないもの（たとえばシケているもの）が引き起こす物理的状態と厳密に同じ物理的状態を、フレッドにおいては、イケているものが引き起こすという状況である。このように、フレッドと双子フレッドは、それぞれの思考が何についての思考であるかにかんして異なるが、同じ物的状態にあると想像できるのである。

（6）読者に私の添字の使用法について思い出してもらおう（第3章を参照）。添字“d”（doxatic を表す）は、「見える」（“appear”，“seem”など）の意味のうち、何かがFに見え^{d}る人Sの信念（あるいは信念を持つ傾向性）にかんして、何かを含意する意味を表現している。ＳにはｋはＦに見え$_{d}$るとは、ｋについての自らの知覚に基づいて、ＳはｋがＦであると信じているということである（あるいは通常は信じるだろうということである。詳細にかんしては第3章第1節を参照）。他方、添字〝p〟（phenomenal を表す）は、Ｓの思考的状態あるいは傾向的状態にかんしては何も含意せず、それゆえ、Ｓが持つ概念的資源にかんしては何も含意しない。ＳにはｋはＦに見え$_{p}$るということは、Ｓにとってｋは（Ｆ的である点において）Ｆであるものと同じに見える、ということである（これにかんしても、不可欠な留保条件については第3章第1節を参照）。フレンチ・プードルとは何かをスーザンが知らないとしても、スーザンにはある犬がフレンチ・プードルのように見え$_{p}$るかもしれない（すなわち、その犬はフレンチ・プードルが引き起こすものと似た経験をスーザンのうちに引き起こすかもしれない）が、彼女がフレンチ・プードルとは何かを知らなければ（すなわち、そのように見える犬をフレンチ・プードルであると考えない、あるいは考える傾向にないならば）、彼女には、その犬がフレンチ・プードルのように見え$_{d}$ることはありえないだろう。

（7） 概念がなければ直観は盲目であるとカントは述べた。直観とは経験にほかならないと考えれば、盲目なのは直観ではない。われわれは、直観によって（直観がわれわれのうちで生じるという事実によって）身のまわりの対象に気付くことができる（すなわちそれらを見たり聞いたりできる）からである。われわれはむしろ、直観に気付くことができないのである。

（8） Ｆ概念を持っているにもかかわらず、Ｓには事物がＦに見え$_{p}$る一方でＦに見え$_{d}$ないということには、いくつかの理由がある。おそらく、不注意がもっともありふれた理由である。私は、あなたのネクタイの色を見たに違いない（私は何度かそれを直視した）が、会話に没頭していたので、注意を払わなかった。すなわち、あなたのネクタイは私に青く見え$_{p}$たが、不注意ゆえに、私には青く見え$_{d}$なかった（それは青いと信じることを引き起こさなかった）。もう一つの理由は、感覚的な過負荷である。

われわれは、信念を持ちうるよりも多くのものを見る。この可能性にかんしては、短時間の視覚呈示にかんするスパーリング（Sperling 1960）の実験が示唆的である。被験者は、きわめて短い露出条件のもとで数字の列を見る。このとき、彼らはせいぜい三つか四つの数字を同定できるだけだが、いかなる三つあるいは四つの数字を同定することもできる（どの三つあるいは四つかを同定するかはのちの合図次第である）。この事実は、（おそらくは）現象的なレベルでは、すべての文字についての情報が存在しているということを示唆している。同定されない「五」つのものは、「五」つに見え$_{d}$ないとしても、「五」つに見え$_{p}$る。また、てんかん、夢遊病、高次処理中枢の損傷や障害（私がここで考えているのは脳梁切断、種々の失認症、半側視野失認などである）といった理由もある。

（9）われわれは（そもそも）すべての指を見ており、（そののちに）それらを数えるのだ、と想定すれば。もちろん、指を数えるさいには、（もともと）われわれが（すべてを同時に）見ていたよりも多くの指を（順に）見る、という可能性がある。しかし、数が小さいときには、数える指すべてを見ているというのは、きわめて自然な想定である。もっとも、ダニエル・デネット（Dennett 1991a）は同意しないだろうが。（数えなければ）どれだけの指を見ているかを知ることがないだけなのである。ファラー（Farah 1990, p. 18）が指摘しているように、数えることには、二つ以上の対象を同時に見ることが必要である。数えることには、自分が見ていることを知っているよりも多くのもの（考えているよりも多くのものではなくともよいが）を見ることが必要とされるということも、明らかなように思われる。そうでなければ、なぜ数えたりするのだろうか。この点にかんする有益な議論にかんしては、Perkins 1983を参照。

（10）日常会話における多義性を明らかにするために、しばらく添字を用いないことにする。私が添字を用いる意図は、この多義性を避けることにある。

（11）両者は異なると言える意味がある。私は、転調とは何であるかを知るために十分な音楽理論を知っているが、転調を聞くことができないかもしれない。転調とは何であるかを知るために十分な音楽理論を知っているが、転調を聴覚的に同定する能力を欠いているならば、私は転調を聞いており（それは私にとって転調のように聞こえ$_p$る）、自分が聞いている性質が何であるかを知っているが、自分が転調を聞いているかどうかを（少なくとも聴覚によっては）知らない、ということがありうることになる。

(12) そしてこれは、無転調が私にどのように聞こえるかとは異なる。この条件を付け加えることは重要である。というのは、第3章で見たように、転調が私に通常聞こえる仕方で聞こえるというだけでは、何かが私にとって転調のように聞こえ$_p$る必要はないからである。私はほとんど耳が聞こえず、ほとんどすべてが私には同じに聞こえるとすれば、転調は私の現象的経験の一部ではないことになる。転調が通常私のうちに引き起こすものとまさに似た経験を何かが引き起こすとしても、それが私にとって転調のように聞こえ$_p$ることはないのである。

(13) この議論において、私は、ゾンビを、思考と経験を欠くが、心を持つ生物と機能的に識別できない（物理的にさえ識別できないかもしれない）存在者と考える。物理主義者のなかには、ゾンビは不可能であると考える人もいる。いま論じているような思考と経験にかんする表象理論においては、ゾンビは可能である。実際のところ、いかなる外在主義的な心の理論においても、ゾンビは可能である。偽の100ドル札がありうるのと同じ理由で、偽の思考者（すなわちゾンビ）がありうる。偽物とは、他の事物と正しい関係にたたない対象である。たとえば、偽物は正しい歴史を持たないのである。

(14)「配置」ということで私が意味しているのは、部品が、それが属しているシステム（がある場合）において機能する仕方（部品の原因と結果）である。したがって、双子ターセルの部品は、ターセルの計器のように見えるだけでなく、両者は（すなわち燃料計を除いたすべては）同じ仕方で機能する（速度、オイルの圧力などにかんする情報を伝える）。機能にかんする歴史的な見方は、AとBは同じ機能を持つことなしに同じ仕方で機能しうるという見方にコミットしている。

(15) ある部品の機能とは、大雑把にいえば、それを含むシステムの能力に貢献するためにそれが何をするかであるという、カミンズ (Cummins 1975) 流の機能分析を受け入れるならば、この事実は無関係ではないということになるだろう。私の考えでは、これが機能にかんするわれわれの直観的な理解ではないということは、われわれは双子ターセルの燃料計が壊れていると自然に判断するという事実から明らかである。カミンズの機能理解では、それは何もしないし、何もしてこなかったので、壊れることはありえないということになるだろう。

(16) 英国の神学者兼道徳哲学者ウイリアム・ペイリー（一七四三〜一八〇五）は、神の存在を証明するよく知られた議論を提出している。もしあなたが灌木のなかに時計と同じくらい複雑なものを見つけたとしたら、それを設計した者がいると推論しないだろうか。ペイリーの議論によれば、部品が注意深く作られ、繊細に調整されていることは、ただ一つのことを含意する。すなわち、その時計には、その構造を理解し、ふさわしい用途のためにそれを設計した製作者がいるということである。人体の精妙な仕組みにかんしても同様である。もちろん、ダーウィン以前には、こういったことすべてが、いまよりもはるかにもっともらしく思われていた。

(17) わたしは、ホーガンがこのことを問題にしていると示唆したいわけではない。議論を明確にしようというわたしの発言は、ホーガンに向けられたものではない。信念（第1章でわたしが信念媒体と呼んだもの）のいまここ的な性格と、信じられているもの（信念内容）のいまここ的な性格を、彼はきわめて明確に区別している。

(18) 詳細は Dretske 1988, 1990b, 1991a, 1991b, 1992, 1993a, 1993b, 1994 を参照。

(19) わたしは、われわれが行動の起動原因を探し求めるときもあるということは否定しない。犬の訓練にかんする歴史をよく知っている耳の聞こえない実験室助手が、なぜこの犬は唾液を分泌しているのかと訊ねているのを想像してみればよい。この人が教えてもらう必要があるのは、起動原因にかんする事柄である。彼は、ベルが鳴っているということを教えられる必要があるのである。

(20) ベイカー（Baker 1991）らによって、構築原因が説明するものは信念や欲求が説明する個別的な行動ではなく、ある特定の行動傾向、たとえば、なぜその犬はベルが鳴るときに唾液を分泌する傾向を持つのかということなのではないかという反論がなされてきた。ベイカーへの応答（Dretske 1991b）において指摘したように、構築原因は、それらが構造化する過程の各トークンをすべて説明する。なぜベルが鳴るときにこの犬は唾液を分泌するのかを説明するとき、わたしは、なぜベルが鳴るたびにこの犬が唾液を流すのかを説明しているのである。

(21) 生物が意識的になることについて語るさい、私は、トークンではなくタイプについて語っている。私はこれが明らかであるよう願っている。自然選択は、いかなる個別のキリンの首も長くしない。自然選択は、キリンの首（タイプ）を長くするのである。同様に、自然選択はあるタイプの生物を意識的にするのであり、ある個別の生物を意識的にするのではない。

(22) 厳密には、このアイテムタイプの以前のトークンのいくつかが、あるいはよりよい表現を用いれば、ミリカン（Millikan 1984）がそのアイテムの複製族と呼ぶものの以前の成員が、である。

(23) ある器官や特徴は、いかなる有益な仕事もなさずに選択されうる。ルウォンティンとグールド（Lewontin and Gould 1979）は、これを「スパンドレル」と呼んでいる。しかし、有益な仕事をすることなしに、すなわち、何らかの仕方で繁殖の成功に貢献することなしに、あることのために選択され、機能、すなわちそれがするはずのことを獲得することはできない。あるものが選択されることと、あることのために選択されることの違いにかんしては、Sober 1984 を参照。

(24) ルース・ミリカン（Millikan 1989a）は、表象は消費者に依存するという点を強調している。私も賛成である。提供される情報を使用する（消費する）ものがなければ、いかなるものも、それを提供する機能を獲得できない。それにもかかわらず、情報が消費される仕方は、表象内容を決定しない。それは、その表象が何の表象であるかを教えてくれない。そのことは、そのシステムがどのような情報を提供する機能を獲得するかによって、決定されるのである。

(25) もちろん、生物の必要は変動するので、それは無用になるかもしれないが、かつては有用だったのである。

訳者解説

鈴木貴之

本書は Fred Dretske, *Naturalizing the Mind*, Cambridge MA : MIT Press, 1995 の全訳である。謝辞にあるように、本書の第1章から第4章は、一九九四年にフランスの国立科学研究センターで行われたジャン・ニコ賞受賞記念講義がもとになっている。第5章は、原書が出版されるさいに追加された章である。ジャン・ニコ講義については、本シリーズの既刊書であるミリカン『意味と目的の世界』の訳者解説に詳しい説明があるので、参照されたい。

著者のフレッド・ドレツキは、一九三二年生まれのアメリカ人哲学者で、ウィスコンシン大学教授、スタンフォード大学教授を経て、現在はデューク大学教授およびスタンフォード大学名誉教授である。ドレツキには、これまでにつぎの五冊の著作がある。

Seeing and Knowing, London : Routledge, 1969
Knowledge and the Flow of Information, Cambridge MA : MIT Press, 1981
Explaining Behavior, Cambridge MA : MIT Press, 1988（邦訳ドレツキ『行動を説明する』水本正晴訳、勁草書房、二〇〇五年）
Naturalizing the Mind, Cambridge MA : MIT Press, 1995（本書）
Perception, Knowledge, and Belief : Selected Essays, Cambridge : Cambridge University Press, 2000

ドレツキの哲学にかんしては、本解説と併せて『行動を説明する』の訳者解説も参考にされたい。

1　ドレツキ哲学の歩み

ドレツキは、第一の著作から一貫した問題意識を持って哲学的問題に取り組み、自らの理論を徐々に発展させてきた。本書にも、これまでの研究の成果が数多く盛り込まれている。したがって、まず、本書に至るまでのドレツキ哲学の歩みを簡単にたどってみよう。

ドレツキ自ら（Dretske 1994）が語っているように、彼の哲学は、知識にたいする関心から出発している。哲学の歴史においては、知識にかんして、われわれは何を知っているのか、たんなる思い込みと真に知識と言いうるものにはどのような違いがあるのか、われわれはどのようにすれば知識を得ることができるのか、といった問題が論じられてきた。これらの問題を論じるのが認識論である。しかしドレツキは、認識論に取り組むためには、まずその主題である知識とは何かを明らかにしなければならないと考える。第一の著作『見ることと知ること』で、彼はこの問題に取り組んだ。この著作で彼が注目したのは、われわれの知識の主たる源泉である、知覚である。書名にあるように、ドレツキは、見ることと知ることはどのような関係にあるのか、両者は同一なのかといった問いを通じて、知識とは何かを明らかにしようとしたのである。

ドレツキによれば、われわれが知覚と呼ぶものには二種類の異なる現象が含まれている。非認識的な知覚（non-epistemic perception）と認識的な知覚（epistemic perception）である。前者は、ある対象を周囲の対象から識別する能力を本質とし、言語や概念を必要としない。これにたいして、後者は言語や概念を必要とし、その内容は命題として表現される。たとえば、赤いリンゴを見たときに生じる知覚状態のうち、青いものと赤いものを識別する行動を可能にするのは非認識的な知覚状態であり、「これは赤い」という発話を引き起こすのは認識的な知覚状態である。これら二種類の現象の区別は、ドレツキ哲学の中核をなす発想の一つである。本書を一読すれば明らかなように、この区別は、「見える」の現象的意味と思考的意味の区別や、経験と思考の区別として、本書にも受け継がれている。

『見ることと知ること』において、ドレツキはさらに、認識的な知覚に一次的な知覚と二次的な知覚という区別を導入する。われわれが直接見ている対象について何かを見てとるのが一次的な知覚であり、ある対象を見ることによって、別の対象について何かを見てとるのが二次的な知覚である。たとえば、赤いリンゴを見ることによってそのリンゴが赤いことを見てとるのが一次的な知覚の例であり、温度計を見ることによって部屋の気温を見てとるというのが、二次的な知覚の例である。この区別もまた、ドレツキ哲学の中核をなす発想である。ここで二次的な認識的知覚と呼ばれているものは、本書で置換知覚と呼ばれているものにほかならない。

ドレツキ哲学には、知識にたいする関心にくわえて、もう一つ大きな特徴がある。ドレツキは、ただたんに知識という現象を分析することを目的としているわけではない。彼は、すべての現象は自然科学的世界観のもとで理解可能であるという考え方、すなわち自然主義を支持しているからである。彼の目標は、知識にかんする概念分析を行うことよりもむしろ、知識という現象を自然科学的世界観のなかに位置づけることにあるのである。

知識への関心と自然主義を二つの柱とすることによって、ドレツキ哲学の全体的な構想が明確になる。知識とは何かを明らかにするためには、知識に関係する心的状態についての理解を深める必要がある。そして、自然主義者にとって、心的状態についての理解を深めるということは、自然科学的世界観のなかに心的状態を位置づけること、すなわち心を自然化するということにほかならない。したがって、自然主義的な認識論を構築するためには、心の自然化が不可欠の準備作業となるのである。

第二の著作『知識と情報の流れ』では、ドレツキの自然主義者としての姿勢が前面に押し出される。この著作においてドレツキは、現代の情報理論を手がかりとして、知識とは何かを明らかにしようとする。シャノン以来の現代の情報理論は、情報を二つの状態の相関関係によって定義するという点で、自然主義的な理論と言える。ドレツキは、意味という現象を情報概念によって分析し、そのことを通じて意味を自然化しようと試みるのである。

ドレツキによれば、ある状態が意味を持つということは、曖昧さのない情報を担うこと、すなわち、ある状態とそれが表すものとのあいだに完全な相関が成り立つことにほかならない。意味を持つこと、すなわち表象であることは、情報を担うことの特殊事例なのである。のちに見るように、表象を情報の特殊事例と考えるという考え方もまた、ドレツキが一貫して保持しているものであり、本書にも受け継がれている。

また、情報のコード化には、アナログ形式とデジタル形式という二種類の形式がある。ある状態が、aがFであるという情報をデジタル形式で担うのは、その状態がaについてそれ以外の情報を一切担っていないときであり、アナログ形式で担うのは、付加的な情報が伴っているときである。たとえば、「このリンゴは赤い」という文は、目の前のリンゴについて、色にかんする情報だけを担っており、それゆえ、デジタル形式でコード化されている。これにたいして、このリンゴの写真や絵は、リンゴの色にかんする情報だけでなく、形や大きさにかんする情報も担っており、それゆえ、色にかんする情報をアナログ形式で担っている。ドレツキによれば、われわれの知覚経験はアナログ形式でコード化された情報を担っており、思考のような認知的過程はデジタル形式でコード化された情報を担っている。知覚に基づいて信念が形成されるさいには、アナログ形式でコード化された情報が、デジタル形式に転換されるのである。コード化の形式にかんする区別は、『見ることと知ること』における非認識的知覚と認識的知覚という区別を、別の仕方で定式化したものと言えるだろう。

情報理論に基づく知識の分析は、認識論に一つの重要な帰結をもたらす。この分析によれば、知識とは生物の内的状態と外的対象とのあいだに成り立つ関係であり、認識論はこの関係を主題としなければならないことになる。これは、伝統的な認識論の発想とは大きく異なっている。伝統的な認識論の主要な関心は、知識を持つ主体の観点における知識の正当化にあったからである。心と外的対象の関係を重視する立場、すなわち外在主義もまた、本書に受け継がれているドレツキ哲学の重要な特徴である。

情報理論に基づく定式化によれば、表象はそれが表す事物をつねに正しく表すはずである。しかし、われわれはしばしば見間違えをしたり偽なることを信じたりする。したがって、自然主義的な表象理論においては、誤表象の可能性を説明することが重要な課題となる。ドレツキは、一九八六年の論文「誤表象」(Dretske 1986) でこの問題を主題的に取り上げ、そこで、表象を機能概念によって分析するという考え方を提出した。彼によれば、真に表象と言いうるものは、ある内容を表象する機能を持つもの、すなわち、ある内容を表象するはずのものであり、何らかの理由でこの機能が正常に果たされないときに、誤表象が生じるのである。表象を目的論的な機能から理解するという考え方は、本書第1章で展開される表象理論においても、重要な役割を果たしている。

さきに述べたように、自然主義的な認識論には心の自然化が必要である。しかし、心的状態には、知覚と信念、あるいは経験と思考という、二種類の異なる現象が含まれている。したがって、心を自然化するためには、経験と思考それぞれを自然化する必要がある。第三の著作『行動を説明する』は、思考の自然化を主題としている。ここで彼がおもに論じているのは、思考が脳状態にほかならないとすれば、思考がある内容を持つという事実はいかにして行動の説明に因果的効力を持ちうるのか、という問題である。この問題に答を与えなければ、自然科学的世界観のなかで思考に正当な位置づけを与えることができないのである。彼の解答は本書第5章でも簡単に紹介されているが、詳しくは『行動を説明する』の邦訳書を参照されたい。

以上が本書にいたるまでのドレツキの哲学的な歩みである。そして、本書におけるドレツキの目標は、自らの哲学理論をさらに一歩発展させることにある。その主題は、心の自然化にかんする残された問題、すなわち経験の自然化である。

2　経験の自然化

ドレツキが本書の序において述べているように、経験の自然化は思考の自然化よりも困難な問題であると考えられている。彼が経験の自然化を後回しにしたのも、そのためである。そこで、本書の内容紹介に入るまえに、経験の自然化はなぜ困難な問題であると考えられているのかについて、簡単に問題の背景を紹介しておこう(1)。

科学革命以降、近代科学はめざましい速度で発展してきた。現在では、科学は自然科学的世界観という統一的な見方に結実しようとしている。では、自然科学的世界観によってあらゆることが理解可能なのだろうか。

人間の心は、自然科学に残された難問の一つである。自然科学的世界観によれば、われわれは筋肉や骨や神経系などからなる物的存在でしかない。そのような物的存在が、どのようにしてものを見たり、痛みを感じたり、さまざまなことを考えたりすることができるのだろうか。脳における神経細胞の活動は、われわれの経験や思考とどのような関係にあるのだろうか。これは、心身問題と呼ばれる問題である。自然主義者が自らの正しさを示すためには、心身問題を解決し、心も自然科学的世界の一部であるということを示さなければならないのである。

ここで、心の自然化のうち、思考の自然化は比較的容易であるように思われる。ある思考を持つということは、他の思考を引き起こしたりある行為を引き起こしたりする心的状態を持つことにほかならないと考えられる。そうだとすれば、そのような心的状態を持つことは、ある因果的役割を持つ脳状態を持つことにほかならないと考えられるからである。

これにたいして、経験の自然化はより困難な課題であると考えられてきた。経験は、因果的役割としては捉えられない側面を持つように思われるからである。たとえば、赤いリンゴを見るという経験は、そのリンゴに手を伸ばすことを引き起こしたり、赤いリンゴがあるという信念を引き起こしたりする因果的役割を持つだけでなく、緑色のメロンや黄色い夏ミカンを見る経験とは異なる独特の感じを伴って、私の経験に立ち現れてくる。あるいは、虫歯が痛むという経験は、顔をしかめることやうめき声を発することを引き起こす因果的役割を持つだけでなく、かゆみやくすぐったさの経験とは異なり、頭痛の経験とも異なる、独特の感じを伴っている。経験が持つこれらの独特の感じは、クオリアと呼ばれる。経験のクオリアは、脳状態の物理的性質や因果的役割によっては捉えることができないものであるように思われる。経験の自然化が困難であるのは、クオリアの自然化が困難だからである。

このような直観にくわえて、経験を自然化することは不可能であると主張するいくつかの議論も存在する。たとえばトマス・ネーゲル（Nagel 1974）は、コウモリは人間と異なる感覚器官を持つという事実に着目し、コウモリの感覚器官や脳についてどれだけ詳細な知識を得たとしても、われわれは、コウモリであるとはいかなることかを理解することはできないと主張する。ネーゲルによれば、それはコウモリの視点をとることによってのみ理解可能なことであり、いかなる視点とも独立な自然科学的な方法によっては、それを理解することはできないのである。

フランク・ジャクソン（Jackson 1982）も、同じような議論を提出している。彼は、生まれたときから白黒の部屋で育てられ、色の付いたものを見たことがない人物であるメアリについて考えてみるように言う。メアリは天才科学者であり、人間の視覚システムや物体の物理的特性についてあらゆることを知っている。したがって、メアリは赤いものを見るという経験にかんするあらゆる物理的事実を知っている。しかし、メアリが白黒の部屋を出て、はじめて自ら赤いものを見たとき、赤いものを見るとはどのようなことかにかんして、はじめて知ることがあるように思われる。このことは、経験にかんする事実には、物理的事実に還元できない事実が存在することを示唆しているように思われる。そしてこのことは、経験には物理的なものに還元できない側面があるということを示唆するように思われるのである。

さらに、チャルマーズ（Chalmers 1996）は、別種の議論を提出している。チャルマーズは、経験を持つ人間と物理的に識別不可能でありながら、いかなる意識的経験も持たない存在者、すなわちゾンビについて考えることができるということに着目する。彼は、一般に思考可能なものは形而上学的にも存在可能であるので、ゾンビは、現実世界に存在しないとしても、存在可能であると言う。そして、ゾンビが存在可能であるということは、人間の物理的状態はその人の経験のあり方を決定しないことを示していると言うのである。彼は、意識にかんする二種類の問題を区別する。意識的経験にどのような脳状態が相関するかを明らかにするという問題は、意識のイージー・プロブレムであり、自然科学で解決可能な問題である。これにたいして、その脳状態からなぜそのような経験が生まれるのかを理解するという問題は、意識のハード・プロブレムであり、自然科学では解決不可能である。チャルマーズによれば、脳についての物理的な事実と経験のあいだの説明上のギャップを埋めることはできないのである。

これらの議論によって、経験の自然化は心の自然化のなかで最も困難な問題であるという認識が広く共有されることになった。しかし、自然主義者がこれらの議論にただちに屈したわけではない。一九九〇年代になると、自然主義者の側から、経験を自然化するためのプログラムを提示する文献が相次いで登場した。本書は、ハーマンの論文（Harman 1990）やタイの著作（Tye 1995）とともに、その中核をなすものである。

これらの著作は基本的な発想を共有している。以下で本書の内容に即して見ていくように、基本的な発想とは、経験を一種の表象として理解するという考え、すなわち表象主義である。表象主義の根本的な発想はつぎのような点にある。あるものが別の何かを表すこと、すなわちそれが表象であるということは、自然主義の枠組のなかで理解が比較的容易である。したがって、表象概念を用いて経験を分析することができれば、表象概念を媒介として、経験そのものを自然化できるのではないかと考えられる。表象主義は、経験を自然化する理論として、現在最も有望であると考えられている理論なのである。

では、表象主義は経験をどのように自然化するのだろうか。その詳細は、節をあらためて、本書の内容に即して見ていくことにしよう。

3　本書の概要

本書のもっとも基本的な主張は、経験は一種の表象であるというものである。本書では、この考え方は表象主義テーゼと呼ばれている。第1章では、表象主義の内容を明確化するために、表象概念の分析が行われる。あるものがそれ以外の何かを表すとき、それは表象と呼ばれる。書かれた文字、話された言葉、絵、写真などがその典型例である。表象主義によれば、われわれの経験や思考も、世界のあり方を表すという点で、これらと同様に表象である。しかし、経験や思考は文字や絵とは異なるように思われる。また、これまでにドレツキが繰り返し論じてきたように、同じ心的状態でも経験と思考は異なる種類の心的状態であるように思われる。したがって、経験が一種の表象であるとしても、それがどのような種類の表象であるのかを明らかにする必要がある。これが第1章の課題である。

表象について考えるうえでまず重要なことは、情報と表象を区別することである。われわれのまわりには、何らかの情報を担う状態と言いうるものが多くある。山火事の煙は風の強さについての情報を担っているし、金属片の膨張は気温についての情報を担っている。二つの事態のあいだに相関関係が成立するところには、情報関係も広く成立する。しかし、情報を担う状態のすべてが表象なわけではない。表象と呼びうるものは、たんに情報を担うだけでなく、情報を担う機能を持つ状態だけである。山火事の煙も金属片も、情報を担う機能を持っていないため、表象とは言えないのである。

つぎにドレツキは、二つの区別を導入して表象を分類する。第一の区別は、規約的表象と自然的表象の区別である。規約的表象とは、われわれの意図や目的によってそれが何を表すかが決まる表象であり、自然的表象とは、われわれの意図や目的からは独立に、何を表すかが決まっている表象である。文字や絵は規約的表象であるのにたいして、われわれの心的状態は自然的表象である。

自然的表象には、さらに第二の区別が導入される。体系的な表示機能を持つ表象と獲得された表示機能を持つ表象という区別である。ある表象が、それが属している表象システムにおける役割から意味を与えられるときには、それは体系的な表示機能を持つ表象である。その表象がさらに別の仕方で用いられるときには、それは獲得された表示機能を持つ表象となる。ドレツキの比喩的な例を用いれば、自動車に車軸の回転数についての情報を表示する計器があり、これをわれわれが速度計として利用するとき、この計器の針位置は、車軸の回転数を表す体系的表示機能を持ち、速度を表す獲得された表示機能を持つ。体系的な表示機能は、その状態が担う情報によって決定されるが、獲得された表示機能は、目盛のふり方によって変化する。ドレツキによれば、経験は体系的な表示機能を持つ表象だが、思考は獲得された表示機能を持つ表象である。経験の表象内容はほぼ生得的に決定されるが、思考の表象内容は学習によって変化しうるのである。

このような分類の結果、経験とは、体系的な表示機能を持つ自然的表象であることがわかる。[2] 表象主義を採用することによって、さまざまなことが説明可能になる。経験と思考はどのように異なるのか、経験はなぜ志向性を持つのか、経験が脳状態であるとしたら、なぜ脳状態を見てもそれがどのような経験であるかがわからないのか、といったことである。第1章の後半では、表象主義の観点から、これらの問題に説明が与えられている。

前節でも見たように、経験には、自然化の妨げとなると考えられてきたさまざま特徴がある。表象主義の立場からそれらの諸特徴を説明することが、第2章から第4章の課題である。

第2章で取り上げられているのは内観である。経験が脳状態にほかならないとしても、われわれは、自らの脳状態を眺めることなしに、自らの経験がどのようなものであるかを知ることができる。われわれは、外界の事物について知るのとは違った仕方で、自らの経験について知ることができるのである。このような知り方は内観と呼ばれる。また、自らの経験についての内観的知識は権威性を持つと考えられる。それは、他人が私の経験について持つ知識よりも確実なものであるように思われるのである。では、われわれはなぜ権威性を持った内観的知識を持つのだろうか。従来の解答は、心とは物的世界とは異なる領域であり、ある人の心とはその人だけが接近できる領域だからである、というものだった。しかし、これは自然主義者が受け入れることのできる説明ではない。では、自然主義者は、内観的知識が可能であり、しかもそれが権威性を持つということを、いかにして説明できるだろうか。

ドレツキの解答は、内観は置換知覚の一種である、というものである。われわれは、あるものを見ることによって、別のものについての知識を得ることができる。立ち上る煙を見て山火事の発生を知るというのは、その一例である。ドレツキは、このような過程を置換知覚と呼ぶ。われわれは、ある対象のかわりに別の対象を見ることによって、前者にかんする事実を見てとることができるのである。通常の置換知覚では、ある外的対象の知覚を通じて、べつの外的対象について知覚的な知識が得られる。これにたいして、内観の場合には、外的対象の知覚を通じて、その知覚経験そのものについての知識が得られる。たとえば、赤いリンゴが見えるとき、われわれは、この知覚経験から、自分は赤いリンゴを見ているということを知ることができるのである。さらに、ドレツキによれば、内観の場合には、媒介となる経験は真正な経験である必要はない。赤いリンゴがないときに赤いリンゴが見えているとしても、自分が赤いリンゴを見るという経験を有していることは変わりないからである。また、煙を見て山火事の発生を知るような場合には、山火事と煙の関係にかんするなんらかの信念が必要だが、知覚経験の対象についての知識から経験についての知識への推論は、媒介となる信念を必要としない。これらの理由から、内観による知識は、他の置換知識にはないような権威性を持っているのである。

第3章で論じるのはクオリア、すなわち、意識経験に伴う独特の感じである。赤を見る経験や虫歯が痛む経験は、それぞれに独特の感じを伴っている。そしてその経験は、それを経験する主体の視点からのみ理解しうるものであるように思われる。経験が脳状態であるとすれば、なぜある脳状態が生じることにそのような経験が伴うのかは、理解しがたいように思われる。このクオリアの存在が、意識の自然化を、意識のハード・プロブレムたらしめているのである。

表象主義はクオリアも理解可能なものにする。表象主義によれば、クオリアとは、経験の対象が持つと表象される性質にほかならない。たとえば、赤のクオリアとは、経験において表象されている対象の色という性質であり、痛みのクオリアとは、負傷した自らの身体部位の性質である。われわれがクオリアと呼ぶものには、経験において表象されている対象の性質以外のものは含まれていないのである。

表象主義によれば、他人の経験のクオリアにかんしても客観的な探究が可能になる。ドレツキによれば、他の存在者の心を知るとは、その存在者が世界をどのように表象しているかを知ることである。このことを知るには、経験が何を表象する機能を持つかを知り、表象されている性質が何であるかを知ればよい。したがって、たとえばコウモリであるとはいかなることかを知りたければ、コウモリの脳状態がどのような表象機能を持つかを明らかにし、それが表象するのは外界の事物のどのような性質であるかを知ればよいのである。もちろん、コウモリであるとはいかなることかを十全に知るためには、コウモリのすべての表象状態について、それが表象する性質を知る必要がある。これは現実にはきわめて困難な作業かもしれないが、そこに原理的な困難は存在しないのである。

第4章の課題は、意識という現象を表象主義のもとでどのように説明するかということである。われわれは、ある経験を有していることを意識していることもあれば、意識していないこともある。その違いはどこにあるのだろうか。経験には、意識的経験と無意識的経験という二種類の経験があるのだろうか。

ここで、表象主義者のなかには、経験はさらなる条件が加わることによって意識的になると考える人々が存在する。このような考え方は意識の高階理論と呼ばれる。意識の高階理論には、高階経験理論と高階思考理論の二種類がある。高階経験理論によれば、ある経験が意識的となるのは、われわれがその経験についての経験を持つときである。しかし、ドレツキによれば、このような考え方は説得的でない。われわれは内的スキャナのような感覚器官を持たないし、われわれが鏡を用いて自らの脳状態を眺めたとしても、それが意識的経験になるわけではないからである。他方、高階思考理論によれば、経験が意識的となるのは、われわれがその経験についての思考を持つときである。たとえば、赤いものを見ているだけでなく、自分は赤いものを見ているという思考を持つときにのみ、赤いものを見るという経験は意識的となるのである。この理論にたいしてもドレツキは批判を提出する。第一に、高階思考理論によれば、意識的経験を持つためには経験についての思考を持つことが必要であり、これにはメタ表象能力が必要である。したがって、メタ表象能力を獲得するまえの幼児や、そのような能力を持たない人間以外の動物は、意識的経験を一切持たないことになる。これは反直観的である。第二に、経験は思考よりも詳細であり、すべての経験についての思考を持つことは不可能であるように思われる。このように、意識の高階理論は説得的ではないのである。

ドレツキ自身は、経験が意識的であるためにはさらなる条件は必要ないと考える。彼によれば、高階理論の背景には、生物意識と状態意識の混同がある。われわれがある対象についての経験を持つとき、われわれはそれによってその対象を意識する。つまり、われわれは生物意識を持つ。そしてそのとき、われわれの経験は意識的な心的状態となる。すなわち、われわれの経験は状態意識を持つことになる。しかし、このときにわれわれがその経験を意識するとはかぎらない。すなわち、ある対象についての生物意識と、その対象についての経験の状態意識は相伴うが、その経験についての生物意識がそこに伴うとは限らないのである。

表象主義は、心の本質を心的状態とそれが表象する対象との関係に求める考え方である。それゆえ、自然主義をとり、心的状態とは脳状態であると考えるとしても、脳状態そのものを見るだけでは、心の本質を明らかにすることはできないことになる。ドレツキの立場は、心の本質は脳のそとにあると考える外在主義の一種なのである。しかし、外在主義にたいしては、さまざまな批判が存在する。これらの批判に応答するのが第5章である。

外在主義にたいする第一の批判は、内観にかんするものである。外在主義が正しいとすれば、ある人の心について知るためには、その人のうちにある表象状態と、それが表象する対象の関係を知る必要がある。そうであるとすれば、外在主義と内観の権威性は両立しないように思われるのである。これにたいしては、すでに第2章で解答が与えられた。

外在主義にたいする第二の批判は、ドレツキが内在主義者の直観と呼ぶものである。物理的に識別不可能な二人の人物は、経験にかんしても識別不可能であるように思われる。しかし、ドレツキの理論によれば、それら二人の歴史が異なれば、それぞれの脳状態の機能が異なることがありえ、それゆえ、両者の経験が異なることがありうることになる。これは、直観に反しているように思われる。これが内在主義者の主張である。

このような批判にたいして、ドレツキはいくつかの応答を行っている。まずドレツキは、内在主義者の直観は、経験にかんする作用＝対象モデルに由来すると指摘する。内的に識別不可能な二人の主体の経験は同一であるという考えは、経験は心という劇場に現れる内的対象を眺めることから成り立つという考えに起因するというのである。また、思考にかんする外在主義を受け入れるならば、概念が異なる二人の主体は、各自の経験についての思考の内容においても異なることになる。そうであるとすれば、このような二人の主体は、経験が同じであるとしても、そのことに気付くことができないことになる。このときに、なおも二人の経験が同じであると信じるべき積極的な理由はないように思われる。これらの理由から、ドレツキは、内在主義者の直観は決定的なものではないと論じるのである。

外在主義にたいする第三の批判は、外在主義が正しいとすれば、ある主体の行動の説明において、その主体の心的状態がある心的状態であるということが因果的抗力を持ちえないのではないか、というものである。これにたいしては、前著『行動を説明する』においてすでに詳細な議論がなされており、本書ではその概略が示されている。ごく簡単にまとめれば、その趣旨は以下のようなことである。われわれは、身体運動と行動を区別する必要がある。行動とは、心的状態が身体運動を引き起こす過程である。われわれの身体運動は、それを引き起こした脳状態の物的性質によって説明されるが、行動は、その脳状態がある表象内容を持つということによって説明されるのである。

以上が本書の概要である。以上のような議論によって、ドレツキは、経験を自然化する道を具体的に提示しているのである。

4　ドレツキ理論の問題点

前節でも述べたように、本書は、経験の自然化をめぐる今日の哲学的議論のなかで、もっとも重要な著作の一つである。本書は、経験を自然化するもっとも有望な戦略であると考えられている、表象主義と呼ばれるプログラムを具体的に展開したものだからである。

では、ドレツキの議論によって、経験は自然化可能であるということが決定的に示されたのだろうか。経験または意識をめぐる哲学的な議論がその後も活発に続いていることからもわかるように、彼の議論に納得しない人々も多い。この節では、ドレツキの議論のなかでとくに問題となる点を指摘しておこう。

ドレツキの理論において、自然主義者のなかでも評価が分かれるのは、彼の外在主義である。すでに述べたように、ドレツキの表象主義は表象を目的論的、外在主義的な観点から理解しようとする。したがって、物理的に識別不可能な二人の存在者であっても、両者の歴史が異なれば、両者の機能は異なり、したがって両者の経験は異なりうるということになる。これにたいして、物理的に識別不可能な二人の存在者は、機能も同一であり、それゆえ経験も同一であると考えるのが内在主義である。

前節でも見たように、ドレツキは、内在主義者の直観には根拠がないと考えている。しかし、内在主義者の直観を支持するようないくつかの論点を提示することができるだろう。

第一に、第5章に出てくるフレッドと双子フレッドの思考実験のような事例において、両者の表象内容は同一であると考えることも可能である。第1章において、ドレツキは表象内容と表象の対象を明確に区別している。この区別をふまえれば、フレッドと双子フレッドの表象の対象は異なるとしても、両者の表象内容は同一であるように思われる。このことは、二種類の内容の区別として論じられることもある。自然主義者のなかには、表象内容には狭い内容と広い内容という二種類の内容があると考える人々が存在する（cf. Fodor 1980）。狭い内容とは、他の心的状態や行動との因果的関係によって決定される内容であり、広い内容とは、表象する対象によって決定される内容である。二種類の内容を区別する人々は、行動の説明において重要であるもの、すなわち、心理学的に重要であるものは、狭い内容であると考える。経験の違いとは経験が行動にもたらす違いと不可分であると考えるならば、経験の内容とは狭い内容にほかならず、フレッドと双子フレッドは狭い内容も経験の内容も同一であることになるのである。

第二に、歴史の違いの重要性を示す議論は、ミスリーディングであるように思われる。われわれが通常目にする事例において、自然選択の歴史が重要であるのは、自然選択は、自然的表象を生じさせる原因として自然主義者が唯一認めうるものだからである。つまり、歴史が異なれば同一の機能を持ちえないだろうという直観は、歴史が異なれば現在の物理的状態も異なるだろうという直観に基づいているのである。しかし、双子の思考実験の設定では、自然選択以外の原因によって、自然選択によって生じるのと同じような表象システムが生まれると想定されている。したがって、そのような設定では、われわれの素朴な直観を信頼し、両者の機能は異なるとただちに結論づけることはできないのである。

内在主義と外在主義の対立は、表象にかんする二つの見方の対立に由来していると考えられる。ドレツキは、ミリカンらとともに、表象の機能はあるシステムのなかでの因果的役割によって決まるという実用主義的な見方を退け、表象の機能はその表象が歴史的に果たしてきた役割によって決まるという起源論的な見方をとる。(3) 起源論的な見方をとれば、外在主義が帰結し、フレッドと双子フレッドの機能や経験は異なるということになる。これにたいして、実用主義をとれば、両者の機能や経験は同一であるということになるのである。(4)

このように、表象の自然化をめぐっては、自然主義者のあいだでも、現在もなお論争が続いている。ただし、このことは表象主義そのものの成立を脅かすわけではないということに注意が必要である。内在主義的な表象主義もまた、意識を自然化する理論として十分に可能性を持った理論だからである。(5)

では、表象主義自体は十分に説得的な理論なのだろうか。つぎにこの点について考えてみよう。外在主義の問題はドレツキの表象主義に固有の問題だが、彼の理論には、表象主義一般に共通する問題点も存在する。そしてそれは、表象主義的な意識理論にとって、もっとも深刻な問題点でもある。その問題点とは、われわれの経験内容が表象内容にすぎないものであるとは考えられないということである。

表象主義によれば、われわれの経験とは脳状態にほかならず、われわれの経験内容とは、脳状態の表象内容にほかならない。したがって、たとえば赤いリンゴを見ているときのわれわれの経験内容とは、脳状態の表象内容にほかならないのである。ドレツキが第1章で論じているように、このように考えることにはさまざまな利点がある。この考えは、経験が脳状態であるということと、それが外界の経験であるということを両立可能にする。また、この考え方は、誤った経験が生じうることを説明する。さらに、この考え方は、表象の自然化を通じて、経験の自然化を可能にする。表象主義には、このように多くの利点が存在するのである。

しかし、表象媒体とは異なり、表象内容は、通常の意味で世界のなかに存在するものではない。表象内容は、われわれが見たり触れたりできるものではないのである。そしてこのことは、われわれの経験においては経験されるものがまさにこの世界のなかに存在するものとして現れるという直観と衝突する。この問題は、誤った経験において先鋭化する。眼前に赤いものがないにもかかわらず、赤いものの視覚経験が生じているとき、われわれには、経験される世界にはたしかに何か赤いものが現れており、存在しているように思われる。しかし、表象主義によれば、そのときに生じているのは、赤さを表象する機能を持つ脳状態が生じるということでしかなく、私の脳のなかにも、私の周囲にも、赤いものは一切存在しないことになる。このことは、きわめて反直観的であるように思われる。さらに、これは誤った経験だけの問題ではない。表象主義を受け入れるならば、実際に眼前に赤いものがある場合にも、実際に生じているのは赤さを表象する機能を持つ脳状態が生じることでしかないということになるからである。(6)

このように、表象主義は、さまざまな説明上の利点と引き替えに、経験にかんするわれわれのもっとも重要な直観を否定してしまうように思われる。この問題にたいして説得的な解答を与えることができなければ、表象主義による経験の自然化が成功したとは言いがたいのである。

では、これらの問題点によって、ドレツキの理論や表象主義が誤りであることが明らかになったのだろうか。そのように考えるのは早計だろう。ドレツキの立場から、あるいは表象主義の立場からは、さまざまな応答が可能だろう。このような応答を試みていくことによって、経験の自然化が可能であるか、可能であるとすれば、どのような考え方によってそれが可能であるのか、不可能であるとすれば、どこに本質的な困難があるのかといったことが、さらに明らかになるだろう。したがって、経験の自然化という問題に取り組むうえで、本書は、自然主義者にとっても、自然主義にたいする批判者にとっても、真剣な検討に値する著作なのである。

注

(1) ここで経験の自然化と呼ぶ問題は、一般には意識の自然化と呼ばれることが多いが、本解説では、本文との対応関係を重視して経験という語を用いることにする。経験の自然化の問題にかんする概観としては、鈴木 2004 も参照。

(2) 厳密に言えば、経験とは、体系的な表示機能を持つ自然的表象のうち、獲得された表示機能を持つ表象に利用されうるものである。

(3) この点についてはミリカン『意味と目的の世界』および同書の訳者解説を参照。

(4) 実用主義者の観点からは、起源論的な見方は、人工物の機能を典型例として表象について考えているのではないか、という批判ができるかもしれない。

（5）訳者自身は、ある種の実用主義的な表象理解に基づく表象主義を支持している。これについては鈴木2005を参照。

（6）この問題にかんしては信原2002を参照。信原は、この問題を例化の問題と呼んでいる。

参考文献

Chalmers, D. J., 1996, *The Conscious Mind : In Search of a Fundamental Theory*, Oxford : Oxford University Press.（邦訳チャーマーズ『意識する脳――脳と精神の根本理論を求めて』林一訳、白揚社、二〇〇一年）

Dretske, F., 1986, "Misrepresentation", in R. Bogdan (ed.), *Belief : Form, Content, and Function*, Oxford : Clarendon Press.

Dretske, F., 1994, "Fred Dretske", in Guttenplan, S. (ed.), *A Companion to the Philosophy of Mind*, Oxford : Blackwell

Fodor, J., 1980, "Methodological Solipsism Considered as a Research Strategy in Cognitive Psychology", *Behavioral and Brain Sciences*, 3, 36-110.

Harman, G., 1990, "The Intrinsic Quality of Experience" in J. Tomberlin (ed.), *Philosophical Perspectives 4 : Action Theory and Philosophy of Mind*, Atascadero CA : Ridgeview, 31-52.（邦訳ハーマン「経験の内在的質」鈴木貴之訳、信原幸弘編『シリーズ心の哲学Ⅲ 翻訳篇』勁草書房、二〇〇四年、八五〜一二〇頁）

Jackson, F., 1982, "Epiphenomenal Qualia", *Philosophical Studies*, 32, 127-136.

Nagel, T., 1974, "What Is It Like to Be a Bat?", *Philosophical Review*, 83, 435-450.（邦訳ネーゲル「コ

ウモリであるとはどのようなことか」永井均訳、『コウモリであるとはどのようなことか』勁草書房、一九八九年、二五八～二八二頁)
信原幸弘、2002、『意識の哲学――クオリア序説』岩波書店
鈴木貴之、2004、「クオリアと意識のハードプロブレム」、信原幸弘編『シリーズ心の哲学I 人間篇』勁草書房、一三一～一七八頁
鈴木貴之、2005、「表象理論にもとづく現象的意識の自然化」東京大学大学院総合文化研究科博士論文
Tye, M., 1995, *Ten Problems of Consciousness*, Cambridge MA : MIT Press.

＊

最後に、本書の翻訳にあたってお世話になった方々にお礼を申し上げたいと思います。この仕事を紹介してくださったのは、東京大学の信原幸弘先生です。信原先生には、大学院入学以来研究を指導していただいているだけでなく、訳稿の一部について有益なコメントをいただきました。また、本書を編集してくださったのは、勁草書房の土井美智子さんです。土井さんには、原稿にも目を通していただき、言葉遣いなどにかんしても有益なコメントをいただきました。お二人のコメントによって訳文がおおいに改善されましたが、なおも誤訳や読みにくい部分が残っているとすれば、それはもちろん訳者の責任です。翻訳の不備を発見された方は、訳者までご連絡いただければ幸いです。なお、この翻訳は二〇〇六年の春には完成している予定だったのですが、就職などの個人的な事情により、完

成が大幅に遅れることになってしまいました。それでもなんとか完成できたのは土井さんのおかげです。重ねて感謝したいと思います。

索　引

ア　行

アームストロング　Armstrong, D. M.　124-126, 169, 205, 220, 221
アスペクト的な形　35-37
アナログ　207
意義　26
意識　47　→　気付き，経験，クオリアも参照
　最小――　124
　生物――と状態――　116-119, 134, 194
　知覚的――　124
　知覚的形式の――　117
　～の意識および～による意識　118-123
　――の機能　138-146
　――の高階理論　124-138
痛み　122
一人称権威　47-49, 64-66, 155-156
意味　58-59, 61, 92-93, 150
色　106-111, 206
ヴァイスクランツ　Weiskrants, L.　144, 222
ヴァン・ギューリック　Van Gulick, R.　218, 222
ウィトゲンシュタイン　Wittgenstein, L.　48
ウェルマン　Wellman, H. M.　72, 130
ヴェルマンス　Velmans, M.　222
エイキンズ　Akins, K.　114
エヴァンズ　Evans, G.　22, 205, 209, 212, 213, 218, 221
エンク　Enc, B.　208
置き換え論法　151, 170-181

カ　行

外在主義　49, 65-66, 147, 151-152, 168-170, 182-183
概念　11, 23, 163-166
学習　203
ガゼルダレー　Güzeldere, G.　221
カミンズ　Cummins, R.　228
カラザース　Carruthers, P.　127
感覚　14, 18, 21, 25, 144
感覚システム　23
感覚与件　152-155, 219
完結性　212-213
気付き　11-12, 116-117　→　意識，知覚も参照
　概念的――対感覚的――　11-12
　――の作用対――の対象　115-117
　性質の――　120-121
　抽象的対象の――　12-13
キッチャー　Kitcher, P.　8
起動原因　191-194
機能　2-5, 8-9, 196-197
　感覚の――　6, 8-10, 18, 149
　規約的――対自然的――　7-10, 86-87

状態の——対システムの——　203
生物学的——　18, 151, 203
体系的——対獲得された——　2-22, 203
表示——　2-3, 16-17, 58-61, 90-91
明示的——対非明示的——　24-25, 216
割り当てられた——　7-8, 20
逆転スペクトル　86, 215
ギャリステル　Gallistel, C. R.　6
キンズボーン　Kinsbourne, M.　169
クイントン　Quinton, A.　213
クオリア　vii, 25, 77, 86-87, 88-94, 100-102, 113, 147-149
——逆転　83-87, 147
——欠如　171-181
——の気付き　131-132, 167-170
グッドマン　Goodman, N.　27
クラーク　Clark, A.　24, 85-86, 214, 218
クリステンセン　Christensen, C. B.　39, 208
クレイン　Crane, T.　205
経験　1, 10-12, 14, 18-20, 22, 41, 43-44, 75-76, 112-114, 121-123, 152-155, 179　→　知覚，夢，幻覚，現象的経験も参照
意識的——対無意識的——　134-138, 141-142
子供の——　130-132
性質の——　34
動物の——　127, 132-133
——の質　1, 99-100, 158-159, 174
結合信念　71-72
原因　181-182, 191-193
遠位の——対近位の——　183-184
幻覚　28, 34, 120-121
現象的概念　158-163　→　クオリアも参照
現象的経験　1, 14, 25, 154
原知識　213
高階理論（意識の）　124-138
恒常性　19
構築原因　191-194
行動　183, 186
コード化　207
ゴッドフリー＝スミス　Godfrey-Smith, P.　203, 206, 208
ゴプニク　Gopnik, A.　72
固有受容感覚　vii, 122

サ　行

サール　Searle, J.　8, 36
シーガー　Seager, W.　223
シェパード　Shepard, R.　110
識別　81-91, 165-166
思考　viii, 12, 148, 153-158
指示　26-29, 33-35, 120
自然主義　v, 10, 32-33, 86, 147
自然選択　60-61, 187, 194-201, 203
視点　94-97
ジャクソン　Jackson, F.　80, 97-98
ジャッケンドフ　Jackendoff, R.　205
シャピロ　Shapiro, L.　6
シューメイカー　Shoemaker, S.　86, 93, 209, 212, 215, 218, 221
主観性　28-29, 77-78
シュレーダー　Shroeder, T.　204, 208
順応　21

条件等色　107-109
情報　2-5, 58, 63-64, 71-72, 90-91, 199-200
進化　194
信念　18-20, 71-73, 157-159
スタルネイカー　Stalnaker, R.　212
スタンプ　Stampe, D.　208
スティッチ　Stich, S.　151
ステレルニー　Sterelny, K.　223
スワンププラント　173-175, 177-178, 224
像　121
ゾンビ　172, 178, 227

タ　行

タイ　Tye, M.　43, 213, 215, 218, 220, 223
第二性質　106
他人の心（の問題）　54, 97-98
知覚　120-121
　意識の一種としての——　117, 140-141
　感覚——対認知的——　140-141
　正常な誤——　211
　置換——　49, 50-54, 70-76
　二次的——　209
　認識的——対非認識的——　205
チザム　Chisholm, R.　28
知識　66-68, 102-104, 210 → 内観的知識も参照
チャーチランド　Churchland, P. M.　214
チューリング・テスト　172, 190
ついて性　33-35
デイヴィーズ　Davies, M.　139, 205, 215, 218, 223
デイヴィドソン　Davidson, D.　177, 212, 224
デジタル　207
デネット　Dennett, D.　8, 134, 169, 205, 213
特権的接近　78
トライスマン　Treisman, A.　6

ナ　行

内観主義者の直観　174, 179-181, 182
内容　27, 41, 150-151
ナツーラス　Natsoulas, T.　47
認知　18, 21-23, 25
ヌーナン　Noonan, H. W.　212
ネアンダー　Neander, K.　8
ネーゲル　Nagel, T.　94, 96
ネミロウ　Nemirow, L.　103

ハ　行

パーキンス　Perkins, M.　208, 219
バージ　Burge, T.　28, 65, 67, 150, 212
ハーディン　Hardin, C. L.　107
パーナー　Perner, J.　52, 72, 130
バーネッカー　Bernecker, S.　213
ハーマン　Harman, G.　213, 215
バック　Bach, K.　28
ハットフィールド　Hatfield, G.　110
パトナム　Putnam, H.　150-151
パピノー　Papineau, D.　218
ハンフリー　Humphrey, N.　142-143, 209, 218, 222
ピーコック　Peacocke, C.　208, 216
ビジャッキ　Bisiach, E.　87
ピッチャー　Pitcher, G.　169, 220
表示　5, 58-61, 91
表象　1-5, 28-32, 33, 79-80, 203

絵画的―― 210
概念的――対感覚的―― 11-14, 51-54, 87, 127, 140-142
規約的――対自然的―― 7-10
誤―― 5, 31-32, 33, 79, 211
事象様相の―― 28
純粋な――および雑種的な―― 29-30, 55
――状態対――システム 10-21
心的―― 6-7, 10, 22, 204
性質の―― 2, 26-32, 112-114, 208
体系的――対獲得された―― 14-21
対象の―― 26-32, 208
――内容対――媒体 41-44, 128-129
メタ―― 52-53, 65, 67
割り当てられた―― 207
表象主義テーゼ v-viii, 4, 58, 70, 86, 88, 98, 149, 184-185, 194
表象的自然主義 vi
ピリシン Pylyshyn, Z. 52
ビルグラミ Bilgrami, A. 212
ヒルベルト Hilbert, D. 111, 208
ビロ Biro, J. 95, 216
フェレスダール Føllesdal, D. 38
フォーダー Fodor, J. 18, 93, 181, 223
付随性 149, 151, 182-183, 193-194
双子地球 151, 223
フッサール Husserl, E. 38, 209
フラヴェル Fravell, J. 72, 130
ブレンターノ Brentano, F. 32
ブロック Block, N. 93, 205
文脈 28-29
ベイカー Baker, L. R. 229
ペイリー Paley, W. 228
ペイリー症候群 175
ヘイル Heil, J. 65, 67, 212
ベネット Bennett, J. 8
方向性 37-40
ホーガン Horgan, T. 184, 218, 223, 228
ボゴシアン Boghossian, P. 49

マ 行

マー Marr, D. 6
マクダウェル McDowell, J. 208
マッギン McGinn, C. 79, 114, 181, 205, 213, 215, 218, 223
マッセン Matthen, M. 5, 110, 208, 211
マルセル Marcel, A. J. 142
見え 25, 80, 88, 153
現象的―― 25, 78-83, 99-100, 158-162, 214
思考的―― 80, 158-162, 214
ミラー, A. Millar, A. 80-81, 208, 214
ミラー, I. Miller, I. 38-39
ミリカン Millikan, R. 229
ムーア Moore, G. E. 115, 219
命題的態度 vii
目盛りをふる 18, 21, 23, 59
盲視 142, 223
目的論 4-6
モジュール性 23

ヤ 行

唯物論 77, 128, 150
夢 28, 34, 120-121, 219

ラ 行

ライカン Lycan, W. 213
ライト Wright, L. 8, 212
ルイス Lewis, D. 103

レイ　Rey, G.　204, 215, 217, 218, 222
レカナティ　Recanati, F.　28
歴史（の因果的関連性）　183-184
ロア　Loar, B.　218
ロイド　Lloyd, D.　27, 53, 214
ローゼンタール　Rosenthal, D.　106, 126, 132-133, 213, 219, 222

文　献

Akins, K. 1993. A bat without qualities. In Davies and Humphreys 1993, pp. 258-273.

Allport, A. 1988. What concept of consciousness? In Marcel and Bisiach 1988, pp. 159-182.

Armstrong, D. M. 1968. *A Materialist Theory of the Mind*. New York : Humanities Press. (邦訳アームストロング『心の唯物論』鈴木登訳，勁草書房，一九九六年)

——. 1980. *The Nature of Mind and Other Essays*. Ithaca, NY : Cornell University Press.

Armstrong, D. M. and N. Malcolm 1984. *Consciousness and Causality : A Debate on the Nature of Mind*. Oxford : Basil Blackwell. (邦訳アームストロング，マルカム『意識と因果性——心の本性をめぐる論争』黒崎宏訳，産業図書，一九八六年)

Averbach, E., and Coriell, A. S. 1961. Short-term memory in vision. *Bell System Technical Journal*, 40 : 309-328.

Baars, B. 1988. *A Cognitive Theory of Consciousness*. Cambridge : Cambridge University Press.

Bach, K. 1986. Thought and object : *de re* representations and relations. In Brand and Harnish 1986.

——. 1987. *Thought and Reference*. Oxford : Clarendon Press.

Baker, L. R. 1991. Dretske on the explanatory role of belief. *Philosophical Studies*, 63 : 100-112.

Bennett, J. 1976. *Linguistic Behavior*. Cambridge, England : Cambridge University Press.

Bernecker, S. 1996. Externalism and the attitudinal component of self knowledge. *Noûs*, 30 : 262-275.

Bilgrami, A. 1992. Can externalism be reconciled with self-knowledge? *Philosophical Topics*, 20, no. 1 : 233-267.

Biro, J. I. 1991. Consciousness and subjectivity. In Villanueva 1991, pp. 113-134.

——. 1993. Consciousness and objectivity. In Davies and Humphreys 1993a, pp. 178-196.

Bisiach, E. 1988. The haunted brain and consciousness. In Marcel and Bisiach 1988, pp. 101-120.

——. 1992. Understanding consciousness : clues from unilateral neglect and related disorders. In Milner and Rugg 1992, pp. 113-137.

Blakemore, C., and S. Greenfield, eds. 1987. *Mindwaves : Thoughts on Intelligence, Identity and Consciousness*. Oxford : Basil Blackwell.

Block, N., and J. Fodor 1972. What psychological states are not. *Philosophical Review*, 81 : 159-181.

Block, N., ed. 1981. *Readings in the Philosophy of Psychology*. Cambridge, MA : Harvard.

——. 1990a. Inverted Earth. In Tomberlin 1990, pp. 53-80.

——. 1990b. Consciousness and accessibility. *Behavioral and Brain Sciences*, 13, no. 4 : 596-598.

——. 1991. Evidence against epiphenomenalism. *Behavioral and Brain Sciences*, 14, no. 4 : 670-672.

——. 1993. Review of Dan Dennett's *Consciousness Explained*. In *The Journal of Philosophy*.

——. 1995. On a confusion about a function of consciousness. *Behavioral and Brain Sciences*, 18 : 227-287.

Boghossian, P. 1989. Content and self knowledge. *Philosophical Topics*, 17, no. 1 : 5-26.

Brentano, F. 1874. *Psychologie vom Empirischen Standpunkt*. Leipzig.

Brown, D. J. 1993. Swampman of La Mancha. *Canadian Journal of Philosophy* 23, no. 3 : 327-348.

Burge, T. 1977. Belief *de re*. *Journal of Philosophy* 74 : 338-362.

——. 1979. Individualism and the mental. *Midwest Studies in Philosophy IV : Studies in Metaphysics*, P. French et al., eds. Minneapolis : University of Minnesota Press. （邦訳バージ「個体主義と心的なもの」前田高弘訳，信原幸弘編『シリーズ心の哲学Ⅲ 翻訳編』勁草書房，二〇〇四年，一六三～二七四頁）

——. 1982. Other bodies. *Thought and Object : Essays on Intentionality*, A. Woodfield, ed. Oxford : Clarendon Press.

——. 1988. Individualism and self knowledge. *Journal of Philosophy*, 85.

Carruthers, P. 1989. Brute experience. *Journal of Philosophy*, 86, no. 5 : 258-269.

——. 1992. Consciousness and concepts II. *Aristotelian Society Proceedings*, pp. 41-59.

Cassam, Q., ed. 1994. *Self Knowledge*. Oxford : Oxford University Press.

Chisholm, R. 1957. *Perceiving : A Philosophical Study*. Ithaca, NY : Cornell University Press. （邦訳チザム『知覚——哲学的研究』中才敏郎・中谷隆雄・飯田賢一訳，勁草書房，一九九四年）

Christensen, C. B. 1993. Sense, subject and horizon. *Philosophy and Phenomenological Research*, 53, no. 4 : 749-779.

Churchland, P. M. 1979. *Scientific Realism and the Plasticity of Mind*. Cambridge : Cambridge University Press. （邦訳チャーチランド『心の可塑性と実在論』村上陽一郎・信原幸弘・小林傳司訳，紀伊國屋書店，一九八六年）

——. 1984. *Matter and Consciousness*. Cambridge, MA : MIT Press / A Bradford Book.

——. 1989. *A Neurocomputational Perspective*. Cambridge, MA : MIT Press.

Churchland, P. S. 1988. Reduction and the neurobiological basis of consciousness. In Marcel and Bisiach 1988, pp. 273-304.

Clark, A. 1993a. *Sensory Qualities*. Oxford : Clarendon Press.

——. 1993b. Mice, shrews, and misrepresentation. *The Journal of Philosophy*, 90, no. 6 : 290-310.

Cowey, A., and Petra Stoerig. 1992. Reflections on blindsight. In

Milner and Rugg 1992, pp. 11-37.

Crane, T., ed. 1992 a. *The Contents of Experience : Essays on Perception*. Cambridge : Cambridge University Press.

——. 1992b. Introduction. In Crane 1992, pp. 1-17.

——. 1993c. The nonconceptual content of experience. In Crane 1992 a, pp. 136-157.

Cummins, R. 1975. Functional analysis. *Journal of Philosophy*, 72 : 741-765.

Damasio, A. R., and H. Damasio 1993. Brain and language. In *Mind and Brain*. New York : W. H. Freeman and Co.

Davidson, D. 1984. First person authority. *Dialectica*, 38. （邦訳デイヴィドソン「第一人称の権威」『主観的，間主観的，客観的』清塚邦彦・柏端達也・篠原成彦訳，春秋社，二〇〇七年，一六～三四頁）

——. 1987. Knowing one's own mind. *Proceedings and Addresses of the American Philosophical Association*, 60. （邦訳デイヴィドソン「自分自身の心を知ること」『主観的，間主観的，客観的』清塚邦彦・柏端達也・篠原成彦訳，春秋社，二〇〇七年，三五～七一頁）

——. 1988. Reply to Burge. *Journal of Philosophy*, 85 : 664-665.

Davies, M. 1991. Individualism and perceptual content. *Mind*, 100, no. 4, Centennial Issue : 461-484.

——. 1992. Perceptual content and local supervenience. *Proceedings of the Aristotelian Society*, 92 : 21-45.

Davies, M., and G. W. Humphreys, eds. 1993a. *Consciousness*. Oxford : Blackwell.

——. 1993b. Introduction. In Davies and Humphreys 1993a, pp, 1-39.

Dennett, D. 1969. *Content and Consciousness*. London : Routledge and Kegan Paul.

——. 1987. *The Intentional Stance*. Cambridge, MA : MIT Press. （邦訳デネット『「志向姿勢」の哲学——人は人の行動を読めるのか？』若島正・河田学訳，白揚社，一九九六年）

Dennett, D. C. 1988. Quining qualia. In Marcel and Bisiach 1988, pp. 42-77.

——. 1991a. *Consciousness Explained*. Little, Brown. （邦訳デネット

『解明される意識』山口泰司訳，青土社，一九九八年）
——. 1991b. Postscript : Reflections : Instrumentalism reconsidered. In Rosenthal 1991.
——. 1993. Living on the edge. *Inquiry*, 36, nos. 1 and 2 : 135-160.
Dennett, D. C., and M. Kinsbourne. 1992. Time and the observer : The where and when of consciousness in the brain. *Behavioral and Brain Sciences*, 15, no. 2 : 183-247.
Dretske, F. 1969. *Seeing and Knowing*. Chicago : University of Chicago Press.
——. 1978. The role of the percept in visual cognition. In *Minnesota studies in the Philosophy of Science : Perception and Cognition*, vol. 9, Wade Savage, ed. Minneapolis : University of Minnesota Press.
——. 1979. Simple seeing. In *Body, Mind and Method : Essays in Honor of Virgil Aldrich*, D. F. Gustafson and B. L. Tapscott, eds. Dordrechet, Holland : Reidel.
——. 1981. *Knowledge and the Flow of Information*. Cambridge, MA : MIT Press / A Bradford Book.
——. 1986a. Misrepresentation. In *Belief*, Radu Bogdan, ed. Oxford : Oxford University Press.
——. 1986b. Aspects of cognitive representation. In Brand and Harnish 1986.
——. 1988. *Explaining Behavior*. Cambridge, MA : MIT Press.（邦訳ドレツキ『行動を説明する』水本正晴訳，勁草書房，二〇〇五年）
——. 1990a. Seeing, believing and knowing. In *An Invitation to Cognitive Science, Volume 2, Visual Cognition and Action*, D. Osherson, S. Kosslyn, and J. Hollerbach, eds. Cambridge, MA : MIT Press.
——. 1990b. Does meaning matter? In *Information, Semantics and Epistemology*, Enrique Villanueva, ed. Oxford : Blackwell.
——. 1991a. Dretske's replies. In McLaughlin 1991, pp. 180-221.
——. 1991b. How beliefs explain behavior : Reply to Baker. *Philosophical Studies*, 63 : 113-117.
——. 1992. What isn't wrong with folk psychology. *Metaphiloso-*

phy, 23, nos. 1 and 2 : 1-13.

——. 1993a. Mental events as structuring causes of behavior. In Mele, A., and J. Heil, eds., *Mental Causation*. Oxford : Oxford University Press, 121-136.

——. 1993b. Can intelligence be artificial? *Philosophical Studies*, 71 : 201-216.

——. 1993c. Conscious experience. *Mind*, 102, no. 406 : 263-283.

——. 1994. Modes of perceptual representation. In *Philosophy and the Cognitive Sciences*, Roberto Casati, Barry Smith, and Graham White, eds. Vienna : Holder-Pichler-Tempsky.

——. 1994. Differences that make no difference. *Philosophical Topics*, 22 : 41-57.

Erdelyi, M. H. 1992. Psychodynamics and the unconscious. *American Psychologist*, 47, no. 6 : 784-787.

Evans, G. 1982. *Varieties of Reference*. Oxford : Clarendon Press.

Ewert, J. P. 1987. Neuroethology of releasing mechanisms : prey-catching in toads. *Behavioral and Brain Sciences*, 10 : 337-368.

Eysenck, M. W., ed. 1990. *The Blackwell Dictionary of Cognitive Psychology*. Oxford : Blackwell.

Favreau, O. E., and M. C. Corballis. 1976. Negative aftereffects in visual perception. Reprinted in Rock 1990, pp. 25-36.

Farah, M. J. 1990. *Visual Agnosia*. Cambridge, MA : MIT Press.

Fischbach, G. D. 1992. Mind and Brain. *Scientific American*, 267, no. 3 : 48-57. Reprinted in *Mind and Brain*. New York : W. H. Freeman and Co., pp. 1-14.

Flanagan, O. 1992. *Consciousness Reconsidered*. Cambridge, MA : MIT Press.

Flavell, J. H. 1988. The development of children's knowledge about the mind : From cognitive connections to mental representations. In J. Astington, P. Harris, and D. Olson, eds., *Developing Theories of the Mind*. New York : Cambridge University Press.

Fodor, J. 1980. Methodological solipsism considered as a research strategy in cognitive psychology. In *The Behavioral and Brain Sciences*, 3. 1 : 63-72.

——. 1983. *Modularity of Mind*. Cambridge, MA : MIT Press.（邦訳フォーダー『精神のモジュール形式——人工知能と心の哲学』伊藤笏康・信原幸弘訳，産業図書，一九八五年）

——. 1987. *Psychosemantics*. Cambridge, MA : MIT Press.

——. 1994. *Elm and The Expert : Mentalese and its Semantics*. Cambridge, MA : MIT Press.

Føllesdal, D. 1969. Husserl's notion of noema. *The Journal of Philosophy*, 66, no. 20 : 680-687.

French, P. A., T. E. Uehling Jr., and H. K. Wettstein, eds. 1986. *Midwest Studies in Philosophy*. Vol. 10 : *Studies in the Philosophy of Mind*. Minneapolis : University of Minnesota Press.

Gallistel, C. R. 1990. *The Organization of Learning*. Cambridge, MA : MIT Press.

Godfrey-Smith, P. 1989. Misinformation. *Canadian Journal of Philosophy*, 19, no. 4 : 533-550.

——. 1994. A modern history theory of functions. *Noûs*, 28 : 344-362.

Goodman, N. 1976. *Languages of Art*. Indianapolis, IN : Hackett.

Gopnik, A. 1993. How do we know our minds : the illusion of first person knowledge of intentionality. *The Behavioral and Brain Sciences*, 16 : 1-14.

Gould, S. J., and R. Lewontin. 1979. The spandrels of San Marco and the Panglossian paradigm : A critique of the adaptationist programme. *Proceedings of the Royal Society* (London) B205 : 581-598.

Grice, P. 1989. *Studies in the Way of Words*. Cambridge, MA : Harvard University Press.（邦訳グライス『論理と会話』清塚邦彦訳，勁草書房，一九九八年）

Grier, J. W. 1984. *Biology of Animal Behavior*. St. Louis, MO : Times Mirror / Mosby.

Güzeldere, G. 1997. Is consciousness the perception of what passes in one's own mind? In N. Block, O. Flanagan, and G. Güzeldere, eds., *The Nature of Consciousness : Philosophical Debates*, Cambridge, MA : MIT Press.

Hall, G. 1981. Discrimination. In McFarland 1981.

Hardin, C. L. 1986. *Color for Philosophers*. Indianapolis, IN : Hackett.

Harman, G. 1990. The Intrinsic Quality of Experience. In Tomberlin 1990.（邦訳ハーマン「経験の内在的質」鈴木貴之訳，信原幸弘編『シリーズ心の哲学Ⅲ　翻訳篇』勁草書房，二〇〇四年，八五～一二〇頁）

Hatfield, G. 1990. Gibsonian representations and connectionist symbol processing : prospects for unification. *Psychological Research*, 52 : 243-252.

——. 1991. Representation in perception and cognition : connectionist affordances. *Philosophy and Connectionist Theory*, W. Ramsey, S. Stich, and D. Rumelhart, eds. Hillsdale, NJ : Lawrence Erlbaum.

Hatfield, G. 1992. Color perception and neural encoding : does metameric matching entail a loss of information. In M. Forbes and D. Hull, eds., *PSA 1992*, 2 volumes. East Lansing, MI : Philosophy of Science Association.

Hebb, D. O. 1969. The Mind's Eye. *Psychology Today*, 2, no. 12.

Heil, J. 1988. Privileged access. *Mind*, 47 : 238-251.

——. 1992. *The Nature of True Minds*. Cambridge : Cambridge University Press.

Hilbert, D. R. 1987. *Color and Color Perception*. Stanford : Stanford University / CSLI.

——. 1992a. Comparative color vision and the objectivity of color. *Behavioral and Brain Sciences*, 15, no. 1 : 38-39.

——. 1992b. What is color vision? *Philosophical Studies* 68 : 351-370.

Horgan, T. 1984. Jackson on physical information and qualia. *Philosophical Quarterly*, 34 : 147-151.

——. 1991. Actions, reasons, and the explanatory role of content. In McLaughlin 1991, pp. 73-101.

Horgan, T., and J. Tienson, eds. 1991. *Connectionism and the Philosophy of Mind*. Dordrecht : Kluwer Academic Publishers.

Humphrey, N. 1970. What the frog's eye tells the monkey's brain. *Brain, Behavior and Evolution*, 3 : 324-337.

——. 1972. Seeing and nothingness. *New Scientist*, 53 : 682-684.

——. 1974. Vision in a monkey without striate cortex : a case study. *Perception*, 3 : 241-255.

——. 1987. The inner eye of consciousness. In Blakemore and Greenfield 1987, pp. 377-382.

——. 1992. *A History of the Mind : Evolution and the Birth of Consciousness*. New York : Simon & Schuster,

Jackendoff, R. 1989. *Consciousness and the Computational Mind*. Cambridge, MA : MIT Press / A Bradford Book.

Jackson, F. 1977. *Perception*. Cambridge University Press.

——. 1986. What Mary didn't know. *Journal of Philosophy*, 83 : 291-295. Reprinted in Rosenthal 1991b, pp. 392-394.

Jacobs, G. H. 1981. *Comparative Color Vision*. New York : Academic Press.

Kanizsa, G. 1976. Subjective contours. Reprinted from *Scientific American* in *The Perceptual World*, I. Rock, ed. New York : W. H. Freeman and Co., pp. 155-163.

Kinsbourne, M. 1988. Integrated field theory of consciousness. In Marcel and Bisiach 1988, pp. 239-256.

Kitcher, P. 1993. Function and design. *Midwest Studies in Philosophy*, 18, *Philosophy of Science*, P. French, T. Uehling, Jr., and H. Wettstein, eds. Notre Dame, IN : University of Notre Dame Press, pp. 379-397.

Land, E. H. 1977. The retinex theory of color vision. *Scientific American*, 237, no. 6, 108-128.

Leeds, S. 1993. Qualia, awareness and Sellars. *Noûs*, 27 : 303-330.

LePore, E., and B. Loewer, 1986. Solipsistic Semantics. In French, et al. 1986, pp. 595-614.

Lettvin, J. Y., H. R. Maturana, W. S. McCulloch, and W. H. Pitts 1959. What the frog's eye tells the frog's brain. *Proceedings of the Institute of Radio Engineers*, 47 : 1940-1951.

Lewicki, P., T. Hill, and M. Czyzewska 1992. Nonconscious acquisi-

tion of information. *American Psychologist*, 47, no. 6 : 796-801.

Lewis, D. 1983. *Philosophical Papers*, volume 1. Oxford : Oxford University Press.

Lloyd, D. 1989. *Simple Minds*. Cambridge, MA : MIT Press.

——. 1991. Leaping to conclusions : connectionism, consciousness, and the computational mind. In Horgan and Tienson 1991, pp. 444-459.

Loar, B. 1990. Phenomenal states. In Tomberlin 1990, pp. 81-108.

Lycan, W. G. 1987. *Consciousness*. Cambridge, MA : MIT Press / A Bradford Book.

——. 1990. What is the "Subjectivity" of the mental? In Tomberlin 1990.

Lyons, W. 1986. *The Disappearance of Introspection*. Cambridge, MA : MIT Press / A Bradford Book.

Marcel, A. J. 1988. Phenomenal experience and functionalism. In Marcel and Bisiach 1988, *Consciousness in Contemporary Science*. Oxford : Clarendon Press, pp. 121-158.

Marcel, A. J., and E. Bisiach. 1988. *Mental Representation and Consciousness*. Dordrecht : Kluwer.

Marr, D. 1982. *Vision*. San Francisco : W. H. Freeman and Co. (邦訳 マー『ビジョン——視覚の計算理論と脳内表現』乾敏郎・安藤広志訳, 産業図書, 一九八七年)

Matthen, M. 1988. Biological functions and perceptual content. *Journal of Philosophy*, 85, no. 1 : 5-27.

McDowell, J. 1986. Singular thought and the extent of inner space. In P. Petit and J. McDowell, eds., *Subject, Thought and Context*. Oxford : Clarendon Press, pp. 137-168.

McFarland, D., ed. 1981. *The Oxford Companion to Animal Behavior*. Oxford : Oxford University Press.

McGinn, C. 1982. *The Character of Mind*. Oxford : Oxford University Press.

——. 1989. *Mental Content*. Oxford : Blackwell.

——. 1991. *The Problem of Consciousness*. Oxford : Blackwell.

McLaughlin, B. ed. 1991. *Critical Essays on the Philosophy of Fred*

Dretske. Oxford : Blackwell.

Meltzoff, A. N., and Borton, R. W. 1979. Intermodal matching by human neonates. *Nature*, 282 : 403-404.

Millar, A. 1991. *Reasons and Experience*. Oxford : Clarendon Press.

Miller, I. 1984. *Husserl*. Cambridge, MA : MIT Press.

Millikan, R. G. 1984. *Language, Thought, and Other Biological Categories: New Foundations for Realism*. Cambridge, MA : MIT Press.

——. 1986. Thought without laws : cognitive science with content. *Philosophical Review*, 95.

——. 1989a. Biosemantics. *Journal of Philosophy*, 86.（邦訳ミリカン「バイオセマンティックス」前田高弘訳，信原幸弘編『シリーズ心の哲学Ⅲ　翻訳篇』勁草書房，二〇〇四年，五一〜八四頁）

——. 1989b. In defense of proper functions. *Philosophy of Science*, 56 : 288-302.

Milner, A. D., and M. D. Rugg, eds. 1992. *The Neuropsychology of Consciousness*. London : Academic Press.

Milner, A. D. 1992. Disorders of perceptual awareness—commentary. In Milner and Rugg 1992, pp. 139-158.

Moore, G. E. 1922. The refutation of idealism. In *Philosophical Studies*. London : Routledge and Kegan Paul.

Nagel, T. 1974. What is it like to be a bat? *Philosophical Review*, 83, no. 4 : 435-450.（邦訳ネーゲル「コウモリであるとはどのようなことか」永井均訳，『コウモリであるとはどのようなことか』勁草書房，一九八九年，二五八〜二八二頁）

Natsoulas, T. 1978. Consciousness. *American Psychologist*, 33 : 906-914.

——. 1983. Concepts of consciousness. *Journal of Mind and Behavior*, 4 : 13-59.

Neander, K. 1991a. Functions as selected effects : the conceptual analyst's defence. *Philosophy of Science*, 58 : 168-184.

——. 1991b. The teleological notion of "function." *Australasian Journal of Philosophy*, 69 : 454-468.

Neisser, U. 1967. *Cognitive Psychology*. New York : Appleton-Centu-

ry-Crofts.（邦訳ナイサー『認知心理学』大羽蓁訳，誠信書房，一九八一年）

Nemirow, L. 1980. Review of Nagel's *Mortal Questions*. *Philosophical Review*, 89 : 473-77.

Nikolinakos, D. 1994. General anesthesia, consciousness, and the skeptical challenge. *Journal of Philosophy*, 91, no. 2 : 88-104.

Noonan, H. W. 1993. Object-dependent thoughts : a case of superficial necessity but deep contingency? *Mental Causation*, J. Heil and A. Mele, eds. Oxford : Clarendon Press, pp. 283-308.

Paige, K. N., and T. G. Whitham. 1985. Report of research published in *Science*. *Scientific American*, 252, no. 4 : 74.

Papineau, D. 1987. *Reality and Representation*. Oxford : Blackwell.

——. 1993. *Philosophical Naturalism*. Oxford : Blackwell.

Peacocke, C. 1983. *Sense and Content*. Oxford : Clarendon Press.

——. 1992a. *Scenarios, concepts and perception*. In Crane 1992, pp. 105-135.

——. 1992b. *A Study of Concepts*. Cambridge, MA : MIT Press.

Penfield, W., and T. Rasmussen 1957. *A Clinical Study of Localization of Function*. New York : Macmillan.

Penfield, W., and L. Roberts 1959. *Speech and Brain Mechanisms*. Princeton, NJ : Princeton University Press.

Perkins, M. 1983. *Sensing the World*. Indianapolis, IN : Hackett Publishing Company.

Perner, J. 1991. *Understanding the Representational Mind*. Cambridge, MA : MIT Press.

Pitcher, G. 1971. *A Theory of Perception*. Princeton, NJ : Princeton University Press.

——. 1970. Pain perception. *Philosophical Review*, 79 : 368-393.

Putnam, H. 1975. The meaning of "Meaning." *Language, Mind and Knowledge : Minnesota Studies in the Philosophy of Science*, vol. 7, K. Gunderson, ed. Minneapolis : University of Minnesota Press.

Pylyshyn, Z. W. 1978. When is attribution of beliefs justified? *Behavioral and Brain Sciences*, 1 : 592-593.

Quinton, A. 1977. In defense of introspection. *Philosophical Exchange,* 2 : 77-88.

Recanati, F. 1993. *Direct Reference*. Oxford : Blackwell.

Reingold, E. M., and P. Merikle 1990. On the inter-relatedness of theory and measurement in the study of unconscious processes. *Mind and Language*, 5, no 1 : 9-28.

Rey, G. 1988. A question about consciousness. In H. Otto and J. Tuedio, eds., *Perspectives on Mind*. Dordrecht : Reidel.

——. 1992. Sensational sentences switched. *Philosophical Studies*, 68 : 289-319.

——. 1993. Sensational sentences, in M. Davies and G. Humphreys, eds., *Consciousness*. Oxford : Blackwell.

Rosenthal, D. 1986. Two concepts of consciousness. *Philosophical Studies*, 94, no. 3 : 329-359.

——. 1990. A theory of consciousness. Report no. 40, Research Group on Mind and Brain, ZiF, University of Bielefeld.

——. 1991a. The independence of consciousness and sensory quality. In Villanueva 1991, pp. 15-36.

——. 1991b. *The Nature of Mind*. Oxford : Oxford University Press.

——. 1993a. Higher-order thoughts and the appendage theory of consciousness. *Philosophical Psychology*, 6, no. 2 : 155-166.

——. 1993b Multiple drafts and higher-order thoughts. *Philosophy and Phenomenological Research*, 53, no. 4 : 911-918.

Rugg, M. D. 1992. Conscious and unconscious processes in language and memory—commentary. In Milner and Rugg 1992, pp. 263-278.

Seager, W. 1991. *Metaphysics of Consciousness*. London : Routledge.

Searle, J. 1992. *The Rediscovery of Mind*. Cambridge, MA : MIT Press.

Shapiro, L. 1993. Content, kinds, and individuation in Marr's theory of vision. *The Philosophical Review*, 102, no. 4 : 489-513.

Shepard, R. N. 1992a. On the physical basis, linguistic representation, and conscious experience of colors. *Conception of the Mind : Essays in Honor of George A.Miller*, G. Harman, ed. Hills-

dale, NJ : Lawrence Erlbaum Associates.

——. 1992b. What in the world determines the structure of color space? *Behavioral and Brain Sciences*, 15, no. 1 : 50-51.

Shoemaker, S. 1975. Functionalism and qualia. *Philosophical Studies*, 27 : 292-315.

——. 1986. Introspection and the self. From French, Uehling, and Wettstein 1986.

——. 1990a. First-Person Access. In Tomberlin 1990.

——. 1990b. Qualities and Qualia : What's in the mind. *Philosophy and Phenomenological Research*, 50, Supplement : 109-131.

——. 1991. Qualia and consciousness. *Mind*, 100, no. 4, Centennial Issue : 507-524.

——. 1993a. Lovely and suspect ideas. *Philosophy and Phenomenological Research*, 53, no. 4 : 905-910.

——. 1993b. Special access lies down with theory-theory. *Behavioral and Brain Sciences*, 16, no. 1 : 78-79.

——. 1994. Self knowledge and "Inner Sense," The Royce Lectures. *Philosophy and Phenomenological Research*, 54, no. 2 : 249-314.

Sober, E. 1984. *The Nature of Selection*. Cambridge, MA : MIT Press.

Sperling, G. 1960. The information available in brief visual presentations. *Psychological Monographs*, 74, no. 11.

Stalnaker, R. 1990. Narrow content. *Propositional Attitudes*, ed. C. A. Anderson and J. Owens. Stanford : CSLI, 249-314.

Stampe, D. 1977. Towards a causal theory of linguistic representation. In P. French, T. Uehling and H. Wettstein, eds., *Midwest Studies in Philosophy*, vol. 2, Studies in Semantics. Minneapolis : University of Minnesota Press.

Stein, B. E., and M. A. Meredith 1993. *The Merging of the Senses*. Cambridge, MA : MIT Press.

Sterelny, K. 1990. *The Representational Theory of the Mind*. Oxford : Blackwell.

Stich, S. 1983. *From Folk Psychology to Cognitive Science : The Case Against Belief*. Cambridge : MIT Press.

Stoerig, P. and A. Cowey 1992. Wavelength processing and colour experience. *Behavioral and Brain Sciences*, 15, no. 1 : 53.

Tomberlin, J. E. 1990. *Philosophical Perspectives*, 4 : *Action Theory and Philosophy of Mind*, Atascadero, CA : Ridgeview.

Treisman, M. 1992. Does the perception of temporal sequence throw light on consciousness. *Behavioral and Brain Sciences*, 15, no. 2 : 225-228.

Tye, M. 1986. The subjective qualities of experience. *Mind*, 95 : 1-17.

——. 1989. *The Metaphysics of Mind*. Cambridge, England : Cambridge University Press.

——. 1991. *The Imagery Debate*. Cambridge, MA : MIT Press.

——. 1992. Visual qualia and visual content. In Crane 1992, pp. 158-176.

——. 1994. Qualia, content, and the inverted spectrum. *Nous*, 94 : 159-183.

——. 1995. *Ten Problems of Consciousness*, Cambridge, MA : MIT Press.

Umilt, C. 1988. The control operations of consciousness. In Marcel and Bisiach 1988, pp. 334-356.

Valberg, J. J. 1992. *The Puzzle of Experience*. Oxford : Clarendon Press.

Van der Heijden, A. H. C. 1992. *Selective Attention in Vision*. London : Routledge.

van Gulick, R. 1989. What difference does consciousness make? *Philosophical Topics*, 17 : 211-230.

——. 1993. Understanding the phenomenal mind : are we all just armadillos? In Davies and Humphreys 1993, pp. 137-154.

Velmans, M. 1991. Is human information processing conscious? *Behavioral and Brain Sciences*, 14, no. 4 : 651-668.

Villanueva, E., ed. 1991. *Consciousness*. Atascadero, CA : Ridgeview.

Walker, S. 1983. *Animal Thought*. London : Routledge and Kegan Paul.

Weiskrantz, L. 1988a. Some contributions of neuropsychology of vision and memory to the problem of consciousness. In Marcel and Bisiach 1988, pp. 183-199.

——. ed. 1988b. *Thought without Language*. Oxford : Clarendon Press.

——. 1991. Introduction : Dissociated Issues. In Milner and Rugg 1991, pp. 1-10.

Wellman, H. M. 1990. *The Child's Theory of the Mind*. Cambridge, MA : MIT Press / A Bradford Book.

White, A. R. 1964. *Attention*. Oxford : Basil Blackwell.

Wilkes, K. V. 1988. —, yishi, duh, um and consiousness. *Consciousness in Contemporary Science*, A. J. Marcel and E. Bisiach, eds. Oxford : Clarendon Press.

Wittgenstein, L. 1974. *Philosophical Investigations*. Oxford : Basil Blackwell. (邦訳ウィトゲンシュタイン『ウィトゲンシュタイン全集8 哲学探究』藤本隆志訳, 大修館, 一九七六年)

Wright, C. 1991. Wittgenstein's later philosophy of mind : sensation, privacy and intention. *Meaning Scepticism*, K. Puhl, ed. Berlin : de Gruyter, pp. 126-147.

Wright, L. 1973. Functions. *Philosophical Review*, 82 : 139-168.

——. 1976. *Teleological Explanations*. Berkeley : University of California Press.

Young, A. W., and E. H. F. de Haan 1990. Impairments of visual awareness. *Mind and Language*, 5, no. 1 : 29-48.

——. 1992. Face recognition and awareness after brain injury. In Milner and Rugg 1992, pp. 69-90.

Zeki, S. 1992. The visual image in mind and brain. *Scientific American*, 267, no. 3 : 69-76. Reprinted in *Mind and Brain*. New York : W. H. Freeman and Co., pp. 27-39.

フレッド・ドレツキ（Fred Dretske）
1932年、アメリカ合衆国イリノイ州生まれ。1960年、ミネソタ大学にて博士号を取得。現在はスタンフォード大学およびウィスコンシン大学名誉教授、デューク大学教授。他の主著に *Seeing and Knowing*（University of Chicago Press, 1969），*Knowledge and the Flow of Information*（MIT Press, 1981），*Explaining Behavior*（MIT Press, 1988. 邦訳『行動を説明する』勁草書房、2005）がある。

鈴木貴之（すずき　たかゆき）
1973年、神奈川県生まれ。2003年、東京大学大学院総合文化研究科博士課程単位取得退学。博士（学術）。南山大学人文学部専任講師。著書に『シリーズ心の哲学Ⅰ　人間篇』（共著、勁草書房、2004年）、訳書にE・リード『魂から心へ』（共訳、青土社、2000年）、『シリーズ心の哲学Ⅰ　翻訳篇』（分担訳、勁草書房、2004年）。

心を自然化する　ジャン・ニコ講義セレクション2

2007年10月25日　第1版第1刷発行

著　者　フレッド・ドレツキ
訳　者　鈴　木　貴　之
発行者　井　村　寿　人

発行所　株式会社　勁《けい》草《そう》書　房
112-0005 東京都文京区水道2-1-1　振替 00150-2-175253
（編集）電話 03-3815-5277／FAX 03-3814-6968
（営業）電話 03-3814-6861／FAX 03-3814-6854
大日本法令印刷・鈴木製本

ISBN978-4-326-19958-7　Printed in Japan